기업상담의
이론과 실제

Theory and Practice of Workplace Counseling

이지연 · 김은석 · 최아람 · 장미수 공저

학지사

🗨 머리말

여러 문헌에서 1945년 제2차 세계대전 후 미국에서의 조직웰빙 지원을 기업상담의 시작으로 꼽기도 하고, 1950년대 알코올 의존 증과 같은 개별 이슈에 초점을 맞춘 근로자 상담 프로그램이 이루어진 것을 그 시작으로 보기도 한다. 하지만 그 뿌리를 19세기 말 산업혁명 이후의 근로자 지원 프로그램에서 찾는 사람도 있다.

우리나라에는 1990년 즈음에 기업상담이 들어와 현재 다양한 기업에서 기업상담자들이 활동하고 있으며, 외부 EAP 프로그램이 진행되고 관련 심리전문가들이 활동하고 있는 추세이다. 많은 석사 졸업생이 여러 상담 장면보다 동경하고 또 활동하고 싶어 하는 장면이 기업상담의 장이기도 하다.

그러나 막상 상담 관련 석사과정을 마치고 수련을 한 학생들이 기업 내 상담실에서 상담을 할 때 혹은 EAP를 수행할 때면 어떤 방향과 내용으로 준비해야 할지 막막해한다. 기업상담에 대한 막연한 동경이 있지만, 그 현장에서의 상담 요구와 상담 대상의 범위, 프로그램 운영 등에 대한 구체적인 그림이 없다.

이런 점에서 국내에서도 2010년을 전후해서 많은 기업상담에 대한 전문서가 나왔지만, 주로 외국의 기업상담 책을 번역하는 것이 주류를 이루고 있다. 물론 그 책들에서 우리가 얻을 수 있는 지혜가 많지만, 정작 우리나라의 기업 상황과 잘 맞아떨어지지 않는다는 느낌을 지울 수 없었다. 이런 점에서 이 책은 전현직 기업상담자들의 경험을 기반으로 해서 내용을 담으려고 노력했다.

구체적으로 제1장에서는 기업상담이 일반적인 심리상담과 다른 독자적인 영역이며, 조직, 근로자, 사회의 다양한 요구에 기반을 두고 발전하고 있다는 점에서 일반적인 심리상담과 다른 점(세 주체 간의 만남이라는 점, 그리고 추가적으로 요구되는 이론적 지식)을 중심으로 기업상담에 대한 기초를 다지도록 돕고자 했다. 제2장에서는 기업상담의 세 주체(내담자, 상담자, 조직)가 서로 다른 기대를 가지고 있다는 점과 한국에서 주로 활용되는 기업상담 모형을 제시하였다. 제3장에서는 기업상담 현장에서 상담자에게 요구하는 추가적인 이론 중 직무스트레스에 대한 기초 이론을 제시하여서 기업상담의 대표적으로 주된 관리 영역에 대한 이해를 증진코자 했다. 또한 제4장 내담자, 상담자, 조직이라는 세 주체가 상호작용하는 과정에서 다른 상담현장과 달리 새롭게 제기될 수 있는 윤리적 이슈과 관리문제, 한국 기업상담 현장만의 독특한 문제들에 대해 생각해 볼 수 있도록 했다.

제5장에는 2000년대 중반부터 시도되고 있는 다양한 모형 중 장기간 안정적으로 운영되고 있는 내부모형에 대한 안내와 더불어 구체적으로 상담실 구축, 홍보, 연계 등 실질적 내용을 담았다. 제6장은 기업에서 개인에게 주어지는 상담 · 심리검사, 자문의 운영 및 과정 등을 실제에 기반을 두고, 친절하고 세세하게 알려 주는 내용이다. 덧붙여 낙인이나 불이익 등의 두려움으로 생길 수 있는 비자발적 내담자에 대한 이슈와 개입 방향을 다루고 있다. 제7장에서는 집단적 접근으로 집단상담, 교육, 워크숍, 이벤트, 캠페인, 메일링 등 전체적인 내용과 흐름, 예시 등을 통해 기업상담의 실제를 좀 더

보여 주고자 시도하였다. 제8장에서는 기업 내 조직의 하나인 상담실의 운영 지속과 전문성 향상에 도움이 되는 평가에 대한 부분과 관련된 연구와 논의들을 정리하였다.

제9장부터는 우리나라 기업상담 현장에서 많이 다루게 되는 내용을 주제에 따라 분류하여 살펴보고 각 주제별 상담자의 역할과 실제 사례를 제시함으로써 보다 이해를 높이고자 하였다. 제9장은 구성원들이 호소하는 직장 내 직무 관련 영역으로 직무스트레스, 직무소진, 퇴직 및 실직을 다루고 예시를 제시하였다. 제10징은 직장인 스트레스의 주요 원인 중 1위로 꼽히는 인간관계와 관련된 내용으로 직장 상사와의 갈등과 직장 동료와의 갈등 문제와 관련된 이슈를 다루고 실제 사례를 통해 이해를 높이도록 하였다. 제11장은 호소문제의 원인이 직장은 아니지만 구성원의 직무 수행과 직장 생활에 영향을 주는 개인적 영역의 문제를 다루었다. 직장에서 청년기와 중장년기를 보냄으로써 개인의 발달적 과제와 관련된 여러 다양한 문제를 기업상담에서 다루게 된다. 제12장은 기업상담자가 직무 수행 시 가장 어려움을 느끼는 주제인 동시에 기업상담자의 역할이 중요한 주제인 직장 안팎에서 발생하는 위기 상황에 대해 다루고 있다.

제1장부터 제4장은 김은석, 제5장부터 제8장은 최아람, 제9장부터 제12장은 장미수가 주저자로 저술을 했고, 각 장의 내용을 이지연이 함께 작업하면서 완결했다.

기업은 조직으로서 생산성을 높이는 측면에서 상담을 말하지만, 한 개인에게는 자신의 삶이 녹아 있는 생의 장면이며 의미 있는 관계를 맺고 성장하는 터전이고, 또 다양한 정서적 경험을 하는 곳이기도 하다. 그런 점에서 사람과의 관계와 일의 생산성에서 자신의 정체감을 형성해 가고, 행복해질 수 있도록 조력하는 것이 상담이 나아갈 방향이라고 생각한다.

이 책은 실제 수련을 마치고 기업상담 분야에 진출하고자 하는 학부, 대학원생, 그리고 다른 상담 현장에서 EAP를 수행하고 있는 개인에게 도움이 될 것이다. 이 책은 외국의 번역서와 달리 실제 우리나라 기업현장의 여러 모델이나 운영과정, 내용을 담았다는 점에서 다른 책보다 기업상담의 이론에 대한 기본적 이해나 실무적 측면에서의 활용성에 있어서 가진 미덕이 있다고 사료된다. 그러나 현재 기업상담에서 하고 있는 모든 내용을 포괄하거나, 기업 연구의 인접 학문인 HRD, 조직심리, 경영학을 모두 아우르는 다양한 조망을 담아내지 못하고 있다는 점은 한계라고 할 수 있다. 기업 현장에서 현재 재직 중이거나 기업 현장에서 나와서 대학에 재직 중인 저자들에게 상담 관련 심리학 지식에만 익숙하다는 점, 상담이라는 것이 실무에 기반을 둔 학문이기에 우리의 관점이 가진 한계가 어쩔 수 없이 존재한다는 점을 밝힌다.

앞으로 이 책이 기업상담자들의 많은 피드백과 조언을 통해 더 나은 책으로 발전할 수 있기를 기대한다. 끝으로 학부 수업부터 기업상담을 배우면서 제대로 된 교재 없이 고생했던 인천대학교 학생들에게도 마음의 빚을 조금이나마 갚은 것 같아 감사한 마음이다.

2021년 10월
저자 일동

차례

제2부 기업상담의 운영과 실제

제3부 기업상담의 주요 영역

제1부

기업상담의
개관

제1장

기업상담의 이해

1. 들어가기

"사랑과 일은 인간성의 근간을 이룬다."

—Erikson(1963)

프로이트(Freud)가 성숙의 밑거름이 되는 삶의 두 가지 체계로 일과 사랑을 강조한 이래로 어떻게 하면 개인이 풍요롭고 적응적인 삶을 영위할 수 있을 것인지에 대해 연구가 이루어졌다. 행복한 삶에 대한 최근의 연구에서도 일 영역에서의 적응과 만족이 개인의 삶을 윤택하게 하는 데 중요하다고 거듭 강조되고 있다. 이처럼 일이 우리 삶의 근간을 이루는 한 축임에도 불구하고 상담 현장에서 일하는 삶에 대한 논의는 직업 선택이나 진로 설계 과정을 조력하는 진로상담 영역에 집중되어 있는데, 이는 마치 자신에게 잘 맞는 최선의 직업을 선택하기만 한다면 개인이 잘 적응할 수 있을 것이라는 인상을 갖게 한다. 반면, 실제 직업 세계에 뛰어든 이후 일에 적응하는 과정에서 경험할 수 있는 부적응 문제와 이에 대한 개입, 더 나아가 일을 통해 보다 풍요롭고 행복한 삶을 일구어 내는 방법에 대해서는 아직까지 충분히 다루어지지 못하였다. 그러나 삶의 두 축이 균형을 이루기 위해서는 그간 간과되었던 일에서의 삶에 대해서도 보다 확대된 차원에서 논의가 진행될 필요가 있다. 특히 한국의 경우 다른 OECD 국가들과 비교했을 때 일에는 많은 시간을 쏟는 반면 여가생활 등 그 밖의 삶의 영역에는 매우 적은 시간을 쏟는 것으로 나타난 점을 고려할 때, 일 영역에서의 삶을 어떻게 도울 것인가가 이들의 전반적인 삶의 질을 증진시키는 데 필수적이라 할 수 있다(OECD, 2020). 더 나아가 한국과 같이 경제활동인구 중 고용의 형태로 근무하는 사람의 비중이 높은 사회(통계청, 2021)에서는 조직 내의 개인을 어떻게 도울 것인가에 대한 논의가 더욱 중요할 것이다.

한편, 일터에서의 삶에 접근하는 방식에도 개선이 필요하다. 그동안 근로자의 적응 문제와 관련하여 주로 근로자 개인에게 초점을 두고 연구와 실무가 수행되었다. 그리고 조직 바깥의 상담 현장에서는 상담자와 내담자의 이자 관계 속에서 내담자의 심리적 과정과 행동 양식에 개입하는 방식으로 일하는 삶에서의 변화를 꾀하였다. 그러나 내담자는 개인인 동시에 그가 속한 체계 안의 존재이며, 내담자가 겪고 있는 문제는 내담자의 특성에 의해 영향을 받을 뿐만 아니라 조직이라는 더 큰 체계의 문제에서 기인할 수도 있다는 점 역시 간과해서는 안 된다. 이러한 맥락에서 사회인지진로이론(Social Cognitive Career Theory: SCCT; Lent, Brown, & Hackett, 1994)에서는 진로 선택 및 수행에 영향을 미치는 핵심 요소로서 개인적 요인과 더불어 환경맥락적 요소에 주목해야 한다고 강조하였는데, 근로자가 자신이 속한 환경을 어떻게 지각하는가는 일터에서의 만족감과 안녕감을 증진시키는 데 기여하는 것으로 밝혀졌다(Lent & Brown, 2006, 2008). 따라서 내담자의 문제를 더욱 깊이 이해하고 효과적인 개입 전략을 세우기 위해서는 그를 둘러싼 조직이라는 맥락에 대한 기반 지식이 요구되며, 개인을 넘어서 체계 자체의 변화를 촉진한다면 내담자의 변화를 더욱 효과적으로 유도할 수 있을 것이다. 이러한 점에서 직업 현장에서의 상담 서비스가 활성화된다면 근로자의 정신건강 및 적응과 관련된 문제를 다룸에 있어 독특한 이점을 취할 수 있으리라 기대된다.

2. 기업상담의 정의

일터에서 이루어지는 정신건강 관련 서비스를 지칭하기 위해 다양한 용어가 사용되고 있으며, 각 용어는 서비스의 범위를 서로 다르게 설정한다. 대표적인 용어로는 근로자지원프로그램(Employee Assistance Program: 이하 EAP)[1]과 기업상담 혹은 직장 내 상담(workplace counseling)이 있다.

먼저, EAP는 조직에서의 성공을 최적화하기 위해 근로자가 직업적 성과, 건강, 개인의 안녕감에 악영향을 줄 수 있는 다양한 삶

---

1) EAP라는 용어가 초창기에는 심리 서비스를 포함하여 법률 서비스, 금융 자문 서비스 등 조직에서 근로자를 위해 제공되는 서비스의 일체를 지칭하기 위해 사용되었으나, 최근에는 조직에 심리 서비스를 제공하는 것을 전문으로 하는 사설 업체에서 이들이 제공하는 서비스 프로그램을 지칭할 때 주로 활용되고 있다.

의 도전들을 넘어서도록 돕는 프로그램이라고 할 수 있다(U.S. Office of Personnel Management, n.d.). 근로자지원전문가협회(International Employee Assistance Professional Association: EAPA)에 따르면 이 프로그램은 인간 행동과 정신건강에 관한 특수한 지식과 전문성을 적용하여 일터에서의 생산성과 건강한 기능을 유지 및 증진시키고 조직의 특정한 업무적 요구를 해결하기 위해 특별하게 고안된 전문적 서비스의 총체라고 정의 내릴 수 있다(EAPA, 2011). 이때 주목할 만한 특징은 근로자 개인이 아닌 그가 속한 조직에 의해 서비스 제공자 선택 및 비용 지불이 이루어진다는 점에 있다. 프로그램을 통해 제공되는 서비스의 범주는 조직 내에서 이루어지는 진단과 심리상담뿐만 아니라 필요시 외부 전문기관에 연계[2]하는 것까지 조직의 내부와 외부를 넘나들며 폭넓게 펼쳐진다. 또한 다루어지는 주제 역시 스트레스, 직장 내 갈등, 음주 등과 같이 업무와 직접적으로 관련된 고민을 넘어서 경제적 문제, 법적 문제, 가족 문제 등과 같은 개인적인 이슈까지 포괄할 수 있다. 더 나아가 조직 변화나 사업장 내 사고 발생과 같은 다양한 상황에 대한 대응 계획을 사전에 관리자나 수퍼바이저와 같은 조직 내 관계자들과 함께 계획함으로써 예방적 접근을 취할 수도 있다. 즉, 조직을

---

2) 일반적으로 전문가 혹은 관련 기관에 사례를 연결하는 일을 지칭할 때 국문으로는 의뢰 또는 연계라는 용어를 혼용하고 영문으로는 'refer'라는 단어를 사용한다. 기업상담 장면에서는 조직이나 조직 내 근로자가 기업상담자에게 특정 사례에 대한 서비스를 요청하는 과정과 기업상담자가 접수한 사례를 다른 전문가나 외부 전문기관에 연결하는 과정의 두 가지 과정 모두에 대해 동일한 용어가 사용되고 있는데, 이로 인해 어떠한 과정을 지칭하는 것인지 혼동이 발생할 수 있다. 따라서 이 교재에서는 전자를 의뢰라고 표기하고, 후자를 연계라고 구분하여 표기함으로써 이러한 혼동을 방지하고자 한다.

위한 자문에서부터 근로자를 위한 개별적 지원에 이르기까지 다양한 방식으로 서비스가 제공될 수 있으며(EAPA, 2011), 그 방법은 심리 서비스뿐만 아니라 자녀 돌봄 서비스, 법적 자문 제공 서비스 등 근로자의 업무 효율성을 높이는 데 필요한 다양한 활동을 망라한다는 점이 EAP가 가진 특수성이라고 할 수 있다.

이와 달리 기업상담 혹은 직장 내 상담은 EAP에서 제공하는 다양한 서비스 중 하나의 하위 서비스로 볼 수 있으나, 일터에서 심리 서비스 제공의 중요성이 보다 강조되기 시작하면서 이를 중점적으로 다루는 독자적인 분야로 분리되어 자리매김하였다. 일반적으로 국내 기업에서 이루어지고 있는 심리 서비스는 진단과 심리상담, 교육의 비중이 크며(조해연, 이송하, 이동혁, 2013), 조직 내 근로자를 대상으로 제공되는 개인 초점 서비스의 성격이 크다. 그러나 그 밖에도 고위험군의 발견과 관리, 위기 관리 시스템의 개발 및 운영, 자문 등과 같이 조직 단위를 대상으로 하는 서비스에 대한 요구도 존재하며, 실제로 이러한 프로그램이 일부 기업에서 운영되고 있다. 이러한 측면에서 기업상담을 정의할 때 서비스를 받는 대상으로 근로자와 조직의 두 차원을 모두 고려할 필요가 있다.

정리하자면, 초창기에 EAP를 통해 제공하던 다양한 서비스 중 심리 서비스의 중요성이 강조되면서 독자적으로 분리되어 성장하기 시작한 것이 지금의 기업상담 혹은 직장 내 상담이라고 할 수 있다. 이 책에서는 조직 내에서 제공하는 심리 서비스를 중심으로 기업상담에 대해 소개하되, 기업에서 심리 서비스 제공자들에게 요구하는 역할이 점차 확장되고 있음을 고려하여 근로자를 대상으로 하는 서비스와 조직을 대상으로 하는 서비스 전반을 기업상담의 역할로 정의하고 이를 폭넓게 다루고자 한다.

한편, 기업상담이라는 용어가 갖는 한계점에 대해서도 생각해 볼 필요가 있다. 일터에서의 심리 서비스는 사기업뿐만 아니라 경찰과 소방서 및 각종 지방자치단체와 같은 공공기관에서도 이루어지고 있음에도 불구하고 이를 '기업'이라고 지칭하는 것은 제한적인 의미를 전달할 위험성이 있다. 이러한 문제점을 고려할 때 기업상담보다는 직장 내 상담이 가장 정확한 의미를 전달해줄 수 있을 것이다. 그러나 현재 기업상담이라는 용어가 조직의 특성에 관계없이 통용되고 있으므로, 이 책에서도 소통의 효율성과 일관성을 위해 기업상담이라는 명칭을 사용하고자 한다.

이와 더불어 조직을 통해 근로자에게 심리 서비스를 제공하는 기업상담을 구성원 개인이 조직을 거치지 않고 자발적으로 이용하는 일반 심리상담과 구분할 필요가 있다. 동일하게 일이나 직업 생활과 관련한 주제를 다룬다고 할지라도 일반 심리상담과 기업상담은 〈표 1-1〉과 같은 네 가지 측면에서 차이가 있다. 첫째, 비용을

표 1-1   **기업상담과 일반 심리상담 간의 차이**

	기업상담	일반 심리상담
비용 지불 주체	조직	서비스를 받는 개인
관여 주체 및 상담 관계	상담자-내담자의 이자 관계 및 상담자-내담자-조직의 삼자 관계	상담자-내담자의 이자 관계
윤리적 문제	삼자 관계로 인해 파생되는 추가적인 윤리적 문제까지 고려	일반 심리상담의 윤리적 문제 다루기
접근 방식	조직 환경에 대한 깊은 이해와 공감 및 보다 직접적인 환경 개입이 가능	개인의 심리적 측면이나 행동 양식의 변화에 초점

지불하는 주체에서 차이가 있다. 일반 심리상담은 개인이 직접 서비스 제공자를 선택하여 신청하며 비용 지불 역시 개인의 몫인 반면, 기업상담은 개인이 속한 조직이 서비스 제공자를 선택하여 계약을 맺고 서비스에 대한 비용을 대신 제공한다. 둘째, 비용 지불 주체의 문제는 서비스 운영 과정에서 관여하는 주체 및 이들 간의 관계 양상에서의 차이를 가져온다. 일반 심리상담의 경우 상담자와 내담자가 상담의 두 주체로서 기능하며, 이들 간의 이자 관계가 내담자의 변화 과정에서 가장 중요하게 고려되어야 할 관계 맥락이다. 이와 달리 기업상담 장면에서는 상담자에게 비용을 지불하며 근로자를 위한 상담을 의뢰하는 조직 역시 서비스 이용 대상자라고 볼 수 있기 때문에 상담 과정에서 조직의 요구와 특성도 고려되어야 한다. 여전히 상담자-내담자 관계가 가장 중요하게 고려되어야 하지만 다른 한편으로는 상담자, 내담자, 조직의 세 개의 꼭지점으로 이루어진 삼자 간의 관계 역시 상담 과정에 영향을 미치는 주요한 관계 맥락이 된다. 셋째, 이러한 삼자 관계는 기업상담 장면에서 추가적인 윤리적 문제를 야기하며, 상담자는 이를 다룰 수 있는 역량을 갖출 것을 요구받는다.

　기업상담의 독특한 구조로 인해 고려되어야 할 윤리적 문제로는 조직 문제를 다루는 데 요구되는 전문적 역량 훈련하기, 내담자와 조직 사이에서 비밀보장을 둘러싼 윤리적 갈등 다루기, 조직의 목표와 상담 목표 간의 불일치 조율하기 등이 있다(이은정, 이은지, 안수정, 서영석, 2019; Carroll, 2019). 특히 조직에서 상담 정보를 요구할 것에 대한 두려움이나 이로 인해 사회적으로 낙인이 찍힐 것에 대한 두려움은 상담실을 찾아 도움을 추구하는 데 장벽으로 작용하고 있어(이경민, 최은미, 2017; 진경미, 권경인, 2015) 이러한 윤리적 갈등 상황에 대한 상담자의 각별한 이해와 이를 효과적으로 다룰 수 있는 전문적 역량의 계발이 필수적이다. 이와 같은 기업상담의 윤리적 문제들에 관해서는 제3장에서 더 자세하게 다룰 것이다.

넷째, 조직이 상담 맥락 안으로 들어옴에 따라 내담자가 기대하는 변화를 달성하기 위해 동원되는 개입 전략이 확장될 수 있다. 언어화된 치료 과정을 통해 개인의 심리적 측면이나 행동 양식을 변화시키는 데 초점을 둔 일반 심리상담과는 다르게 기업상담에서는 만약 필요로 한다면 내담자가 속한 환경 맥락으로서의 조직에 상담자가 직접적으로 개입할 수 있는 여지가 존재한다. 뿐만 아니라 상담자가 내담자와 같은 조직에 소속되어 있음으로써 내담자를 둘러싼 환경 세계에 대한 보다 깊은 이해와 공감이 가능하다는 강점이 있다.

3. 기업상담의 필요성

왜 기업상담인가. 기업상담이 정신건강 서비스라는 큰 틀 안에서 독자적인 분야로 자리매김하기 위해서는 상담자와 내담자의 이자 관계에서 이루어지는 일반적인 심리 서비스와는 달리 조직이라는 체계 안에서 이러한 서비스가 제공되었을 때 기대할 수 있는 고유의 효과성이 제시되어야 할 것이다. 이와 관련하여 기업이 심리 서비스를 도입함으로써 기대할 수 있는 효과성의 세 가지 차원에 주목할 필요가 있다.

첫째, 조직은 정신건강 서비스를 제공함으로써 위험요인 관리 및 생산성과 이윤의 증대를 기대할 수 있다. 이는 EAP가 출발하게 된 배경으로, 근로자에 대한 서비스의 제공은 궁극적으로 조직을 관리하고 성과를 증진시키는 데 그 목적이 있었다. 즉, 초기의 목적은 조직의 필요에 의해 시작되었으며, 다수의 사업장은 여전히 이러한 목적으로 기업상담을 제공하고 있다. 기업은 근로자에게 정신건강 서비스를 제공함으로써 근로자의 스트레스나 피로로 인한 사업장 내 사고율의 감소, 스트레스 감소와 행복 증진을 통한 업무 몰입 촉진 및 업무 효율 저하의 예방, 직장 바깥의 일로 인해 업무에 대한 몰입이 저하되는 것을 방지하는 것과 같은 다양한 변화를 만들어 낼 수 있다. 실제로 약 6만여 명의 근로자를 대상으로 3년간 추적조사를 한 결과, EAP를 도입한 후 감정 문제나 건강 문제로 인한 생산성 문제가 감소한 것으로 확인되었으며(Selvik, Stephenson, Plaza, & Sugden, 2004), 근로자가 행복할수록 조직에 애정과 소속감을 느끼는 감정적 조직 몰입이 증진되고 회사를 그만두려는 이직 의도가 감소하는 것으로 나타났다(예지은, 진현, 서의정, 김명진, 류지성, 2013). 또한 EAP는 앱센티즘(absentism)과 프리젠티즘(presentism)으로 인한 생산성 하락을 보완하는 효과를 보였다(한국EAP협회, 2009; Hargrave, Hiatt, Alexander, & Shaffer, 2008; Richmond, Pampel, Wood, & Nunes, 2017; Selvik et al., 2004). 앱센티즘은 지각, 조퇴, 결근과 같이 업무 현장으로부터 이탈한 상태를 의미하며, 프리젠티즘은 출근은 했지만 집중력과 속도 등 업무 수행 능력이 저하된 비효율 근무 상태를 나타낸다. 더 나아가 최근에는 기업의 합병과 같은 빠르게 변화하는 조직 여건에 대처할 수 있도록 개인과 팀 차원에서 적응을 지원하는 도구로서 정신건강 서비스를 활용하고 있다.

둘째, 직장 내에서 발생한 근로자의 정신건강 위기에 적극적으로 대응하고 법적인 관리 책임을 수행하기 위한 수단으로 기업상담을 활용할 수 있다. 특히 최근 들어 근로자의 정신건강 문제에 대한 고용주의 책임의 범위가 확대되는 추세이다. 「산업안전보건법」에서는 근로자의 정신적 스트레스를 줄일 수 있도록 쾌적한 작업환경을 조성하고 근로조건을 개선할 것을 권고하고 있는데, 과거에는 관리 대상이 주로 제조업 근로자로 한정되었다. 그러나 법령에 대한 개정이 이루어지면서 배달 종사자, 콜센터 근로자 등 해당 법령이 적용되는 근로자의 범주가 보다 다양한 직종으로 확대되었다. 더 나아가 최근에는 감정노동의 유해성과 이에 대한 기업의 책무성이 제기되었으며(박인호, 2016), 그 결과 업무의 속성상 스트레스가 더욱 과다할 것으로 예상되는 감정노동 종사자들을 보호하기 위해 적절한 조치를 취하도록 하는 시행령이 2019년에 추가되었다. 특히 한국의 경우 경제 규모의 급격한 양적 성장에 비해 이를 조정할 만한 사회적 규범의 형성은 정체되면서 감정노동이 단시간 내에 극적인 형태로 드러나고 있어(김종우, 2012), 감정노동의 문제가 기업상담 현장에서 핵심적인 주제 중 하나로 떠오르고 있다. 또한 일부 사업장에서는 기업상담자들이 직장 내 괴롭힘, 성희롱, 일-가정 양립과 같이 조직 내에서 발생 가능한 다양한 범주의 문제들을 다루거나 직장문화를 개선하는 업무를 담당하는 등 보다 넓은 법적인 테두리 내에서 역할을 수행하고 있다. 이와 같이 생산성 향상 및 근로자의 정신건강 관리를 위해 「근로복지기본법」 제83조에서는 근로자지원프로그램의 지원을 권고하고 있으며, 이때 근로자의 비밀이 침해받지 않도록 익명성을 보장해야 함을 명시함으로써 기업문화 안에서 정신건강 서비스가 전문적 영역으로 자리잡을 수 있도록 하였다.

이러한 제도적 변화와 더불어 조직이 근로자에게 끼칠 수 있는 악영향을 다루어야 할 법적인 관리 책임이 중요한 이슈로 부상하고 있으며, 실제로 스트레스로 인한 자살, 외상후스트레스장애와 같은 심리적 문제를 산업재해로 인정하는 사례가 증가하고 있다. 산업안전보건공단과 근로복지공단에 따르면 정신질환 관련 산업 재해 승인 건수는 2008년 24건에서 2017년 126건으로 10년 사이에 5배가량 증가하였으며, 산업재해로 인정된 대표적인 정신질환은 우울증, 적응장애, 외상후스트레스장애, 급성 스트레스 장애였다(조선일보, 2018. 5. 14.). 이러한 변화의 흐름 속에서 근로복지공단에서는 정신질병 업무관련성 조사 지침을 제정하고 이를 지속적으로 개정하는 과정을 거치며 정신장애의 업무관련성에 대한 인정기준을 정립하고자 노력하고 있다(근로복지공단, 2021). 이는 일로 인해 발생한 심리적 어려움이 더 이상 개인이 홀로 해결해야 할 몫이 아니라 일터에서 보다 적극적으로 관리해야 할 영역이라고 간주하고 있음을 드러낸다. 특히 업무 과정에서 외상적 사건을 접하기 쉬운 경찰, 소방관이나 감정노동에 노출된 콜센터 근무자 등과 같이 특정 직군에서 정신건강 위기 문제가 더욱 중요하게 다루어질 필요가 있다.

그러나 이러한 긍정적 변화 흐름에도 불구하고 기업상담이 효율적으로 운영되기 위한 법적인 기반이 아직 충분치 않은 현실이다. 각 법령에서 근로자를 위한 정신건강 서비스의 필요성을 권고하고 있으나 일부 법령을 제외하고는 임의조항으로 설정되어 있기 때문에 이를 어긴다 해도 제재의 근거가 되는 규정이 없고 법령의 구체성이 부족하여 실질적인 차원에서 관리가 이루어지는 데 한계가 있다. 한편, 가장 최근에 만들어진 감정노동 관련법의 경우 비교적 구체적인 지침을 주고 있어 실질적인 도움을 줄 수 있으리라 기대되는데, 향후 이와 같은 법령의 제정 및 보완이 지속적으로 이루어져야 할 것이다(그 밖에 각 법령이 상담실 운영 과정에서 구체적으로 어떻게 반영되고 있는지에 대해서는 제5장의 '상담실 구축하기'를 참고할 수 있다).

근로자의 정신건강 관리에 관한 법령[3]

산업안전보건법 제5조(사업주 등의 의무)

사업주(제77조에 따른 특수형태근로종사자로부터 노무를 제공받는 자와 제78조에 따른 물건의 수거 · 배달 등을 중개하는 자를 포함한다. 이하 이 조 및 제6조에서 같다)는 다음 각 호의 사항을 이행함으로써 근로자(제77조에 따른 특수형태근로종사자와 제78조에 따른 물건의 수거 · 배달 등을 하는 자를 포함한다. 이하 이 조 및 제6조에서 같다)의 안전 및 건강을 유지 · 증진시키고 국가의 산업재해 예방정책을 따라야 한다.

1. 이 법과 이 법에 따른 명령으로 정하는 산업재해 예방을 위한 기준
2. 근로자의 신체적 피로와 정신적 스트레스 등을 줄일 수 있는 쾌적한 작업 환경의 조성 및 근로조건 개선
3. 해당 사업장의 안전 및 보건에 관한 정보를 근로자에게 제공

---

3) 이 교재에는 근로자의 정신건강 관리와 관련성이 큰 부분만을 발췌하여 정리하였으므로, 보다 구체적인 사항은 각 법령의 전문을 찾아 참고하기를 권한다. 또한 사회적으로 근로자의 정신건강 관리의 중요성이 부각되면서, 지속적으로 법령 제정 및 개정이 이루어지고 있으므로 기업상담자는 이러한 변화에 민감하게 반응하고 실무 현장에서 이를 반영하려는 노력을 이어갈 필요가 있다.

산업안전보건법 시행령 제41조(고객의 폭언 등으로 인한 건강장해 발생 등에 대한 조치)

법 제41조 제2항에서 "업무의 일시적 중단 또는 전환 등 대통령령으로 정하는 필요한 조치"란 다음 각 호의 조치 중 필요한 조치를 말한다.

1. 업무의 일시적 중단 또는 전환
2. 「근로기준법」 제54조 제1항에 따른 휴게시간의 연장
3. 법 제41조 제1항에 따른 폭언 등으로 인한 건강장해 관련 치료 및 상담 지원
4. 관할 수사기관 또는 법원에 증거물·증거서류를 제출하는 등 법 제41조 제1항에 따른 고객응대근로자 등이 같은 항에 따른 폭언 등으로 인하여 고소, 고발 또는 손해배상 청구 등을 하는 데 필요한 지원

산업재해보상보험법 제37조(업무상의 재해의 인정 기준)

① 근로자가 다음 각 호의 어느 하나에 해당하는 사유로 부상·질병 또는 장해가 발생하거나 사망하면 업무상의 재해로 본다. 다만, 업무와 재해 사이에 상당인과관계가 없는 경우에는 그러하지 아니하다.

2. 업무상 질병

다. 「근로기준법」 제76조의2에 따른 직장 내 괴롭힘, 고객의 폭언 등으로 인한 업무상 정신적 스트레스가 원인이 되어 발생한 질병

산업재해보상보험법 시행령 제34조(업무상 질병의 인정기준)

③ 제1항 및 제2항에 따른 업무상 질병(진폐증은 제외한다)에 대한 구체적인 인정 기준은 별표3과 같다.

[별표3] 업무상 질병에 대한 구체적인 인정 기준(제34조 제3항과 관련)

4. 신경정신계 질병

바. 업무와 관련하여 정신적 충격을 유발할 수 있는 사건에 의해 발생한 외상후스트레스장애

사. 업무와 관련하여 고객 등으로부터 폭력 또는 정신적 충격을 유발할 수 있는 사건 또는 이와 직접 관련된 스트레스로 인하여 발생한 적응장애 또는 우울병 에피소드

근로기준법 제76조의2(직장 내 괴롭힘의 금지)

사용자 또는 근로자는 직장에서의 지위 또는 관계 등의 우위를 이용하여 업무상 적정범위를 넘어 다른 근로자에게 신체적 · 정신적 고통을 주거나 근무환경을 악화시키는 행위(이하 "직장 내 괴롭힘"이라 한다)를 하여서는 아니 된다.

근로기준법 제76조의3(직장 내 괴롭힘 발생 시 조치)

① 누구든지 직장 내 괴롭힘 발생 사실을 알게 된 경우 그 사실을 사용자에게 신고할 수 있다.

② 사용자는 제1항에 따른 신고를 접수하거나 직장 내 괴롭힘 발생 사실을 인지한 경우에는 지체 없이 그 사실 확인을 위한 조사를 실시하여야 한다.

③ 사용자는 제2항에 따른 조사 기간 동안 직장 내 괴롭힘과 관련하여 피해를 입은 근로자 또는피해를 입었다고 주장하는 근로자(이하 "피해근로자등"이라 한다)를 보호하기 위하여 필요한 경우 해당 피해근로자등에 대하여 근무장소의 변경, 유급휴가 명령 등 적절한 조치를 하여야 한다. 이 경우 사용자는 피해근로자등의 의사에 반하는 조치를 하여서는 아니 된다.

④ 사용자는 제2항에 따른 조사 결과 직장 내 괴롭힘 발생 사실이 확인된 때에는 피해근로자가 요청하면 근무 장소의 변경, 배치전환, 유급휴가 명령 등 적절한 조치를 하여야 한다.

⑤ 사용자는 제2항에 따른 조사 결과 직장 내 괴롭힘 발생 사실이 확인된 때에는 지체 없이 행위자에 대하여 징계, 근무 장소의 변경 등 필요한 조치를 하여야 한다. 이 경우 사용자는 징계 등의 조치를 하기 전에 그 조치에 대하여 피해근로자의 의견을 들어야 한다.

⑥ 사용자는 직장 내 괴롭힘 발생 사실을 신고한 근로자 및 피해근로자등에게 해고나 그 밖의 불리한 처우를 하여서는 아니 된다.

근로복지기본법 제83조(근로자지원프로그램)

① 사업주는 근로자의 업무수행 또는 일상생활에서 발생하는 스트레스, 개인의 고충 등 업무저해요인의 해결을 지원하여 근로자를 보호하고, 생산성 향상을 위한 전문가 상담 등 일련의 서비스를 제공하는 근로자지원프로그램을 시행하도록 노력하여야 한다.

② 사업주와 근로자지원프로그램 참여자는 제1항에 따른 조치를 시행하는 과정에서 대통령령이 정하는 경우를 제외하고는 근로자의 비밀이 침해받지 않도록 익명성을 보장하여야 한다.

남녀고용평등과 일 · 가정 양립 지원에 관한 법률 제5조(근로자 및 사업주의 책무)

② 사업주는 해당 사업장의 남녀고용평등의 실현에 방해가 되는 관행과 제도를 개선하여 남녀근로자가 동등한 여건에서 자신의 능력을 발휘할 수 있는 근로환경을 조성하기 위하여 노력하여야 한다.

③ 사업주는 일 · 가정 양립을 방해하는 사업장 내의 관행과 제도를 개선하고 일 · 가정 양립을 지원할 수 있는 근무환경을 조성하기 위하여 노력하여야 한다.

마지막으로, 앞서 제시한 두 가지 효용성보다 상대적으로 덜 강조되고 있기는 하나 회사 차원의 적극적 노력을 통해 근로자의 복지를 증진시킬 수 있다는 점 역시 기업상담이 가진 강점이라 할 수 있다(예지은, 진현, 서의정, 김명진, 류지성, 2013). 기업상담은 조직이 직원을 대상으로 하는 복지 혜택의 일환으로도 제공될 수 있으며,

때로 인간 중심의 기업 이념 및 기업 가치에 부합하는 방식으로 경영하려는 기업 차원의 노력으로서도 활용될 수 있다.

한편, 기억해야 할 것은 세 가지 효용성 중에서 각 기업마다 기업상담을 도입해야겠다고 결정을 내린 주된 근거가 서로 다를 수 있다는 점이다. 앞서 제시한 세 가지 차원 중 어떤 것을 우선적으로 기대하는지에 따라 해당 기업에서 상담 서비스 제공자(대개 상담실 혹은 상담사 개인)에게 요구하는 서비스 운영 목표가 달라질 수 있다. 만약 위기 대응 및 기업의 법적 책임 이행이나 개인의 복지 증진의 차원에서 도입되었다면 기업의 목표가 곧 내담자 개인의 목표와 일치할 가능성이 높으며, 따라서 삼자 관계에서의 갈등은 감소할 것이다. 그러나 만약 생산성과 이윤이라는 조직 차원의 필요에 의해 도입되었다면 사례에 따라 조직의 욕구와 내담자의 욕구가 대립하는 상황이 발생할 수 있으리라 예상된다. 이와 같이 기업상담을 둘러싼 세 주체의 서로 다른 욕구들 간의 충돌에 대해서는 제2장에서 보다 구체적으로 다룰 것이다.

4. 기업상담의 역사

일터에서의 상담 서비스는 EAP를 통해 제공되는 다양한 서비스의 일환으로 시작하여, 이후 독자적인 서비스 영역으로 분리되어 성장한 결과 현대에는 별도의 조직으로 자리매김하였다.

미국의 경우, [그림 1-1]과 같은 단계를 거치며 조직에서의 상담 서비스가 발전하였다(U.S. Office of Personnel Management, n.d.). 일터에서의 상담 서비스의 출발점은 1940년대로 거슬러 올라간다.

직장에서 생산성과 조직 성과에 부정적 영향을 주고 사고 발생 위
험을 증가시키는 알코올 문제를 다룰 필요성이 제기되면서 근로
자의 정신건강 문제에 관심을 갖게 되었고, 이를 조력하기 위해 만
들어진 것이 직장알코올중독 프로그램(Occupational Alcoholism Program:
OAP)이다. 그러나 이후 관리 범위가 음주 이외의 정신건강 문제
를 겪고 있는 근로자들까지 확장되면서 EAP가 등장하였다(이상하,
2013). 1970년대에 들어서면서부터는 두 가지 큰 변화가 새롭게 나
타났는데, 하나는 연방기관에서 EAP를 의무화해야 한다는 「휴즈법
(Hughes Act)」이 발의된 것이고, 다른 하나는 사설 EAP 기관들이 형
성되면서 회사를 대상으로 EAP 서비스를 제공하기 시작한 것이다.
이러한 변화를 통해 조직 장면에서의 상담 서비스가 더욱 활성화
되기 시작하였다. 더 나아가 최근에는 연방기관에서 운영하는 EAP
가 근로자를 넘어서 그들의 가족에게까지 확장되는 추세이다.

1940년대
- EAP는 직업현장에서의 음주 프로그램으로 출발함
- 알코올 연구를 위한 예일 센터에서 사업 및 산업을 위한 계획을 개발함

1950년대
- EAP가 정신건강과 관련된 주제들로 확장됨

1970년대
- 휴즈법(Hughes Act): 연방 기관에 EAP를 의무화함
- 알코올 남용 및 알코올 중독에 대한 국가 기관이 설립되어 EAP를 더욱 촉진함
- 사설 EAP 업체가 서비스를 제공하기 시작함

최근
- 여러 법률, 규정 및 연방 계획이 연방 기관들의 EAP로 확장됨
- EAP 서비스가 가족 구성원에게까지 확장됨

그림 1-1 미국 내 EAP의 발전 과정

출처: U.S. Office of Personnel Management, n.d.

한편, 한국의 경우 그보다 늦은 1990년대에 이르러서야 기업상담의 역사가 시작되었으며, 미국과는 달리 사기업을 중심으로 발달해 왔다는 점이 특징적이다. 1990년대 중반에 포항종합제철(현 포스코)에 상담소가 처음 설치되었던 것이 시초이나 이후 IMF를 거치며 운영을 중단하였다가 2005년에 재개되는 과정을 거쳐, 실질적으로 가장 오랜 역사를 가진 상담실은 1994년에 설립된 삼성생활문화센터 상담실이라고 할 수 있다(한국상담심리학회, 2013; 한명숙, 2004). 초기에는 주로 소수의 대기업에서 사내 상담실의 형태로 운영되었으나, 2000년대부터는 사내에 상담실을 운영하는 기업이 증가하고 계열사 및 사업장마다 상담실 운영이 확산되었으며, 사설 EAP 회사가 설립되면서 사외로부터 상담 서비스를 제공받는 기업체들도 증가하였다(이상하, 2013; 한국상담심리학회, 2013). 현재 국내에서 기업상담의 운영 범위 및 운영 형태는 점차 확장되고 다양화되고 있는 추세이며, 국외와는 다른 독특한 기업 문화 및 요구도를 바탕으로 독자적인 성장이 이루어지기 시작하였다. 이러한 변화 흐름에 발맞춰 앞으로는 한국의 기업상담 현장의 특성 및 발전 과정의 고유성을 이해하고, 이에 기반하여 한국적 기업상담 모형이 제안될 필요가 있다.

5. 한국 기업상담의 특성과 미래 과제

한국의 경우, 기업환경이 비교적 빠른 속도로 변화하고 있어 근로자들은 이에 대해 적응해야 하는 과제에 당면하였는데, 이는 한국에서 기업상담의 필요성을 더욱 부각시키는 배경이 된다. 한국

근로자들이 당면한 고유한 문제들을 살펴보면, 고용된 근로자들 중에서도 제조업 종사자의 비중이 높아(통계청, 2021) 이들의 직무 스트레스를 다루고 사업장 내 사고를 예방할 필요성이 특히 강조되고 있으며, 앞서 살펴본 바와 같이 한국에서는 급격한 경제 발전에 걸맞는 사회적 규범의 부재로 인해 감정노동의 문제가 중요하게 부각되고 있다(김종우, 2012). 또한 근로시간이 길고 여가 시간이 짧은 직무 환경에 노출되어 있어 OECD 국가들 중에서 일과 가정의 양립이 가장 어려운 나라 중 하나로 손꼽힌다(OECD, 2020). 이러한 특성들은 다른 문화에서의 기업상담과 달리 한국의 기업상담 연구 및 실무에서 더욱 주목해야 할 주제가 무엇인지를 드러내며, 사회 체계 및 문화의 특수성을 반영하여 한국의 기업상담이 독자적인 영역으로 발전해 나가야 할 필요성을 제기한다. 이 책에서는 직무스트레스, 감정노동, 일과 가정의 양립 등과 같은 한국 기업문화에서 더욱 강조되고 있는 주제 영역들을 중점적으로 다룸으로써 한국의 실정에 맞는 제반 지식을 제공하고자 한다.

그렇다면 한국의 기업상담에서 향후 집중적으로 발전되어야 할 영역은 무엇일까? 일찍이 기업상담이 보다 전문적인 분야로 성장하기 위해 필요한 과제로 전문가 혹은 수퍼바이저를 중심으로 기업상담자 양성을 위한 전문적 교육과정의 운영 및 체계적인 연구의 필요성이 제안된 이래로(한명숙, 2004), 개별 협회 차원에서 기업상담 전문가 양성을 위한 교육들이 개설되었다. 그러나 아직까지 이들을 체계적으로 훈련시킬 수 있는 신뢰할 만한 교육과정 및 전문적 교육 인력이 부족한 실정이다. 이에 최근에는 한국 기업상담의 미래 과제로 양적 팽창을 넘어서 상담 서비스의 질 향상을 도모하고, 현장 지향적 연구를 확대하며, 기업상담 전문가의 역량을 강화해야 한다는 세 가지 제안이 제시되기도 하였다(왕은자, 2013).

더 나아가 앞으로 기업상담 서비스 방식이 한층 더 다양화될 필요가 있다. 전 세계적으로 EAP가 어떻게 운영되고 있는지를 조사한 결과(Roche et al., 2018)에 따르면, 여전히 면대면으로 이루어지는 전통적인 방식이 가장 많이 활용되고 있으나, 전문가들은 시간이 흐름에 따라 전자 매체를 활용한 방식이 점점 더 확대될 것이라 예측하였다. 응답자들 중 상당수(77.9%)는 지난 몇 년 동안 EAP 서비스를 제공하는 방식이 변화해 왔다고 보고하였으며, 이 중 인터넷 서비스, 모바일 어플리케이션, 비디오 상담과 같은 새로운 형태를 활용하는 서비스 유형이 증가하고 있다. 온라인 서비스는 근로 시간 중 기업상담을 이용하는 것이 어려운 근로자나 교대조 근무를 하는 근로자, 그리고 소규모 사업장에서 일하고 있어 자체적으로 운영되는 사내 상담실을 이용하기 어려운 근로자와 같이 그동안 구조적 문제로 인해 기업상담 서비스로부터 소외되었던 근로자들을 위한 대안으로 다가갈 수 있을 것이다. 특히 비교적 인터넷 활용 환경이 잘 마련된 한국에서 온라인 서비스가 기업상담의 확장성을 증진시키는 유용한 도구로 자리매김하리라 기대된다. 더 나아가 온라인상으로 이루어지는 서비스 방식은 회사 내에 마련된 장소를 오가는 과정에서 자신이 상담받는 것이 드러나 사회적 낙인이 찍히지는 않을까 하는 내담자의 두려움과 회사 바깥에 있는 상담실을 찾아가야 하는 불편 사이에서 현실적인 방안을 제공할 수 있을 것이라 기대된다.

참고문헌

근로복지공단(2021). 정신질병 업무관련성 조사 지침 제2021-05호. https://www.kcomwel.or.kr/kcomwel/info/laws/rule.jsp.

김종우(2012). 감정노동은 어떻게 감정노동이 되었는가: 한국의 중앙일간지 보도와 감정노동 담론 형성 유형. 한국사회학회 사회학대회 논문집, 981-997.

박인호(2016). 감정노동자의 보호와 기업 등의 책임. 법학논총, 36(1), 927-955.

예지은, 진현, 서의정, 김명진, 류지성(2013). 직장인의 행복에 관한 연구. SERI 연구보고서, 1-95.

왕은자(2013). 한국 기업상담의 미래과제. 한국심리학회 연차 학술발표 논문집, 134-136.

이경민, 최은미(2017). 기업 내 근로자의 개인상담 경험에 대한 질적연구-EAP 외부 모델 중심으로. 상담학연구, 18(5), 381-402.

이상하(2013). 기업상담의 실제: 한국의 EAP업계를 중심으로. (사)한국상담심리학회 2013년 학술대회 기업상담연수 자료집.

이은정, 이은지, 안수정, 서영석(2019). 기업상담자가 경험한 비밀보장 문제: 윤리적 갈등과 의사결정. 한국심리학회지: 상담 및 심리치료, 31(2), 601-643.

조선일보(2018. 5. 14.). 업무 스트레스로… 정신질환 산재 5배 급증. https://www.chosun.com/site/data/html_dir/2018/05/14/2018051400223.html.

조해연, 이송하, 이동혁(2013). 기업상담자 역할에 대한 인식 및 역할 기대. 상담학연구, 14(4), 2233-2251.

진경미, 권경인(2015). 기업체 종사자의 전문적 상담 추구 의도에 대한 연구. 한국심리학회지: 상담 및 심리치료, 27(1), 109-128.

통계청(2021). 2021년 3월 고용동향. http://kostat.go.kr/portal/korea/kor_nw/1/1/index.board?bmode=read&aSeq=389107 (2021. 4. 23. 인출).

한국상담심리학회 (2013). 기업상담 매뉴얼. https://krcpa.or.kr/member/sub06_1.asp (2021. 4. 23. 인출).

한국EAP협회(2009). 근로자지원프로그램(EAP)의 합리적 도입운영모델 연구. 근로복지공단 연구용역사업 연구보고서.

한명숙(2004). 기업 내 상담자의 역할과 비전. 대학생활연구, 22, 89-102.

Caroll, M. (2019). 기업·조직상담: 개관. In M. Carroll & M. Walton (Eds.), 기업·조직상담 핸드북[Handbook of Counselling in Organizations] (pp. 23-48). (이상희, 김봉환, 김혜경, 류희영, 서영석, 손진희, 왕은자, 유현실, 이동훈, 이윤주, 전재영 공역). 서울: 학지사. (원저는 1997년 출판).

Erikson, E. (1963). Childhood and Society. New York: W.W. Norton & Company.

International Employee Assistance Professionals Association (EAPA). (2011). Definitions of an employee assistance program (EAP) and EAP core technology. Retrieved from http://www.eapassn.org/About/About-Employee-Assistance/EAP-Definitions-and-Core-Technology (2021. 4. 23.).

Hargrave, G. E., Hiatt, D., Alexander, R., & Shaffer, I. A. (2008). EAP treatment impact on presenteeism and absenteeism: Implications for return on investment. Journal of Workplace Behavioral Health, 23(3), 283-293.

Lent, R. W., & Brown, S. D. (2006). Integrating person and situation perspectives on work satisfaction: A social-cognitive view. Journal of Vocational Behavior, 69, 236-247.

Lent, R. W., & Brown, S. D. (2008). Social cognitive career theory and subjective well-being in the context of work. Journal of Career Assessment, 16(1), 6-21.

Lent, R. W., Brown, S. D., & Hackett, G. (1994). Toward a unifying social cognitive theory of career and academic interest, choice, and performance [Monograph]. *Journal of Vocational Behavior, 45*, 79–122.

OECD. (2020). 한국의 삶의 질, in How's Life? 2020: Measuring Well-bein. Paris: OECD Publishing. Retrieved from https://doi.org/10.1787/18f1fafe-ko

Richmond, M. K., Pampel, F. C., Wood, R. C., & Nunes, A. P. (2017). The impact of employee assistance services on workplace outcomes: Results of a prospective, quasi-experimental study. *Journal of Occupational Health Psychology, 22*(2), 170–179.

Roche, A., Kostadinov, V., Cameron, J., Pidd, K., McEntee, A., & Duraisingam, V. (2018). The development and characteristics of Employee Assistance Programs around the globe. *Journal of Workplace Behavioral Health, 33*(3–4), 168-186.

Selvik, R., Stephenson, D., Plaza, C., & Sugden, B. (2004). EAP impact on work, relationship and health outcomes. *Journal of Employee Assistance, 2nd Quarter*, 18–22.

Sheu, H., Lent, R. W., Lui, A. M., Wang, X. T., Phrasavath, L., Cho, H., & Morris, T. R. (2020). Meta-analytic path analysis of the social cognitive well-being model: Applicability across life domain, gender, race/ethnicity, and nationality. *Journal of Counseling Psychology, 67*(6), 680–696.

U. S. Office of Personnel Management. (n.d.). Employee assistance programs. Retrieved from http://www.opm.gov/policy-data-oversight/worklife/employee-assistance-programs/ (2021. 4. 23.).

제2장

기업상담의 구조

1. 들어가기

일반적인 형태의 상담은 심리적 문제로 도움을 필요로 하는 내담자와 이를 다룰 수 있는 전문성을 갖춘 상담자라는 두 주체 간의 만남으로 이루어진다. 기업상담은 여기에 조직이라는 제3의 주체가 추가되며, 바로 이 지점에서 기업상담의 독특한 가능성과 한계점이 발생한다. 기업상담의 핵심은 이들 세 주체 간의 관계이며, 증가된 주체만큼 다양한 역동이 펼쳐진다. 서로 다른 주체들은 각자의 욕구와 기대 등을 가지고 기업상담 과정에 참여하며, 이들이 서로 어떠한 방식으로 관계를 맺느냐에 따라 기업상담은 매우 다양한 양태로 펼쳐질 수 있다. 그중에서도 이들 간의 관계를 이익이 서로 충돌하는 제로섬(zero-sum) 상태로 인식하고 조화나 협력보다는 여러 이해관계 집단 간의 긴장과 갈등, 충돌의 관점에서 바라보는 시각이 그동안 지배적이었다(왕은자, 김계현, 2009).

그러나 세 주체 간의 이해관계가 항상 부딪히는 것만은 아니다. 물론 기업상담을 통해서 추구하는 이득의 직접적 수혜자가 누구인지에 따라 상담실의 전반적인 운영 방식이 개인 초점에서 조직 초점까지 연속선상에서 다양하게 펼쳐질 수 있다. 또한 특정한 사안을 처리하는 과정에서 각 주체 간 이득이 서로 충돌할 경우 무엇을 우선시할 것인가와 관련하여 때로 충돌이 발생할 수도 있다. 그러나 위기 관리나 생산성 증진과 같은 조직 초점의 목표를 추구한다고 할지라도 구성원의 건강과 만족 없이는 이러한 목표를 달성할 수 없기 때문에 궁극적으로는 목표 혹은 방향성에서 세 주체 간의 타협이 가능할 것이다. 따라서 보다 중요한 것은 이들 간의 협력을 증진시키기 위해 각 주체가 서로의 입장과 요구 그리고 기대 등에 대해 깊이 이해하고 공감하며 직접적으로 소통하고 타협하는 과정이 필요하다는 점이다. 이에 이 장에서는 기업상담의 세 주체를 중심으로 각자가 기업상담 서비스 과정을 어떻게 인식하고 경험하고 있는가에 대해 살펴봄으로써 상호 이해를 촉진하고자 한다.

2. 기업상담의 첫 번째 주체: 내담자

조직은 내담자와의 관계에서 평가자의 위치에 있다. 따라서 구성원의 정신건강 문제해결을 돕기 위해 기업 내에 심리상담실을 둔다는 것 자체가 구성원의 입장에서는 양가적인 태도를 불러일으킬 수 있다. 다시 말해서, 개인에게 문제가 없이 잘 기능하기를 요구하고 문제가 노출되었을 때 불이익을 줄 수 있는 대상이 개인에게 자신의 문제를 적극적으로 드러내고 관리하도록 지원하는 상황

은 내담자에게 지원을 받고 싶은 욕구와 두려움을 동시에 느끼게
할 수 있다. 실제로 내담자들은 전문가의 도움을 받고 싶은 기대를
갖고 상담실을 방문하지만 다른 한편으로는 혹여 회사에 상담 내
용이 공개될까 봐 두려운 마음이 심리적 장벽으로 작용한다고 보고
하였다(이경민, 최은미, 2017). 이들은 자신의 상담 자료가 어디까지
회사에 공유되는지에 대해 궁금해하며, 상담자의 안내에 따라 비
밀보장 규정에 대해 확인한 이후에야 비로소 상담과정에 대한 신
뢰를 갖게 되는 것으로 나타났다.

먼저, 상담실 이용 의도에 대해 살펴보면, 내담자들은 자신의 문
제를 전문적 도움을 통해 해결하고자 하는 개인적 동기, 기업상담
실이 사설 상담실에 비해 갖는 이점, 동료의 권유와 상담실의 홍
보와 같이 문턱을 낮춰주는 경험 등을 통해 용기를 내어 상담실에
방문한다(김선경, 전재영, 2012). 기업상담 현장에서 내담자들이 서
비스를 이용하는 목적을 조사해 보면 직무 중심적 사유뿐만 아니
라 개인적인 문제의 해결, 가족 이해 및 양육 태도 학습과 같은 직
업 외 생활에서의 적응 문제 그리고 더 나아가 자기성장을 위한 기
회로까지 두루 활용하고자 하는 욕구가 드러난다(왕은자, 김계현,
2009; 조해연, 이송하, 이동혁, 2013). 실제로 한국EAP협회(2009)에 따
르면, 43.6%가 직장 문제로 사외의 EAP 업체를 찾았으며, 그 밖에
개인적 문제(31.4%)나 가정 문제(23.4%)를 위해서도 상담실을 찾는
것으로 나타나, 기업상담이 다양한 주제 영역을 포괄하고 있으며
직무와 직접적인 관련성이 적은 주제도 상당한 비중을 차지하고
있음이 드러났다. 이처럼 개인이 직업 이외의 삶의 영역을 가꾸고
자 기업상담 서비스를 이용하는 것은 일견 조직이 이러한 서비스
를 지원하는 목적과 충돌하는 듯 보이지만, 개인의 적응성이 증진

될 때 기업에서 기대하는 사고 예방이나 생산성 증진의 목적도 달성될 수 있기 때문에 궁극적으로는 조직의 기대와 구성원의 기대가 같은 방향을 향한다고 볼 수 있다. 따라서 구성원과 조직 모두의 목적 달성을 위해서 보다 적극적으로 상담에 대한 기대를 촉진하고 상담실 이용 장벽을 낮춤으로써 기업상담실 운영을 활성화할 필요가 있다.

내담자들이 도움이 되는 것으로 느끼는 상담자 반응이나 변화의 시점, 상담 과정에서 의미 있었던 경험 등은 일반 상담과 기업상담이 크게 다르지 않으나, 회사에 상담 내용이 공개될 것에 대한 염려나 사회적 낙인에 대한 두려움, 근무 시간 중에 상담실에 오는 것에 대한 부담감 등은 기업상담이 갖는 독특한 어려움으로 작용한다(이경민, 최은미, 2017; 진경미, 권경인, 2015). 특히 남성이 기업상담 서비스 이용과 관련된 낙인에 대해 더욱 민감하게 느끼며, 연령대가 높은 집단보다 낮은 집단에서 사회적 낙인에 대한 두려움이 상담실 이용을 꺼리게 만드는 요인으로 더 크게 작용하였다(Butterworth, 2001). 상담자 역시 조직과 계약을 맺고 서비스를 제공하고 있으므로 구성원 입장에서는 상담사가 마치 관리자 혹은 평가자로서 조직의 이득을 위해 일하는 사람처럼 비춰질 수도 있다. 그렇기에 비밀보장이 될 것인지에 대해 불신감을 갖는 것 그리고 자신이 상담을 받는다는 사실이나 구체적인 상담 내용이 노출되어서 문제 직원으로 낙인찍히거나 인사 기록에 남아 회사 생활에 직간접적인 형태로 불이익을 받게 되지는 않을까 걱정하는 마음을 갖는 것은 자연스러운 일이다.

이용자들이 갖는 이러한 두려움과는 달리 실제로는 기업상담에 대한 이해가 부족한 조직이나 관리자로부터 문제 사원에 대한 정보를 요청받는 상황이 발생하더라도 기업상담자들은 이러한 요청을 단호하게 거절하거나 상담 윤리에 대해 설명하고 설득하는 과정을 통해 상담자-내담자 관계와 조직의 욕구 간의 충돌을 해결하는 것으로 나타났다(심윤정, 2012). 하지만 전문적 도움을 받는 것에 대한 낙인을 어떻게 수용할 것인가 하는 문제는 전문적 도움을 추구하는 것에 대한 긍정적 태도를 발달시키는 데 핵심적이라는 점을 고려할 때(Fisher & Turner, 1970), 단지 제도적으로 비밀을 보장하는 것을 넘어서 보다 적극적으로 잠재적 내담자들의 심리적 장벽을 낮출 필요가 있다. 예를 들어, 상담을 받는다는 것이 이상하다는 의미가 아니라는 것을 이해할 수 있도록 조직 내부에서 인식을 개선하는 캠페인 활동을 병행할 필요가 있으며, 심리적 문턱을 낮추는 가벼운 프로그램들을 제공하는 것 역시 효과적이리라 기대된다.

　더 나아가 상담자가 조직에 직접 고용된 형태의 상담실에서는 상담자와 내담자가 같은 조직 내에 소속되어 있어 내담자가 상담자에게 알리지 않기로 선택한 정보를 포함하여 지나치게 많은 정보가 상담자에게 노출될 수 있다는 점 역시 내담자의 안전감을 해칠 수 있다. 기업상담 이외의 상담 현장에서는 내담자 자신이나 내담자의 이야기 속에 등장하는 구성원들에 대해 직접적인 정보를 얻기 어렵고 오직 내담자의 보고에만 의존하여 상담이 이루어지는 반면, 사내 상담실의 경우 공식적이거나 비공식적인 경로를 통해 내담자에 대한 추가적인 정보를 접할 기회가 생길 수 있다. 상담에서 누구에게도 말하지 않았던 자기 속내를 털어놓는 작업은 그 자체로 개인에게 상당한 부담으로 다가올 수 있는데, 실제로 기업상담에 참여하기 전 내담자들이 일반적으로 이러한 부담감을 느낀다고 보고하였다(이경민, 최은미, 2017). 상담자와 내담자가 같은 기관에 소속되어 있다는 구조적 조건으로 인해 이러한 어려움이 더욱 증폭될 수 있다는 점은 상담자가 내담자와 좋은 라포를 형성하기 위해 반드시 고려해야 할 문제이다. 다시 말해서, 자기공개에 대한 심리적 문턱을 낮추고 내담자가 상담실을 안전한 환경으로 느낄 수 있도록 돕는 방안을 마련하는 것이 기업상담의 성과에 있어 핵심적인 요소로 작용할 것이다. 예를 들어, 조직 구조상에서 상담실을 다른 부서들과 분리된 형태와 독립 기관으로 운영하는 것, 조직의 직급 체계(대리, 과장 등)와 다른 명칭을 활용하는 것, 상담실 공간을 구성원들의 업무 공간과 거리가 있고 출입이 눈에 띄지 않는 위치에 마련하는 것 등이 도움이 될 것이다.

낙인에 대한 두려움이나 비밀보장에 대한 불신감과 같은 심리적 장벽뿐만 아니라 구조적 측면에서의 장벽도 존재한다. 예를 들어, 제조업 계통에서 교대 근무를 하는 직원들의 경우는 주간 근무를 하는 상담자와 주기적으로 상담 일정을 맞추는 것에서 어려움이 발생할 수 있다. 주간 근로자의 경우에도 일정한 시간마다 자리를 비워 상담을 받는다는 사실이 노출될까 염려하는 것이 상담에 대한 접근성을 낮추는 결과를 가져올 수 있다. 따라서 각 조직의 상황을 고려하여 내담자를 보호하고 이용 가능성을 높일 수 있도록 상담 서비스 시간을 확대하거나 온라인 매체를 활용하는 등의 환경적 구조를 마련해야 할 것이다(구체적인 방식에 대해서는 제5장의 '상담실 구축하기'를 참고할 수 있다).

이처럼 기업상담 현장의 독특성으로 인해 내담자가 처하게 되는 다양한 어려움이 있음에도 불구하고 조직 안에서 상담이 이루어짐으로써 오히려 내담자의 문제를 더욱 효과적으로 도울 수 있다는 강점도 기대해 볼 수 있다. 구체적으로, 기업상담 현장에서는 내담자의 심리적 세계뿐만 아니라 실제 환경 세계에 직접 개입할 여지가 있다. 더불어 내담자의 심리적 세계에 대해 작업할 때에도 동일한 조직에 소속되어 있고 유사한 경험을 공유하기 때문에 더욱 깊은 수준에서 공감할 수 있다. 따라서 상담실 이용을 가로막는 불신을 해소하고 기업 내 상담실을 이용하였을 때 취할 수 있는 강점에 대해 적극적으로 홍보한다면 조직에 속한 내담자에게 가장 효과적인 서비스를 제공할 수 있으리라 기대된다.

3. 기업상담의 두 번째 주체: 상담자

상담자와 내담자, 조직의 세 주체 중에서도 상담자는 기업상담 분야에서 가장 많이 풍부하게 연구되어 온 주제이다. 기업 측에서 상담자에게 내담자에 대한 정신건강 서비스를 의뢰하고 그 비용을 지불한다는 점에서 상담자가 관계를 맺고 서비스의 대상으로 여기는 주체는 내담자뿐만 아니라 조직으로까지 확대된다. 즉, 상담자에게는 내담자의 정신건강 증진 및 복지 향상을 추구하는 동시에 또 다른 고객인 조직의 이익을 고려해야 한다는 책무가 발생하게 된다. 이러한 기업상담의 관계적 특수성 때문에 기업상담자는 사설 상담기관 등 조직 바깥의 환경에서 근무하는 상담자와는 달리 추가적인 역할을 맡거나 주체들 간의 이익 충돌에서 오는 윤리적 문제를 해결할 수 있도록 고유의 전문성을 갖추어야 한다.

기업상담자는 내담자와 조직을 동시에 고객으로 두고 있기 때문에 일반적인 심리상담자들이 하는 역할 이외에도 보다 다양한 역할을 맡게 된다(Carroll, 2010). 한국에서 기업상담자들을 대상으로 이들이 실제로 수행하는 역할이 무엇인지 조사한 결과, 심리상담 과 심리검사뿐만 아니라 일반 직원을 대상으로 하는 예방적 심리 교육, 상담센터 및 정신건강 관련 홍보활동(outreach), 정신건강 문 제나 관계 문제 등에 대한 자문과 연계, 업무보고와 사무행정 등의 다양한 역할을 맡고 있는 것으로 보고하였다(조해연 외, 2013). 입사 전에는 심리상담사로서의 역할을 주로 맡고 그 밖에 상담실 운영 이나 교육의 업무를 일부 맡게 되리라고 예상하는데, 실제로 입사 한 후에는 업무보고, 홍보활동, 사무행정과 같은 상담실 운영 업무 를 병행하는 데 시간이 소요되며, 교육 업무나 프로그램 개발 및 운 영 등이 예상보다 더 큰 비중으로 기대된다는 것을 새롭게 발견하 게 된다. 이러한 맥락에서 기업상담자들이 수퍼비전을 받고 싶어 하는 내용의 한 축으로 '프로그램 기획/운영'이 제시되고 있으며, 집단 프로그램을 개발하고 실시하는 방법을 배우거나 기획, 문서 작성, 업무보고와 같은 행정 업무 수행 방법을 배우는 등 다양한 역 할을 수행하기 위한 역량을 증진시키려고 노력하는 것으로 나타났 다(김영진, 왕은자, 2017).

뿐만 아니라 한명숙(2004)은 기업 내 상담자의 역할로 조직문화 개선, 중계자 혹은 중재자로서의 역할까지 제시하고 있다. 상담을 통해 파악하게 된 조직의 문제를 인사나 조직문화 개선에 활용하 거나 내담자와 조직 간의 커뮤니케이션 창구 역할을 하는 등 상담 실 바깥에서도 보다 적극적으로 내담자를 둘러싼 환경세계에 직접 적인 영향력을 미칠 수 있다는 점은 기업상담 분야가 갖는 강점이 될 수 있다. 그러나 기업상담 현장에 투입되기 이전에 심리상담자 로서 수련하는 과정에서는 일반적으로 심리상담이나 심리검사에 대한 훈련만이 이루어질 뿐, 그 밖의 역할을 준비할 기회는 매우 부족한 현실이다(변시영, 조한익, 2015). 심지어 가장 기본이 되는 심리 상담 업무조차도 기업 현장에서는 주로 단회상담 중심으로 이루어지고 당장의 적응 문제에 초점을 두는 경향이 있어 초기에는 심리상담의 범위를 어디까지로 잡아야 할지에 대해 어려움을 느낄 수 있다. 따라서 기업상담에 적합한 새로운 상담 모델을 제시하고 기업상담 현장에 진입하고자 하는 상담자들을 위한 체계적인 훈련 프로그램을 마련하여 준비된 전문 인력을 양성할 필요가 있다.

기업상담자가 다양한 역할을 맡게 되는 데서 파생되는 또 하나의 중요한 문제는 하나의 사안 혹은 제한된 자원을 둘러싸고 서로 다른 역할들이 동시에 기대될 때 어떠한 역할이 가장 우선시되어야 하는가이다. 기업 입장에서는 심리상담자에게 문제를 예방하고 임직원의 조직적응을 도움으로써 기업의 생산성에 기여할 것을 가장 크게 기대하는 바 조직을 진단한 결과에 근거하여 자문을 제공하고 상담실 업무를 보고하기를 요청할 수 있으나, 이는 내담자의 복지를 최우선하고 비밀을 보장해야 하는 상담자로서의 역할과 때로 충돌할 수 있다[1]. 내담자와 상담자 간 그리고 조직과 상담자 간의 이중적인 계약의 형태는 이와 같은 심각한 윤리 문제를 제기할 수 있다. 이러한 맥락에서 조직 진단 및 평가에 기여하면서도

---

[1] 한국상담심리학회의 윤리강령(2018)에 따르면, 상담심리사는 사생활과 비밀유지에 대한 내담자의 권리를 최대한 존중해야 할 의무가 있으며(5. 정보의 보호 및 관리 가. 사생활과 비밀보호 2항), 다른 한편으로는 자신이 종사하는 기관의 목적과 방침에 공헌할 수 있는 활동을 할 책임이 있고 기관의 목적과 방침이 상담자 윤리와 상충될 때 이를 해결하기 위해 노력해야 할 의무가 있다(2. 사회적 책임, 나. 고용 기관과의 관계 제1항).

내담자의 비밀을 철저히 지키고 회사로부터 자율권과 독립성을 확
보하는 등 상담 분야의 전문적 기초를 유지할 수 있도록 조직 내에
서 자리매김하고 의사결정의 힘을 갖는 것은 기업상담실이 잘 자
리 잡았을 때 드러나는 효과성 중 하나로 볼 수 있다(왕은자, 김계현,
2009). 특히 주로 상담자가 기업에 직접 고용된 형태를 취하기 때문
에 세 주체 간 긴장 관리가 핵심 이슈로 떠오르는 한국형 기업상담
현장에서 역할 간 우선순위를 정하고 균형을 유지하는 것은 매우
중요한 과제이다. 따라서 기업상담 서비스를 도입할 때 상담자에
게 기대하는 다양한 역할의 우선순위나 경계가 어떻게 되는지 등
에 대해 사전에 상담자와 조직 간의 협의가 이루어지고 이를 명문
화한 규칙을 마련할 필요가 있다. 이와 더불어 학계 차원에서도 일
종의 지침을 개발하고 제시하였을 때 상담자의 정체성과 전문성을
확립하는 근거가 될 것이다.

  지금까지 살펴본 것과 같이 일반 상담 현장과 다르게 기업상담
현장에서 상담자에게 추가적으로 요구되는 역할들로 인해 이들에
게는 보다 광범위한 전문 역량이 요구된다. 특히 사설 EAP 업체에
서 근무하는 상담자의 경우 90% 이상을 상담 업무에 할애하는 반
면 기업 내부에 직접 고용된 형태로 근무하는 상담자는 보다 다양
한 역할을 하게 되므로 실제 심리상담 활동의 비율은 그만큼이 되
지 못할 수 있다(박명진, 2011; 변시영, 조한익, 2015). 따라서 직접 고
용 형태로 근무하는 상담자에게는 보다 종합적인 업무 수행 역량
이 요구될 수 있음을 예상해야 한다. 우수한 성과를 보이는 기업상
담자들을 대상으로 기업상담에 필요한 역량을 조사한 결과, 이론
적 지식 역량뿐만 아니라 개인 인성, 전문가로서의 윤리 준수 책임,
성찰 및 자기계발과 같은 태도 및 개인 자질 역량, 그리고 다양한

업무를 잘 해낼 수 있는 직무 수행 역량을 두루 갖춰야 하는 것으로
나타났다(남현주, 2014). 이에 더해 한명숙(2004)은 기업 조직과 구
성원에 대한 이해, 기업 내 상담에 필요한 정보와 상식, 유관부서와
긴밀하게 협조하고 연계하기 위한 지원망 구축과 자원 활용 능력,
유연한 역할 수행 능력, 교육 개발과 진행 능력, 행정 능력이 요구
된다고 제시하였다. 다시 말해서, 일반적인 상담에서 요구되는 역
량 이외에도 기업과 관련한 실제적 지식이나 이해가 비중 있게 요
구되고 있다는 점에 주목할 만하다. 더 나아가 사례개념화나 상담
전략 역시 일반적인 심리상담 장면에서 이루어지는 것과 달리 조
직 맥락에 대한 이해에 기반해야 하므로, 이에 대해 추가적인 교육
을 받고 숙련된 전문성을 갖출 수 있어야 한다(김영진, 왕은자, 2017;
박명진, 2011; 한명숙, 2004). 다시 말해서, 기업상담자는 조직을 이
해하고 조직 맥락 속의 개인을 이해할 수 있어야 한다.

기업상담자에게 요구되는 역량을 구체적으로 살펴보면, 태도 및
개인 자질 중에서도 '유연성'이 초심자와 숙련자를 막론하고 기업상
담자들이 공통적으로 강조하는 역량이었다(변시영, 조한익, 2015).
이는 영국의 기업상담자들이 핵심 자질로 유연성을 제시한 것과
도 일관되는 결과이다(Carroll, 2010). 여기서 유연성이란 상담자의
업무에 한계를 두지 않고 기업의 요구나 임직원의 요청에 대응하
는 역량을 의미한다(변시영, 조한익, 2015). 조직과 개인 간의 경계에
서 두 세계의 언어를 조율하는 작업은 정해진 규칙이나 정답이 있
는 것이 아니다. 특히 기업상담은 원형이 먼저 마련되고 이를 활용
하는 형태로 발전해 온 것이 아니라 국가마다 그리고 조직마다 서
로 다른 형태로 진화해 왔다는 점에서 더욱 그러하다. 정통적인 상
담 기법을 고수하거나 비밀보장에 방해가 된다는 이유로 조직과의

교류를 철저하게 배제하기보다는 독립적이면서도 유연한 태도를
지니고 적극적인 소통을 해 나가는 노력이 요구된다(심윤정, 2012).
더불어 그 자신이 조직의 구성원인 동시에 전문성을 갖춘 상담자
로서 기능해야 하기에 조직에 잘 융화됨과 동시에 독립된 태도를
발달시키는 균형 감각이 필요하며, 조직과 구성원 간의 조화를 돕
는 제3자로서의 중립성을 유지할 수 있도록 유연한 역할 수행이 요
구된다(한명숙, 2004). 따라서 기업상담 현장에 투입된 이후에도 기
업상담 분야의 전문성 중 하나인 유연한 역할 관리 능력을 획득하
기 위해서는 별도의 발달 과정을 거쳐야 할 것으로 예상된다.

　이러한 맥락에서 초심 기업상담자의 경우 '조직 구성원'이라는
새로운 정체성에 적응하는 과정이 필요한데, 이는 일반적인 심리
상담실처럼 내담자와 일대일 관계를 맺는 것을 넘어서서 조직 안
에서 역할을 수행하는 데 따른 결과물이다(변시영, 조한익, 2015). 구
체적으로, 초심상담자는 자신을 상담 전문가로 규정하고 기업으로
부터 이러한 전문성을 존중받고 싶은 마음을 가지고 있는 반면, 숙
련 상담자는 자신을 기업의 구성원으로 동일시하고 조직문화에 스
며들었음을 보여 주며 조직을 위해 기여하고 싶은 마음을 표현하
는 경향이 있었다(변시영, 조한익, 2015). 이는 초심상담자의 경우
'심리상담' 그 자체의 전문성에 보다 주목하는 반면 숙련상담자가
되면서 기업상담자라는 직무의 독특성을 더욱 깊이 이해하고 기업
상담자로서의 전문성을 조직원으로서의 기능까지 확장해서 바라
보는 관점이 형성된 데서 기인하는 것으로 볼 수 있다. 특히 상담
분야의 경우 자격증을 취득하고 현장에서 일할 수 있는 역량을 갖
추기까지의 수련 기간이 긴 편이며 그 과정에서 자신의 일에 대한
자부심을 갖게 되고 이미 전문성을 갖추고 있다고 인식하기 쉽다.

다른 한편, 일반 회사원들의 경우 현장에서의 전문성은 취업한 이후에 쌓아 나가는 개념이다 보니 이러한 인식에서의 차이가 상담자와 조직 간의 갈등을 불러올 수 있고, 초심상담자들이 자신이 전문가로서 대우받지 못하고 있다는 불만을 갖게 만들 수 있다.

또한, 기업상담 현장에 처음 진입한 이후 초심상담자들은 상담자로서의 정체감에 대한 혼란을 느낄 뿐만 아니라 기업에서 새롭게 다루게 된 과제들을 처리하는 과정에서 자신에 대한 확신이 부족하여 두려워하는 것으로 나타났는데, 이렇게 혼란의 시기를 치열하게 거친 결과로서 숙련상담자들은 조직 내에서 자신의 자리를 잡아 나갈 수 있다(변시영, 조한익, 2015). 특히 한국의 기업상담 현장의 경우 1인 상담자 체제로 운영되는 경우가 많기 때문에 이러한 문제에 대해 상의하거나 정보를 얻을 수 있는 창구가 미흡한 편이다. 이로 인해 자문이나 지지를 얻을 수 있는 전문적 수퍼비전에 대한 요구도가 높은 것으로 나타났다(김영진, 왕은자, 2017). 이들은 기업상담 사례개념화나 조직 맥락을 고려한 상담 전략 수립, 다중 역할 수행, 단기상담 전략과 같이 기업상담의 독특한 현장성에 기반한 역할 교육 이외에도 경계 설정과 지지, 위기 개입 및 상담자 윤리와 같이 다양한 주체가 개입되는 구조로 인해 발생하는 갈등적 상황을 어떻게 해결할 것인가에 대한 실질적인 자문 및 지지를 받고자 하는 욕구가 크다. 특히 그 중에서도 위기 개입이나 윤리적 이슈를 다루는 과정에서 자문 역할의 중요도를 높게 평정하는 것으로 나타났다. 결과적으로 상담자 개인이 "상담자로서의 정체성을 잃지 않으면서도 조직원으로서 상담이라는 것을 통해 조직에 어떤 방식으로 기여할 수 있는가"(p. 538)에 대한 나름의 답을 만들어 나가는 과정이 필요하며, 이러한 과정을 돕는 전문적 교육 체계 혹은 지지 체계가 제공될 필요가 있다.

4. 기업상담의 세 번째 주체: 조직과 조직문화

기업상담에서 조직의 영향력은 상담자와 계약을 맺고 내담자에게 상담 서비스를 제공하는 제3의 주체로서의 조직, 그리고 내담자를 둘러싸고 그의 삶에 상당한 영향력을 미치는 환경세계로서의 조직의 두 가지 차원에서 고려될 수 있다. 상담자는 조직과 협력적인 계약 관계를 맺는 동시에 내담자의 복지 향상을 위해 그를 둘러싼 조직을 적극적으로 개선해 나가는 노력을 기울이는 등 다양한 형태로 조직과 관계를 맺게 된다. 따라서 기업상담 과정에서 또 하나의 주체인 조직의 역할과 기능에도 관심을 가질 필요가 있음에도 불구하고 아직까지 내담자나 상담자에 대한 연구에 비해 조직의 영향력과 관련된 연구는 미흡한 실정이다.

기업상담에서 상담자는 또 하나의 고객으로서 조직이 기업상담에 대해 갖는 욕구와 기대를 충분히 고려할 필요가 있다. 한국에서 상담자, 내담자, 관리자를 대상으로 기업상담을 통해 기대하는 효과성에 대해 조사하였을 때 팀워크를 향상하고 스트레스 고위험군을 선별하고 관리하며 경력을 개발하고 개인적인 문제 해결을 통해 업무 성과를 증진하는 것과 같은 조직 차원에서 기대하는 효과성에 특히 주목하는 경향이 있었다(왕은자, 김계현, 2009). 이러한 결과는 아직까지 조직이라는 주체의 필요에 의해 기업 내 상담 서비스가 도입되고 이들의 요구에 부합하고자 하는 기대가 운영의 중심이 되는 한국 기업상담의 현주소를 드러낸다.

또한 기업상담 서비스를 운영하는 관리자 혹은 유관부서의 담당자들 역시 서비스의 성패를 결정짓는 중요한 조직적 요소이다. EAP 업무를 담당하는 조직 구성원은 프로그램을 홍보하고 운영하여 근로자와 상담자 사이를 중개하는 역할을 한다(최수찬, 우종민, 왕은자, 장승혁, 2017). 특히 대기업처럼 상담실이 독립된 조직으로 운영되는 형태가 아니라 외부 업체를 연계하는 형태가 주를 이루는 중소기업의 경우는 조직 구성원 중 정신건강 관련 담당자의 역할이 갖는 중요성이 더욱 커질 수 있다. 이들이 기업상담 서비스를 처음 도입하는 과정에서 프로그램을 구조화할 때의 번거로움이나 신청 절차의 복잡성, 제한된 스케줄 내에 상담을 배정해야 하는 여건 등의 문제로 인해 운영에 상당한 어려움을 겪고 있기 때문에 정신건강 문제에 대한 담당자의 관심과 이해도가 무엇보다도 중요하며, 이들이 얼마나 자발적이고 적극적인 태도를 취하는가에 따라 프로그램 운영의 성패가 결정되는 경향이 있다(김선경, 김수임, 김하나, 2017).

이처럼 서비스 계약의 주체로서 조직의 영향력을 고려해야 할 뿐만 아니라, 내담자를 둘러싼 환경세계로서의 조직 혹은 조직문화에 대해서도 이해할 필요가 있다. 특히 상담자가 조직에 의해 직접 고용되어 기업 내부에서 상담실을 운영하는 경우 상담자 자신이 조직의 구성원으로서 적응 과정을 거치면서 해당 기업의 근로자의 삶을 근거리에서 관찰 및 체험한 결과 내담자들이 처한 현실을 더욱 심층적으로 이해할 수 있다. 이는 기업상담자로서 내담자들의 심정을 더욱 잘 공감할 수 있게 하는 기반이자(심윤정, 2012), 일반적인 상담에서 갖기 어려운 기업상담만의 강점이라고 할 수 있다.

또한 상담 서비스 이용에 대한 사회적 낙인이 기업체 종사자의 도움 추구 의도에 영향을 미친다는 연구 결과(진경미, 권경인, 2015)는 조직과 조직문화가 구성원의 정신건강에 대해 어떠한 태도를 취하는지가 얼마나 중요한지를 드러낸다. 이러한 측면을 고려할 때 기업상담자는 조직의 인식과 문화를 개선하기 위해 상담실 운영 결과를 바탕으로 적극적으로 피드백을 제공할 필요가 있다. 그중에서도 특히 내담자와 직접적으로 관계를 맺고 있는 상사의 이해와 지지를 얻어 내는 것이 매우 중요하다. EAP 운영 담당자에 따르면 정신건강 관리의 필요성에 대한 조직 차원의 인식도 중요하지만, 소속된 조직의 부서장의 인식을 개선하는 것이 프로그램의 성과 향상에 핵심적이다(김선경 외, 2017). 실제로 관리자들을 대상으로 조직원의 정신건강 문제에 대한 이해도를 증진시키고 문제를 겪고 있는 사원을 조기에 발견할 수 있도록 돕는 훈련을 실시한 결과, 관리자들이 더욱 지지적인 태도를 취하고 적극적으로 가능한 자원을 활용하도록 독려했을 뿐만 아니라, 이들이 관리하는 구성원들 또한 가능한 자원을 탐색하고 활용하고자 하는 의지가 증가하는 것으로 나타났다(Dimoff & Kelloway, 2019). 또한 관리자가 공감이나 직면과 같은 면담 기법을 활용하였을 때 조직원의 심리적 기능 회복에 긍정적 영향을 미치는 것으로 나타났는데(박경환, 2004), 이는 정신건강 서비스의 문지기 역할을 잘 할 수 있도록 교육하는 것뿐만 아니라 그 자신이 내담자의 정신건강에 영향을 미치는 주체로서 그 영향력을 조절할 수 있도록 돕는 훈련이 필요함을 시사한다.

한편, 조직문화는 조직과 내담자 간의 관계 속에서만 고려될 것이 아니라 상담실과 조직 간의 관계에서도 고려되어야 한다. 부서나 직급 간 경계가 분명하고 수직적 인간관계를 맺는 낯선 기업 문화 속에서 수평적 관계 문화에 익숙한 상담자와 조직 간의 소통에 어려움이 발생할 수 있으며, 실적 중심적이고 양적 지표를 중시하며 경쟁적인 조직 분위기로 인해 갈등을 빚을 수 있다(심윤정, 2012). 이러한 문제들은 기업 운영과 상담이 위치한 근본적인 패러다임 차이에 기인하는 것으로 보인다. 기업의 인사 및 보건 담당 관리자들은 상담 업무에 대한 조직의 협조가 중요함에도 불구하고 경영진의 인식이 부족하고 사업 추진에 대한 적극성이 부족하여 EAP를 계획하거나 추진하는 데 있어 어려움을 겪고 있다고 호소한다(임성견, 우종민, 2011). 이에 기업상담에 대한 경영자의 인식 개선은 기업상담 활성화를 위한 중요 과제 중 하나로 제안되고 있다(박명진, 2011). 따라서 상담실을 도입하려는 기업에서는 사전에 이러한 문화적 차이에 대해 고려할 필요가 있으며, 기업상담자 역시 기업의 언어로 성과를 표현함으로서 상담의 필요성에 대한 조직의 인식을 적극적으로 개선하기 위해 노력해야 한다. 이와 관련하여 최근 기업상담 분야에 적합한 성과 지표를 개발하려는 노력이 이루어지기 시작했다는 사실은 매우 고무적이라고 할 수 있다(김선경, 왕은자, 2016; 왕은자, 김선경, 박경희, 김계현, 2014; 이승미, 고은혜, 이민아, 양햇살, 김봉환, 2016).

5. 세 주체 간의 만남: 기업상담 모델

지금까지 살펴본 바와 같이 기업상담은 세 주체 간의 상호작용을 통해 이해될 수 있으며, 이해관계자이자 관련 주체인 상담자, 내담자, 조직을 핵심 구성요소로 하는 다양한 기업상담 모형이 제안되었다(왕은자, 김계현, 2009; Carroll, 1996; Claringbull, 2006; Lammers, 1999). 즉, 일반적인 심리상담과 기업상담을 질적으로 다른 분야로 보는 시각이 등장하였다. 기업상담 모형은 이들이 맺는 관계의 형태에 따라 다섯 가지 유형으로 분류될 수 있는데, 이 중 내부 모형과 외부 모형이 대표적인 형태이며, 그 밖에 컨소시엄 모형, 협회 모형, 노동조합 모형이 존재한다(한국EAP협회, 2009). 여기에 한국의 경우 자체적으로 개발된 정부지원형 모형이 추가된다. 〈표 2-1〉과 같이 각 모형에서 세 주체가 맺는 독특한 관계와 이로부터 파생되는 강점과 한계점에 대해 살펴보자.

먼저, 내부 모형(internal model)은 회사 내부에 상담 서비스 관련 부서를 만들거나 정신건강 관련 담당자를 고용하여 운영하는 형태로, 가장 전통적인 유형이다. 내부 모형에서는 사내의 심리상담실을 활용하여 구성원의 정신건강을 직접 관리할 수 있으며, 필요한 경우 지역사회 자원으로 연계하는 역할을 제공할 수도 있다. 이러한 운영 형태는 주로 삼성, LG, SK와 같은 대기업을 중심으로 채택되고 있으며(고용노동부, 2011), 한국의 기업상담 현장에서 가장 큰 비중을 차지한다(류희영, 2008). 내부 모형이 갖는 장점은 상담자가 서비스 제공자인 동시에 조직의 일원으로서 근무하는 데서 비롯하는데, 이들은 해당 조직에 대한 높은 이해도를 기초로 조직 내 자원을 효과적으로 연결해 주거나 내담자 문제에 대해 깊이 있게 이해할 수 있다는 점이다. 또한 내담자 입장에서는 상담실의 접근성이 높아 이용하기에 편리하며(김선경, 전재영, 2012), 필요한 경우 조직 내 갈등의 중재 역할을 하는 등 내담자의 환경에 보다 적극적으로 개입할 수 있는 여지가 있어 활용의 폭이 넓다. 조직 입장에서는

표 2-1　기업상담 모형의 유형과 특징

모형	강점	한계점
내부 모형	• 조직에 대한 높은 이해도 • 높은 접근성 • 환경에 적극적 개입 가능 • 기업의 비밀이 외부로 유출되는 것을 방지 • 특정 기업에 최적화된 형태로 운영 가능	• 이중관계 문제 부각 • 상담자 자신이 균형을 잃을 위험성 • 상시 인력 채용으로 인한 운영비용 부담 • 개별 상담자의 역량에 의존 • 서비스의 포괄성 부족
외부 모형	• 내담자의 비밀 보장에 대한 신뢰감 • 다양한 분야에 걸친 전문 인력의 활용 • 계약에 따라 근무시간 외에 이용 가능 • 이용하는 서비스에 따라 비용을 융통성 있게 조절 가능	• 이해관계자 증가로 인한 소통의 문제 • 낮은 접근성 • 특정한 기업 문화에 대한 이해도 부족 • 계약 형태에 따른 다양한 제약 • 비용 처리 과정에서 내담자의 비밀 보장의 문제 • 기업의 비밀이 새어나갈 위험성 • 계약 시 경제성에만 집중할 경우 서비스의 질이 저하될 위험성
컨소시엄 모형	• 운영 비용의 경제성 • 내담자의 비밀 보장에 용이	• 낮은 접근성 • 특정한 기업 문화에 대한 이해도 부족
협회 모형	• 협회원들의 특성과 전문성, 상황에 대한 높은 이해도 • 특정 회사나 구성원에 대한 낙인 방지	• 특정한 기업 문화에 대한 이해도 부족 • 조직의 협조를 이끌어 내는 데 한계
노동조합 모형	• 내담자의 비밀보장에 대한 신뢰 • 운영 비용의 경제성 • 조합원의 확보 및 동료애 공고화	• 조합원 이외의 구성원에 대한 베타성 • 서비스의 질에 대한 우려

기업의 내부 문제가 외부로 유출되지 않는다는 점에서 비밀보장의 이점이 있고, 상담 업무를 해당 기업의 특성에 최적화하여 조율할 수 있다는 점에서 높은 효과성을 기대할 수 있다.

그러나 내부 모형의 경우 다른 운영 형태에 비해 세 주체 간의 이중관계로 인한 문제가 더욱 부각될 수 있다는 한계점도 존재한다. 따라서 조직과 상담자 간의 관계를 내담자에게 어떻게 설명할 것인지 신중하게 고려해야 하며, 이와 관련하여 내담자가 상담실에 대해 신뢰하는 데 어려움을 겪을 수 있다는 사실을 사전에 인식할 필요가 있다. 내부 모형의 상담자의 경우 조직에서는 상담자를 근로자로 인식하고 내담자는 상담자를 조직의 관리자로 인식하여 양쪽에서 서로의 기대와 두려움을 조율해야 하는 과제를 갖게 된다. 실제로 상담자가 조직으로부터 내담자의 정보를 요청받거나 조직의 정치에 관여되거나 조직에 대항하고자 하는 개인에게 이용될 수도 있으며, 때로는 상담자가 조직이나 개인 중 어느 한 입장에 동일시하여 균형을 잃을 위험성도 있다. 이러한 문제를 해결하는 데 도움이 되는 한 가지 방법은 조직과 상담자 간에 서로의 입장을 사전에 조율하는 시간을 갖고 명확한 지침을 설정하는 것이다. 또한 상담자의 고용 형태로 인해 발생하는 문제도 있다. 상시 고용 인력을 두는 것은 기업에게 상당한 운영 비용 부담을 가져오므로 어느 정도 수요가 확실하고 규모가 있는 조직에 적합하다. 한국의 경우 주로 1인 상담실의 형태를 취하고 있는데, 이 경우 상담자의 역량에 너무 크게 의존하게 되며 전문성을 발휘할 수 있는 영역에 한계가 있어 서비스의 포괄성을 기대하기 어렵다. 그러므로 적극적으로 외부 전문 서비스를 연계하려는 추가적인 노력이 요구된다(고용노동부, 2011). 이에 내부 모형을 뒤에 설명할 외부 모형과 절충하여 혼합 모형을 사용하는 기업도 있다.

　다음으로, 외부 모형(external model)은 조직이 외부의 전문 EAP 업체와 계약을 맺고 서비스를 운영하는 형태로, 상황에 따라 사업장 내부 혹은 외부에서 서비스를 이용할 수 있다. 이러한 형태는 자체적으로 서비스를 운영하기 어려운 중견 사업장에 적절한 모형이라고 할 수 있다(고용노동부, 2011). 사내 모형과 달리 상담자가 내담자가 속한 조직이 아닌 외부 기관에 소속되어 있으므로 내담자의 비밀이 보장될 것이라는 신뢰감을 갖기 쉬우며, 다양한 분야에 걸친 전문 인력을 활용할 수 있어 전문성과 노하우에 기반한 안정적인 운영을 기대할 수 있다. 또한 외부 업체의 운영 시간에 따라 야간 및 주말 시간에 상담을 받을 수도 있어 근무 형태의 특성으로 인해 회사에서 근무 시간 중 상담실을 이용하기에 어려움이 있는 내담자들도 편리하게 서비스를 활용할 수 있다. 조직의 입장에서는 필요시 일부 서비스에 대해 선택적으로 계약을 맺을 수 있어 의뢰하는 서비스에 따라 비용을 융통성 있게 조절 가능하며 상시 인력 고용 및 상담실 운영 경비에 대한 관리 부담이 적다는 강점이 있다.

　반면, 상담자, 내담자, 조직의 세 주체를 넘어서 외부 전문기관까지 이해관계자가 증가함에 따라 소통의 문제가 더욱 커질 수 있으며, 내담자 입장에서 효과적이고 안정적으로 상담을 받을 수 있는 여건을 마련하기 어려울 수 있다. 구체적으로, 외부 기관을 이용해야 하므로 접근성이 떨어지고 내담자가 속한 기업의 문화를 깊이 있게 이해하는 데 한계가 있어 효과적으로 상담 서비스를 운영하는 데 어려움이 발생할 수 있다. 또한 계약 방식의 문제로 인해 회기 수 제한이 보다 엄격한 편이며, 조직과 업체 간의 계약이 종결되

면 상담 역시 갑작스럽게 종결해야 하거나 상담 종료 후 추수관리
에 어려움이 있는 등 안정적으로 서비스를 제공받는 데 한계가 있
다. 더 나아가 내담자와 조직 양측에서 비밀보장과 관련한 어려움
을 겪을 수 있다. 결국 비용 처리 과정에서 내담자 정보의 일부를
공유해야 하는 상황이 발생할 수 있어 이에 대한 조율이 계약 과정
에서 충분히 이루어져야 할 필요가 있으며, 상담을 통해 해당 기업
이 처해 있는 부정적인 상황이 외부에 공개되는 등 기업의 비밀이
새어 나갈 수 있다는 점도 한계점이라 할 수 있다. 마지막으로, 계
약을 맺을 때 조직이 비용을 절감하려고만 하거나 서비스를 제공
하는 외부 기관 역시 계약을 획득하기 위해 금액을 맞추는 데만 주
력한다면 결과적으로 서비스의 질이 저하되어 상담실 운영의 효과
성을 담보하기 어려워질 수도 있다. 그런데 이러한 문제는 정신건
강 서비스에 대한 이해도가 높은 담당자가 서비스 도입을 추진함
으로써 어느 정도 보완될 수 있으리라 기대된다.

그 밖의 모형들은 내부 모형과 외부 모형에 비해 매우 적은 비율
로 운영되거나 한국에서 거의 활용되지 않고 있지만, 향후 기업상
담이 활성화된다면 보다 다양한 형태로 운영되리라 예상된다. 컨소
시엄 모형(consortium model)은 여러 기업주가 집단 보상의 형태로
서비스를 공유하도록 계약을 맺는 형태로, 산업단지 등 기업이 밀
집된 형태를 이루고 있고 개별 사업장에서 자체적으로 서비스 운
영이 어려운 상황에 적합하다(고용노동부, 2011). 국내에서는 보건
복지부의 지역사회혁신서비스가 이와 유사한 형태로 운영된 바 있
으나 큰 성과를 얻지는 못하였다(우종민 외, 2009). 컨소시엄 모형의
장점은 여러 기업이 부담을 나누어 지므로 상대적으로 저렴한 비
용으로 서비스를 이용할 수 있다는 점과 회사 외부에서 상담이 이

루어져 관리자나 동료의 눈을 피할 수 있고 상담 기록이 외부 기관
에 보관되어 내담자의 비밀을 보장하기에 용이하다는 점이다. 그
러나 외부 모형과 마찬가지로 접근성이 떨어진다거나 개별 기업에
대한 이해가 부족할 수 있다는 점은 한계점으로 작용할 수 있다.

협회 모형(association model)은 멤버십으로 집단화될 수 있는
조직에 적합한 형태로, 협회 구성원들을 위한 복리후생의 일환
으로 운영될 수 있다(고용노동부, 2011). 미국에서는 항공기조종
사협회(Association of Airline Pilots), 의사협회(American Medical
Association), 사회복지사협회(National Association of Social Workers)
등에서 채택하고 있으나, 국내에서는 아직 도입되지 않았다(우종
민, 최수찬, 2008). 협회 모형의 장점은 협회원들이 공유하는 특성과
전문성 및 이들이 처한 상황에 대한 높은 이해도에 기반하여 서비
스가 이루어질 수 있다는 점이며, 여러 회사에서 근무하는 협회원
들을 대상으로 상담이 이루어지기 때문에 특정한 회사에 대해 낙
인을 찍거나 회사가 특정 구성원에 대해 낙인을 찍는 것을 방지할
수 있다는 점이다. 하지만 내담자의 문제가 개별 기업의 특성과 관
련될 때 이에 대한 이해가 부족할 수 있으며, 내담자의 복지를 향상
시키기 위해 개별 조직이 적극적으로 기여하도록 이끌어 내는 데
한계가 있다.

노동조합 모형(union model)은 노동조합이 운영 주체가 되어 조합
원들을 대상으로 서비스를 제공하는 형태이며, 주로 상담 관련 기
술을 훈련받은 동료 노조원이나 자원봉사자에 의해 서비스가 이루
어진다(고용노동부, 2011). 국내에서는 일부 기업에서 회사와 노조
가 공동으로 심리상담실을 도입하거나 외부 모형과 노동조합 모형
을 병행하는 형태로 운영하는 등 약간의 변형을 가하여 운영이 이

루어지고 있다(김성건, 2013; 박성현, 2013). 내담자 입장에서는 상담실이 기업이 아닌 조합에 의해 운영됨에 따라 비밀보장에 대해 신뢰할 수 있고, 기업 입장에서는 큰 비용을 들이지 않고 구성원의 정신건강을 관리할 수 있으며, 조합 입장에서는 조합원을 꾸준히 확보 및 유지하고 동료애를 공고히 하는 수단으로 활용할 수 있다는 점이 강점이다. 반면, 노조에 소속되지 않은 근로자에게는 혜택이 돌아가지 않는 배타적 성격을 갖고 있다는 점, 상대적으로 전문성이 낮고 훈련이 부족한 담당자에 의해 운영될 경우 서비스의 질이 저하될 수 있다는 점 등이 한계점으로 지적될 수 있다.

마지막으로, 정부지원형 모형(government sponsored model)은 정부의 재원과 민간 전문 인력이 결합된 공공 서비스 형태로 운영되며, 2007년부터 한국에서 세계 최초로 시도되고 있다(고용노동부, 2011). 2007년부터 고용노동부는 비영리사단법인 한국EAP협회를 중심으로 전국의 EAP 전문가들을 통해 서비스를 제공하고 있으며, 2009년부터는 온라인 상담 서비스까지 확장하였다. 또한 2010년부터는 근로복지공단을 통해 상시근로자 수 300명 미만인 중소기업을 대상으로 컨설팅 서비스를 무상으로 지원하고 있다. 2017년부터 50인 미만 사업장에서 산재 노동자의 트라우마 관리가 필요한 경우 근로자건강센터 전문가들이 직접 방문하여 상담 서비스를 제공하는 프로그램 역시 정부지원형 모형의 일부라고 볼 수 있다. 이러한 운영 형태는 상담실을 도입할 수 있는 여건이 마련되지 않은 소규모 사업장에서 근무하는 근로자들에게까지 서비스가 제공될 수 있다는 점에서 큰 의미를 갖는다.

이처럼 기업에서 상담 서비스를 도입하고자 할 때 선택할 수 있는 운영 형태는 매우 다양하다. 그렇다면 여러분이 만약 기업상담 서비스를 도입하고자 하는 조직의 관리자라면 여러분의 조직에 가장 적합한 모형은 어떤 기준으로 선택할 수 있겠는가. 각 조직이 처한 구체적인 상황이 고려되어야 하겠지만, 일반적으로 다수의 근로자가 상주하고 있으며 안정적인 사례 수요가 존재하는 대규모 사업장은 내부 모형을 채택하는 경향이 있으며, 사업장이 여러 지역에 걸쳐 분포하고 있는 경우 외부 모형이 적합할 수 있다(한국상담심리학회, 2013). 외부 모형의 경우 사례 수가 비교적 적거나 서비스가 주기적으로 이루어질 필요가 없다면 전문 업체가 아닌 지역사회의 프리랜서 상담자와 계약을 맺는 형태를 취할 수도 있다. 또는 상담 수요가 드물게 발생하는 소규모 사업장의 경우 컨소시엄 모형이나 협동조합 모형이 대안이 될 수 있다. 아직까지 한국의 기업상담은 주로 대기업을 중심으로 이루어지고 있어 내부 모형의 채택 비율이 높으나, 향후 기업상담이 보다 활성화된다면 다채로운 형태의 기업상담 모형이 활용될 것으로 기대된다.

참고문헌

고용노동부(2011). 선진기업복지 업무매뉴얼. http://www.moel.go.kr/info/publict/publictDataView.do?bbs_seq=1442795434080 (2021. 4. 23. 인출).

김선경, 김수임, 김하나(2017). 중소기업 EAP 담당자의 상담운영 경험에 관한 현상학적 연구. 상담학연구, 18(3), 351-374.

김선경, 왕은자(2016). 한국판 핵심 상담성과도구의 타당화. 상담학연구, 17(3), 105-127.

김선경, 전재영(2012). 기업상담소 방문 결정 이유에 관한 개념도 연구. 한국심리학회지: 상담 및 심리치료, 24(2), 465-483.

김성건(2013). EAP의 도입 및 활성화에 관한 연구-LG하우시스 사례를 중심
　　으로. 디지털융복합연구, 11(10), 331-340.

김영진, 왕은자(2017). 기업상담자의 수퍼비전 교육내용 요구에 대한 탐색.
　　상담학연구, 18(5), 403-421.

류희영(2008). 우리나라 기업상담의 실태 및 활성화 과제: 기업상담자의 인식을
　　기반으로. 서울대학교 대학원 석사학위논문.

박경환(2004). 상사의 상담접근과 부하의 심리적 기능회복에 관한 연구. 인
　　적자원개발연구, 6(2), 1-19.

박명진(2011). 근로자지원프로그램(EAP)의 활성화 방안에 대한 탐색적 접근: 프
　　로그램 유형별 비교연구를 중심으로. 중앙대학교 행정대학원 석사학위논문.

박성현(2013). 한국 기업상담의 실제 운영 모델-(주) 기아자동차 심리상담
　　제도 '마음산책'. 한국심리학회 학술대회 자료집, 2013(1), 131.

변시영, 조한익(2015). 기업상담 초심자와 숙련자가 인식한 역할 및 역량에
　　대한 질적 연구. 상담학연구, 16(6), 529-551.

심윤정(2012). 기업 상담자의 기업 내 적응 경험에 대한 내러티브 탐구: 대기
　　업 내 여성 상담자를 중심으로. 상담학연구, 13(4), 1819-1843.

왕은자, 김계현(2009). 기업상담 효과에 대한 세 관련 주체(내담자, 관리자,
　　상담자)의 인식. 상담학연구, 10(4), 2115-2135.

왕은자, 김선경, 박경희, 김계현(2014). 상담성과 평가와 신뢰할 수 있고 임
　　상적으로 의의있는 지수의 활용가능성. 상담학연구, 15(3), 1085-1100.

우종민, 최수찬(2008). 근로자지원프로그램(EAP)의 이론과 실제. 김해: 인제대
　　학교 출판부.

이경민, 최은미(2017). 기업 내 근로자의 개인상담 경험에 대한 질적 연
　　구-EAP 외부 모델 중심으로. 상담학연구, 18(5), 381-402.

이승미, 고은혜, 이민아, 양햇살, 김봉환(2016). 기업상담 성과준거에 대한
　　델파이 연구. 상담학연구, 17(5), 531-549.

임성견, 우종민(2011). 일부 지역 기업의 인사 및 보건관리자가 인식하는 근
　　로자지원프로그램(EAPs)의 요구도 조사. 스트레스연구, 19(2), 123-128.

조해연, 이송하, 이동혁(2013). 기업상담자 역할에 대한 인식 및 역할 기대. 상담학연구, 14(4), 2233-2251.

진경미, 권경인(2015). 기업체 종사자의 전문적 상담 추구 의도에 대한 연구: 사회적 낙인, 자기 낙인과 전문적 도움추구 태도의 관계를 중심으로. 한국 심리학회지: 상담 및 심리치료, 27(1), 109-128.

최수찬, 우종민, 왕은자, 장승혁(2017). 근로자지원프로그램 EAP. 파주: 군자 출판사.

한국EAP협회(2009). 근로자지원프로그램(EAP)의 합리적 도입운영모델 연구. 근로복지공단 연구용역사업 연구보고서.

한국상담심리학회(2013). 기업상담 매뉴얼. http://krcpa.or.kr/member/sub06_1.asp (2017. 7. 17. 인출).

한명숙(2004). 기업 내 상담자의 역할과 비전. 대학생활연구, 22, 89-102.

Butterworth, I. E. (2001). The components and impact of stigma associated with EAP counseling. *Employee Assistance Quarterly, 16*(3), 1-8.

Carroll, M. (2010). 기업상담[Workplace counseling]. (전종국, 왕은자, 심윤정 역). 서울: 학지사. (원저는 1996년 출판).

Dimoff, J. K., & Kelloway, E. K. (2019). With a little help from my boss: The impact of workplace mental health training on leader behaviors and employee resource utilization. *Journal of Occupational Health Psychology, 24*(1), 4-19.

Fisher, E. H., & Turner, K. I. (1970). Development and research utility of an attitude scale. *Journal of Consulting and Clinical Psychology, 35*(1), 79-90.

Reddy, M. (2019). 외부상담 서비스 제공 모델. In M. Carroll, & M. Walton (Eds.), 기업 · 조직상담 핸드북[*Handbook of Counselling in Organizations*](pp. 109-1278). (이상희 외 옮김). 서울: 학지사. (원저는 1997년 출판).

기업상담의 이론

1. 들어가기

　상담 현장에서 전문성을 발휘하기 위해서는 이론에 토대를 둔
실무가 이루어져야 한다. 기업상담에서 활용 가능한 이론적 기반
은 크게 무엇을 다룰 것인가 하는 내용적 측면과 어떻게 다룰 것인
가 하는 방법적 측면으로 나누어 살펴볼 수 있다.

　먼저, 내용적 측면에서 살펴보면 한국의 기업상담 현장에서는
직무 적응, 대인관계, 정신건강 등의 다양한 주제가 두루 다루어지
고 있으나, 그중에서도 조직과 내담자라는 두 주체가 공통적으로
관심을 갖는 주요 호소문제는 직무스트레스로 인한 건강장해이다
(한국EAP협회, 2009). 직무스트레스란 직무 수행 과정에서 직무 내
용, 역할 갈등, 직장에서의 대인관계, 직업 불안정성, 고용불안 등
으로 인해 발생하는 스트레스를 의미한다(장세진, 고상백, 2005). 기
업상담 현장에서 다루어지는 스트레스는 다양한 삶의 장면들 중에

서도 일 영역을 중심으로 초점화된다는 점과 더불어 스트레스가 발생한 바로 그 맥락에 직접 개입하여 해소할 수 있다는 점이 특징적이다. 따라서 기업상담자는 직무스트레스의 이론적 모형에 기반하여 스트레스를 둘러싼 맥락적 요소를 심도 있게 평가하고 이를 상담적 접근을 통해서뿐만 아니라 환경 개선을 통해서 직접적으로 관리하는 방법에 대한 지식을 갖추어야 한다.

한편, 심리 서비스를 전달하는 방법적 측면에서는 일반적인 심리상담 이론들이 두루 활용될 수 있다. 기업상담 역시 근본적으로는 심리상담의 한 영역이므로 차이점보다는 공통점이 더 크며, 개인의 삶을 변화시키는 데 초점화된 접근이라는 점은 변함없다. 그러나 호소문제를 다룰 때 근본적인 성격적 변화를 추구하기보다는 현재의 적응 수준을 향상시키는 것에 보다 관심을 두는 경향이 있다. 이는 기업상담자들이 다양한 이론들 중에서도 단기적이거나 해결중심적인 접근 방법에 대해 숙지할 필요가 있음을 시사한다. 또한 제1장에서 살펴본 바와 같이 생산성을 향상시키고 근로자의 복지를 증진시키기 위한 목적으로 기업상담을 도입한다는 점을 고려할 때, 이러한 요구에 부응하기 위해 단지 부적응 상태를 개선시키는 것을 넘어 더욱 적응적인 방향으로 나아갈 수 있도록 돕는 접근 방법에 대해 훈련할 필요가 있다.

이와 같이 기업상담 현장에서 요구되는 전문성은 내용적 측면과 방법적 측면에서 일반 심리상담 현장과 비교했을 때 공통점과 더불어 차이점이 있다. 이에 이 장에서는 기업상담 현장에서 추가적으로 숙지해야 할 이론적 지식 기반을 다지고자 한다.

2. 무엇을 다룰 것인가: 직무스트레스 이론

앞서 제1장에서 살펴본 바와 같이 한국의 기업상담은 복지적 측면뿐만 아니라 법적 관리 측면에 주목하여 발전해 왔으며,「산업안전보건법」에 따르면 법적 관리 대상이 되는 문제 영역은 직무스트레스로 초점화되어 있다. 기업상담자는 직무스트레스라는 주제 영역을 다룸에 있어 심리상담과 같이 일대일로 이루어지는 치료적 개입을 통해서만이 아니라 조직 단위의 자문, 교육 등을 통해서 스트레스를 유발 및 심화시키는 환경적 요소 관리에도 개입하기를 요청받는다. 이러한 측면을 고려할 때, 기업상담자는 직무스트레스의 발생, 심화 및 유지를 둘러싼 다층적 체계 역동에 대한 지식을 종합적으로 갖출 필요가 있다.

다양한 직무스트레스 이론 모형 중에서도 대표적인 모형으로는 두 가지가 있는데(조성일, 2005), 고전적인 요구-통제 모형(Karasek, 1979)과 그보다 최근에 제안된 노력-보상 불균형 모형(Siegrist, 1996, 1998, 2002)이다. 각 모형은 직무스트레스의 발생, 유지, 심화에 영향을 미치는 서로 다른 요소에 주목하고 있으며, 결과적으로 직무스트레스 저감을 위해 접근하도록 강조하는 지점이 다르다. 직무스트레스 개념에 대해 학문적으로 탐색하는 과정에서 개발된 요구-통제 모형 및 노력-보상 불균형 모형과 달리 기업 현장의 직무스트레스 관리를 위한 실용적 목적으로 개발된 이론 모형도 있다. 미국의 질병통제예방센터(Centers for Disease Control and Prevention: CDC) 산하의 국립산업안전보건연구소(National Institute for Occupational Safety and Health: NIOSH)에서 직무스트레스 모형 개발을 위한 연구가 수행되었는데, 이를 기반으로 NIOSH 모형이 개발되었다(NIOSH, 1999). 특히 NIOSH 모형은 한국 고용노동부(2002-2004)에서 한국형 직무스트레스 검사를 개발하는 토대로 활용되었기 때문에 이 모형에 대해 숙지할 필요가 있다. 지금부터 각 모형에 대해 살펴보도록 하겠다.

1) 요구-통제 모형

요구-통제 모형은 가장 큰 영향력을 행사하는 직무스트레스 모형으로, 직무 요구(job demand)와 직무 통제력(job decision latitude, control)이라는 두 가지 핵심 개념을 중심으로 개인이 경험하는 직무스트레스를 정의한다. 직무 요구는 특정한 직무를 수행하는 데 요구되는 정신적 각성(alertness) 및 긴장(arousal)의 수준을 의미하는데, 너무 크거나 너무 적은 직무 요구는 업무 수행 능력을 저하시키거나 직무스트레스 반응을 증가시킨다. 직무 통제력은 무슨 일을 어떻게 할 것인가와 같이 업무 수행 과정에서의 절차와 방법을 결정할 수 있는 권한을 의미하는 의사결정권(decision authority)과 업무가 개인의 기술 개발과 창의력을 촉진하는지 여부를 의미하는 기술재량(skill discretion)으로 구성된다. 이 모형에 따르면 직무 요구는 높은데 직무 통제력이 낮은 직무 구조에 장기간 노출되었을 때 직무스트레스가 발생한다.

두 차원의 높고 낮음에 따라, 근로자의 스트레스 상태는 크게 네 가지 유형으로 분류될 수 있다([그림 3-1] 참조). 직무 요구가 높고 직무 통제력이 낮은 고긴장(high strain) 집단은 심리적 긴장 상태와 신체적 질병이 발생할 위험성이 높아 상담 현장에서 주요 관리 대상

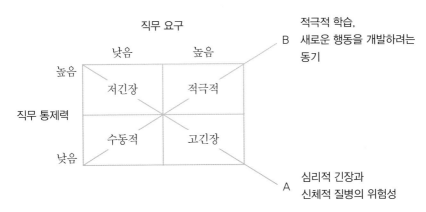

그림 3-1 Karasek의 요구—통제 모형에 따른 직무스트레스 유형 분류

출처: Karasek(1979).

이 된다. 그 대척점에 저긴장(low strain) 집단이 있는데, 직무 요구가
낮고 직무 통제력이 높아 직무스트레스를 낮은 수준으로 경험한
다. 한편, 직무 요구와 직무 통제력은 반드시 정반대의 관계를 맺는
것이 아니라 때로 둘 다 높거나 둘 다 낮은 환경도 존재하는데, 이
는 근로자의 동기 수준과 밀접하게 관련된다. 직무 요구와 직무 통
제력이 모두 낮은 수동적(passive) 집단 환경은 근로자의 지적 능력과
기술을 활용할 가능성이 낮고 그들의 능력을 퇴화시키는 반면, 직
무 요구와 더불어 직무 통제력이 높은 적극적(active) 집단 환경은 노
동자들을 적극적인 존재로 만든다. 다시 말해서, 직무 요구 그 자
체가 무조건 직무스트레스를 유발하는 부정적 요소인 것이 아니라
이에 상응하는 직무 통제력의 수준이 어떠한가가 중요하며, 때로
직무 요구는 근로자를 동기화하여 더욱 발전하게 하는 요소로서
작용할 수 있다. 이러한 관점에서 볼 때 직무스트레스의 관리는 스
트레스를 유발하는 원인을 개선함과 동시에 직무 통제력을 향상시
키는 근로 환경 조성을 통해 가능할 것이다.

한편, 요구-통제 모형은 이후 Johnson(1986)에 의해 요구-통제-지지 모형(demand-control-support model)으로 확장되었는데, 이는 직무 요구가 많고 직무 통제력이 낮을 뿐만 아니라 상사나 동료로부터의 지지와 신뢰가 부족한 근무 환경에서 직무스트레스가 극대화될 수 있음을 드러낸다. 최근에는 지지적인 관계 맥락이 개인에게 미치는 일방향적 영향력을 넘어서 리더-부하 교환관계(Leader-Member eXchange: LMX) 이론과 같이 양자 간 상호 영향력의 관점에서 연구가 더욱 활발하게 이루어지고 있으며(Henderson, Liden, Glibkowski, & Chaudhry, 2009; Martin, Guillaume, Thomas, Lee, & Epitropaki, 2016), 이러한 긍정적인 상호 관계성은 직무스트레스를 저감하여 정서적 몰입을 촉진하는 것으로 밝혀졌다(차동욱, 김정식, 곽신근, 신유숙, 2010). 이와 같은 측면을 고려할 때 상담현장에서 내담자와 그가 속한 조직 체계 간의 긍정적 상호작용을 촉진함으로써 직무스트레스를 저감할 수 있도록 자원과 협조를 효과적으로 이끌어 내는 의사소통 훈련이나 관리자의 리더십 교육 등이 활용될 수 있을 것이다. 또한 최근에는 직무 요구 중 하나로 서비스직종에서 감정적 요구(emotional demand)에 대한 관심이 증가하고 있다. 그러나 기존에 개발되었던 직무스트레스 요인 평정도구에는 감정적 요구가 포함되어 있지 않기 때문에 이를 간과할 위험성이 있으므로, 현장에서 내담자의 직무 요구 수준을 평가할 때 이러한 요소에 대해 추가적으로 관심을 기울일 필요가 있다.

2) 노력-보상 불균형 모형

이처럼 요구-통제 모형이 직무스트레스 관리에 유용한 임상적

시사점을 제공해 주고 있음에도 불구하고, 주로 직무 특성에만 초점을 두어 개인의 특성은 크게 고려하지 않는다는 한계점이 제기되었다. 이러한 문제의식에 기반하여 Siegrist(1996, 1998)는 노력-보상 불균형 모형(effort-reward imbalance model)을 제시하였다. 인간은 사회적 존재로서 상호성은 모든 사회적 교환 관계의 전제가 되는데, 이 이론에서는 만약 개인의 노력과 개인에게 되돌아오는 보상 간의 상호성이 깨져 자신의 역할 수행에 따른 결과가 기대를 충족시키지 못하면 이것이 직무스트레스로서 작용한다고 본다. 즉, 비용이 크지만 소득은 적을 때 개인에게 정서적인 고통이 초래되고, 이는 자율신경계의 각성 수준을 증가시켜 직무스트레스를 유발한다. 여기서 개인에게 보상으로 작용하는 것은 크게 세 가지 요소로 구성되는데, 금전적 보상, 존중 또는 인정, 그리고 지위 통제력(status control)이다. 노력-보상 불균형 모형에서 지위 통제력은 직무 역할에 대한 위협에 대처하는 개인 수준의 통제력을 의미한다는 점에서 요구-통제 모형의 직무 통제력과는 다른 개념이다.

그렇다면 보상이 충분히 주어지지 않는 상황임에도 불구하고 과도한 노력을 기울여 직무스트레스를 경험하게 되는 이유는 무엇일까. 외적인 요인으로 직무상의 요구가 있기 때문이기도 하지만, 때로는 내적인 요인으로 통제 욕구와 같이 근로자 개인의 동기 수준이 과도하게 높기 때문일 수도 있다. 즉, 개인의 통제 욕구가 높을 때는 보상이 적은 상황인데도 최대한 에너지를 동원하는 경향이 있고, 결과적으로 높은 직무스트레스를 경험할 수 있다. 이처럼 노력-보상 불균형 모형에서는 직무스트레스의 발생에 관여하는 개인적 특성에도 주목할 필요가 있음을 제안하는데, 이는 상담 현장에서 내담자의 어떠한 특성을 평가하고 변화를 시도할 것인가와 관련하여 유용한 시사점을 제공한다.

종합하자면, 요구-통제 모형에 기반한 직무스트레스 관리는 개인이 처한 구체적인 직무 요구를 밝히고 이와 관련된 노동 환경을 개선하여 직무스트레스를 저감하거나 또는 직무 요구에도 불구하고 작업 절차와 방법을 변화시킬 수 있는 직무 통제력을 증진시키는 방식으로 이루어질 수 있다. 그러나 이와 같은 접근 방식은 직무스트레스의 발생과 심화 과정에 관여하는 개인적 특성에 대한 고려는 부족하였다는 점이 제한점으로 지적되었다. 반면, 노력-보상 불균형 모형에 기반한 직무스트레스 관리에서는 주어진 직무 환경 속에서 개인이 어떻게 균형을 찾을 수 있을지를 중점적으로 논의한다. 다만, 그 과정에서 보다 근본적인 원인이 되는 구조적 요인의 중요성을 과소평가하고 문제 해결 과정에서 개인의 책임을 지나치게 강조하게 될 위험성도 있다. 이에, 초기의 노력-보상 불균형 모형과 달리 이후에는 개인 수준과 구조 수준의 개선이 모두 필요하다는 관점으로 발전하였다.

이처럼 두 모형이 서로 다른 강조점을 갖게 된 데에는 각 모형이 개발되는 시점에 주요 산업 분야가 달랐기 때문일 수 있다(조성일, 2005). 요구-통제 모형은 주로 대량생산 체계의 생산직 노동자군을 대상으로 개발된 반면, 이후 서비스 직종의 확대 등 변화된 근무 환경에서는 노력-보상 모형이 보다 적합할 수 있다. 또는 두 가지 모형은 구조적 측면과 개인적 측면을 동시에 살피기 위해 보완적으로 결합될 수도 있을 것이다(조성일, 2005). 기업상담 현장에서 상담자들은 직무스트레스 이론에 대한 전문적 이해에 기반하여 발생, 유지, 심화 과정에 관여하는 환경적 측면과 개인적 측면을 두루 고려하여 폭넓은 개입을 시도할 필요가 있다.

3) NIOSH 모형

 NIOSH 모형은 스트레스원과 긴장 수준 간의 관계를 개인의 대처 기술이 중재한다고 제안한 Osipow와 Spokane(1992)의 모형에 기반하여 직무스트레스를 유발하는 핵심적인 스트레스 요인에는 무엇이 있는지를 구체화하고, 이러한 스트레스 요인이 심리·신체·행동적 급성 반응을 넘어 질병을 야기하기까지 관여하는 다양한 중재 요인을 밝혀낸다([그림 3-2] 참조). 여기서 중재 요인은 크게 개인적 요인, 직무 외 요인, 완충 요인의 세 가지 차원으로 구성된다(NIOSH, 1999). 개인적 요인으로는 인구사회학적 특성이나 A유형 성격 등이 작용할 수 있으며, 직무 외 요인으로는 재정 상태, 가족 내 불화 등이 고려될 수 있다. 그리고 직무스트레스 요인이 스트레스 반응을 야기하는 것을 완충하는 요인으로는 사회적 지지, 대처 방식 등이 제시될 수 있다.
 다시 말해서, NIOSH 모형에서는 직무스트레스를 개인과 환경

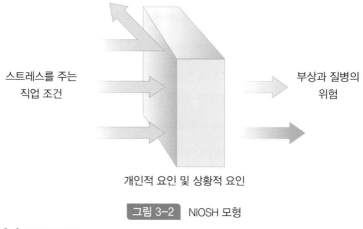

스트레스를 주는
직업 조건

부상과 질병의
위험

개인적 요인 및 상황적 요인

그림 3-2 NIOSH 모형

출처: NIOSH(1999).

간의 상호 역동적 개념으로 이해되어야 한다고 보고 건강한 근로
환경을 조성하기 위해서는 조직적 변화와 더불어 개인 수준의 스
트레스 관리가 병행되어야 한다고 주장한다. 동일한 근로 환경에
처해 있더라도 스트레스는 개인마다 서로 다르게 경험될 수 있으
므로 조직 전체에 동일하게 부과되는 집단적 접근만으로는 부족하
며, 개인의 특성이 조직 환경과 상호작용하는 과정에 대한 탐색과
평가를 통해 개인 초점적인 접근을 병행할 필요가 있다. 아울러, 기
업상담 현장에서 실질적으로 직업 환경 그 자체를 변화시키는 것
이 쉽지 않은 현실을 고려할 때 NIOSH 모형을 활용하여 개선 가능
한 영역과 그렇지 않은 영역을 판단하고, 문제가 되는 영역이 근본
적으로 제거할 수 없는 스트레스 요인일 경우 요인 자체의 제거 혹
은 저감보다는 중재 요인을 적절하게 활용하여 직무스트레스가 실
질적인 손상으로 이어지지 않도록 함으로써 개입의 효과성을 높일
수 있을 것이다.

   그러나 NIOSH 모형은 다양한 직종에 보편적으로 활용 가능한
일반적 스트레스 요인을 평가하고 있어, 특정한 직업군과 관련된
요인을 평가할 때는 보다 세심하게 접근할 필요가 있다. 또한 직
무스트레스를 유발하는 요인에 문화적 차이가 있어 이 모형을 동
일하게 적용하는 데 한계가 있으므로 각 나라의 실정에 맞는 직무
스트레스 요인에 대한 평가가 요구된다. 이와 유사하게, 한국에
서도 고용노동부(2002-2004)에 의해 한국인 직무스트레스 측정
도구의 표준화 전국조사연구(National Study for Development and
Strandardization of Occupational Stress: NSDSOS Project)가 이루어졌
다. 이 연구 자료를 바탕으로 한국인 직무스트레스 발생 원인을 표
준화하여 한국형 직무스트레스 검사(The Korean Version of Occupational

Stress Inventory: KOSS; 장세진, 고상백, 2005)가 개발되어 현장에서 사용되고 있다. 국내 사업장의 근로 환경을 조사하여 한국 기업 현장에서 핵심적인 직무스트레스 요인을 밝혀내고자 시도한 결과, 물리환경, 직무 요구, 직무자율성 결여, 직무불안정, 관계 갈등, 조직체계, 보상부적절, 직장문화의 여덟 가지 요인이 제시되었는데, 이는 요구-통제 이론에서 강조한 직무 요구 및 직무 통제력 요소와 더불어 노력-보상 불균형 모형에서 강조한 보상 요소를 포괄한다. 그러나 고용노동부의 조사연구에서는 작업 환경 개선을 위한 스트레스 요인 탐색에 집중하고 중재 요인에 대해서는 다루고 있지 않으며, NIOSH 모형과 마찬가지로 다양한 직무 현장에 보편적인 직무 요인을 다루고 있다. 그렇기에 실제 상담 현장에서 이를 활용할 때는 각 사업장이나 직업군의 개별적 특성을 고려하여 활용할 필요가 있다.

3. 어떻게 다룰 것인가: 단기상담적 접근 및 코칭

인지행동치료, 수용전념치료, 마음챙김 이론, 게슈탈트치료, 신경언어프로그래밍(NLP) 등 다양한 치료 이론이 기업상담 현장에서 두루 활용될 수 있다(김광호, 2017; 전민아, 왕은자, 2014; 정은임, 2016; 최학봉, 박성현, 2014). 특히 기업 현장의 경우 인지적으로 우수하지만 정서 자각이 어려운 내담자들이 많으므로(심윤정, 2012), 정서 자각을 촉진하는 치료적 접근들을 유용하게 활용할 수 있을 것이다. 이러한 치료 이론들은 기업에서 집단상담 프로그램을 개발하여 운영할 때도 유용한 기법과 변화 전략을 제공한다.

그런데 기업상담 현장에서는 어떠한 이론적 접근을 활용하는지와 관계없이 상담 목표를 설정하거나 전반적인 회기 진행을 계획할 때 일반적으로 단기상담을 중심으로 하는 문제해결적 방식을 취하는 경향이 있다. 이는 내담자의 입장에서는 당장의 적응 문제를 해결하고자 하는 기대로 상담실을 방문하는 경향이 있기 때문이며, 기업의 입장에서는 단기간에 가시적인 성과가 나타나길 기대하여 깊은 성격적 변화를 추구하는 상담보다는 적응 문제 해결을 중심으로 상담이 진행되기를 바라기 때문이다. 또한 기업상담은 내담자 개인이 자신의 복지를 위해 스스로 비용을 지불하는 구조가 아니라, 기업이 소속된 근로자 전체를 대상으로 일종의 복지혜택 및 인사 관리 정책의 일환으로 상담 서비스를 제공하는 형태이므로, 특정인에게만 혜택이 과도하게 부여되어서는 안 된다는 형평성의 문제 역시 고려해야 한다. 따라서 당면한 적응 문제의 해결을 중심으로 단기상담에 적합한 형태의 상담 목표를 설정하고 이를 효율적으로 달성하기 위한 상담 전략을 활용할 것이 요구된다. 반드시 모든 사례를 이러한 형태로 운영해야 하는 것은 아니지만, 장기적인 관리가 필요한 사례와 단기상담을 진행할 사례 간의 균형점을 찾아 상담실을 운영할 필요가 있다.

그런데 문제는 일반적인 심리상담 이론 영역에서 참고할 만한 단기상담적 접근 또는 문제해결적 접근의 개발은 미흡하다는 점이다. 대부분의 기업상담자가 일반적인 심리상담 역량만을 훈련한 채로 기업상담 현장에 투입되고 있는 현실을 고려할 때, 이들이 현장에서 전문성을 발휘하기까지 초반 적응에 어려움을 겪는 것은 불가피한 현상이라고 할 수 있다. 초심 기업상담자들은 일반 상담 역량의 측면에서는 이미 숙련된 전문가이지만 기업상담에 적합한 개입 방식에 있어서는 낮은 이해도를 가지고 있다. 기업상담에 특화된 개입 방법을 훈련하는 것은 오히려 기업 현장에 진입한 이후의 일로, 기업 내 상담자로 근무하면서 전문성을 강화하는 과정에서 일반적인 상담 역량을 넘어서 기업과 조직문화에 대한 이해에 기반하여 보다 실질적인 도움을 줄 수 있는 상담 기법과 프로그램을 개발해 나가는 것으로 나타났다(심윤정, 2012).

　　구체적으로, 기업상담자들을 대상으로 이들이 원하는 수퍼비전 교육 내용이 무엇인지에 대해 조사 분석을 한 결과, 단기상담 전략을 개발하고자 하는 욕구가 크다는 것이 확인되었다. 이들은 단기간에 가시적인 변화와 성과를 보여 주어야 한다는 압박감을 경험하고 있었으며, 상담 초기에 간편하게 실시할 수 있는 선별(screening) 도구를 활용하거나 단기상담에 적합한 상담 목표를 설정하거나 단기상담에 효과적인 접근법을 교육받거나 단기상담이 갖는 문제해결의 한계를 다루고자 하는 욕구가 있는 것으로 보고하였다(김영진, 왕은자, 2012). 또한 기업상담자가 우수한 성과를 내기 위해 필요한 역량이 무엇인지를 조사한 결과, 전문적 심리상담 역량 이외에도 코칭 및 컨설팅 능력, 단기상담 및 문제해결 상담에 대한 지식 등을 함께 갖춰야 한다고 보고하였다(남현주, 2014). 근본적으로는 기업상담 역시 심리상담의 한 영역이기에 일반적인 상담 역량이 기초가 된다. 기업상담이라고 할지라도 변하지 않아야 할 것이 있으며, 오히려 다른 영역에서 이루어지는 상담과 비교했을 때 공통점이 더욱 클 것이다. 그러나 보다 효과적인 실무를 위해서는 일반 상담 역량의 기반 위에 기업상담의 특수성을 고려하여 새로운 기업상담 모형 개발 및 훈련 프로그램을 마련하는 것이 필요할 것이다.

더 나아가 기업 현장에서는 단순히 직무스트레스의 관리 및 저감을 넘어서 근로자가 한층 더 발전된 방향으로 나아갈 수 있도록 길잡이가 되어 주기를 요구받는다. 조직은 정신건강과 관련된 위험성을 관리하고자 하는 욕구뿐만 아니라 근로자의 역량과 적응 수준을 향상시켜 생산성을 극대화하고 근로자의 복지 증진을 위해 기여하고자 하는 기대도 가지고 있다. 이에 기업상담자들은 직무스트레스와 정신병리를 예방하고 관리하는 것 이외에도 개인이 가지고 있는 직무 잠재력을 촉진하고 직무 설계를 조력하는 역할을 함께 맡고 있다. 특히 한명숙(2004)이 전망했듯이, 사람들이 점차 더 높은 수준의 삶의 질을 추구하는 경향이 늘어 감에 따라 이러한 변화된 욕구에 맞춰 인적 자원을 관리하는 역할이 더욱 중요해지리라 예상된다. 이러한 요구는 당면한 적응 문제의 해결이나 병리에 대한 치료를 위한 이론을 넘어선 새로운 접근법을 필요로 하는데, 이와 관련하여 기업 현장에서 코칭을 활용할 수 있다.

코칭심리학은 삶에서 안녕감과 수행 능력을 증진시키는 접근 방법을 제공한다. 일반적인 심리상담이 과정 중심적인 상호작용에 초점을 둔다면 코칭은 상대적으로 더 지시적이거나 모델링을 통해 적극적인 변화를 유도한다는 점에서 차이가 있다. 직무 이동, 승진 등과 같은 업무 변화나 합병과 같은 조직 변화에 당면하여 새롭게 적응이 요구될 때, 리더십을 개발하고 성과를 향상시키고자 할 때 등 다양한 상황에서 코칭 이론은 유용한 개입 전략을 제공한다. 따라서 기업상담자들이 심리상담과 더불어 코칭을 함께 훈련한다면 이들에게 요구되는 다양한 역할을 성공적으로 수행하는 데 도움이 될 것이라 기대된다.

4. 결론

종합하자면, 기업상담 영역에서 특수하게 부각되는 주제로서 직무스트레스에 대한 이해와 단기상담적 접근 및 코칭을 통한 접근에 대한 이해는 기업상담자들에게 보다 전문적인 실무를 가능케 할 것이다. 영국 보건안전부[Health and Safety Executive(HSE), 2004]에 의해 제정된 직무스트레스 관리 기준(Management Standards for Work-Related Stress)에 따르면 직무스트레스 관리는 크게 세 가지 단계로 펼쳐진다. 스트레스의 원인을 감소시키거나 제거하기 위해 예방하는 1단계에서는 조직 환경 및 위험성을 진단하고 유연근무제 등 직무스트레스와 관련된 조직의 정책을 설립한다. 직무스트레스를 관리하는 2단계에서는 교육이나 코칭 등을 통해 개인의 자원을 확장함으로써 문제를 개선하고자 시도한다. 그리고 직무스트레스로 인해 건강장해가 유발된 이후인 3단계에서는 상담 서비스, 의료적 개입 등을 통해 질병을 치료하고 업무에 복귀할 수 있도록 재활하는 과정을 조력한다. 앞서 살펴본 이론적 모형들은 이들 각 단계를 수행하기 위한 전문적 토대를 제공해 줄 것이다.

참고문헌

김광호(2017). 기업에서의 호흡명상 활용 사례 연구. 명상심리상담, 17, 12-15.

남현주(2014). 기업 내 상담자의 역량 모델 개발을 위한 탐색적 연구. HRD연구, 16(1), 169-206.

심윤정(2012). 기업 상담자의 기업 내 적응 경험에 대한 내러티브 탐구: 대기업 내 여성 상담자를 중심으로. 상담학연구, 13(4), 1819-1843.

장세진, 고상백(2005). 한국인 직무스트레스 측정도구(KOSS). 스트레스, 13(3), 183-197.

전민아, 왕은자(2014). ACT를 기반으로 한 직장인 스트레스 관리 상담프로그램의 개발 및 효과. 상담학연구, 15(4), 1403-1424.

정은임(2016). 게슈탈트치료의 기업상담 적용에 대한 고찰. 한국게슈탈트상담연구, 6(2), 21-41.

조성일(2005). 직무스트레스의 두 모형 비교: 요구-통제 모형과 노력-보상 불균형 모형. 스트레스연구, 13(2), 49-57.

진명일, 이미현, 진명식, 조남정(2014). 기업상담에서 NLP(신경언어프로그래밍)의 활용. 사회과학연구, 38(3), 39-63.

차동욱, 김정식, 곽신근, 김유숙(2010). 리더-부하간 교환관계(LMX)가 정서적 몰입과 근속적 몰입에 미치는 영향: 직무스트레스의 매개효과를 중심으로. 한국콘텐츠학회논문지, 10(1), 353-364.

최학봉, 박성현(2014). NLP 집단상담 프로그램이 직장인의 심리적 소진(burnout)과 정서에 미치는 효과: 기업체 보험설계사를 중심으로. 한국동서정신과학회지, 17(1), 93-112.

한국EAP협회(2009). 근로자지원프로그램(EAP)의 합리적 도입운영모델 연구. 근로복지공단 연구용역사업 연구보고서.

한명숙(2004). 기업 내 상담자의 역할과 비전. 대학생활연구, 22, 89-102.

Henderson, D., Liden, R., Glibkowski, B. C., & Chaudhry, A. (2009). LMX differentiation: A multilevel review and examination of its antecedents and outcomes. The Leadership Quarterly, 20(4), 517-534.

Health and Safety Executive(HSE). (2004). Self-reported Work-related Illness in 2003/2004: Results from the Labour Force Survey. Sudbury: HSE Books.

Karasek, R. A. (1979). Job demands, job decision latitude, and mental strain: Implications for job redesign. *Administrative Science Quarterly, 24,* 285–308.

Martin, R., Guillaume, Y., Thomas, G., Lee, A., & Epitropaki, O. (2016). Leader–Member Exchange(LMX) and performance: A meta–analytic review. *Personnel Psychology, 69*(1), 67–121.

NIOSH. (1999). Stress at Work Centers for Disease Control and Prevention. *U. S. Department of Health and Human Services, 26,* 99–101. Retrieved from http:// www.cdc.gov/niosh/docs/99–101/pdfs/99–101.pdf?id= 10.26616/NIOSHPUB99101 (2021. 4. 23.).

Siegrist, J. (1998). Reciprocity in basic social exchange and health: Can we reconcile person–based with population–based psychosomatic research? *Journal of Psychosomatic Research, 45*(2), 99–105.

Siegrist, J. (2000). Adverse halth effects of effort–reward imbalance at work: Theory, empirical support, and implications for prevention. In P. L. Perrewe & D. C. Ganster (Eds.), *Historical and Current Perspectives on Stress and Health.* Elvesier Science, UK.

제**4**장

기업상담의 윤리적 이슈 다루기

1. 들어가기

상담에서 다양한 욕구와 가치가 충돌하는 윤리적 딜레마 상황에 놓이는 경우 일반적인 윤리 원칙만으로는 문제에 대한 적절한 해결책을 도출하기가 어렵다. 더 나아가 기업상담의 경우 고려해야 할 주체가 상담자와 내담자 간의 이자 관계를 넘어 조직 및 관리자까지 확장됨에 따라 이 문제는 더욱 복잡해진다. 일반적인 심리상담에서 내담자가 직접 상담실로 찾아가 서비스 계약을 맺는 것과 달리 기업상담에서는 근로자에게 정신건강 관련 서비스를 제공하도록 고용주인 조직이 상담자 또는 EAP 업체와 계약을 맺기 때문에 서비스 계약 관계와 실제 상담 관계가 일치하지 않는다는 문제가 발생한다. 그로 인해 상담 서비스 계약의 주체들 간의 관계에서 기대되는 사항과 실제 상담 관계에서 기대되는 사항 간에 충돌이 발생할 여지가 있다. 즉, 상담자와 내담자 간의 전문적 상담 관계 안에서 상담이 이루어져야 할 뿐만 아니라 또 하나의 서비스 이용자로서의 조직과 서비스 제공자로서의 상담자 간 관계 그리고 고용주로서의 조직과 근로자로서의 내담자 간의 관계를 설정하는 경계까지 고려해야 하므로, 이러한 다중적 계약의 구조 안에서 상담을 할 때 상담자는 한층 더 복잡한 윤리적 요구에 직면하게 된다. 특히 내부 모형을 적용한 경우 내담자의 호소문제가 발생한 바로 그 환경적 맥락 안에 상담자도 함께 들어가 있기에 내담자가 겪고 있는 상황을 보다 면밀히 파악하여 공감할 수 있고 필요시 다양한 방식으로 내담자의 환경세계에 적극적인 개입을 할 수 있다는 이점이 있는 반면에, 때로 내담자 혹은 조직이 상담을 통해 다른 이득을 얻고자 할 수 있다는 위험성도 존재한다. 그리고 이러한 요소는 상담 관계를 근본적으로 손상시키거나 취약하게 만들 수 있음을 유의할 필요가 있다.

다중적인 계약으로 인해 파생되는 윤리적 문제에 효과적으로 대응하기 위해서는 다음의 두 가지가 핵심적이다. 하나는 조직 구조 내에서 상담과 관련된 정책을 어떻게 설정할 것인가 하는 것이고, 다른 하나는 윤리적 실무를 위해 구체적인 사례 단위에서 이를 적용하는 상담자의 전문성을 숙련시키는 것이다. 다시 말해서, 기업상담을 둘러싼 기본적인 원칙에 대해 각 주체들 간의 이해와 합의가 선행되어야 하며, 상담자가 이러한 지침을 적용하기 위한 윤리적 의사결정 모델에 숙련될 필요가 있다. 미국의 근로자지원전문가협회(Employee Assistance Professionals Association: EAPA)에서는 윤리 규정(Code of Ethics)을 제시하고 있으며, 공인된 전문가들을 위한 윤리적 기준을 별도로 마련하고 있다. 윤리 규정에는 근로자지원 전문가가 갖고 있는 동료 및 다른 전문가들에 대한 책임, 내담자에 대한 책임, 전문가로서의 책임, 고용주 혹은 조직에 대한 책임, 연구 수행 과정에서의 책임, 서비스 공급 업체에 대한 책임, 근로자 지원 영역 및 사회에 대한 책임의 일곱 가지 범주에서 지침을 제공한다(EAPA, 2009).[1] 이 중에서 이 장에서는 기업상담자가 맺는 두 가지 주요한 관계 맥락에서 발생 가능한 문제들을 중심으로 내담자에 대한 책임과 고용주 및 조직에 대한 책임에 대한 윤리 규정을 중점적으로 살펴볼 것이며, 이에 더하여 기업상담이라는 특수 분야에서의 전문성을 어떻게 관리할 것인가 하는 전문가로서의 책임에 대한 윤리 규정을 살펴보고자 한다.

2. 기업상담 윤리: 상담자와 내담자 간 윤리

1) 어떻게 내담자의 사생활과 비밀을 보장할 것인가

다중적인 계약 형태로 인해 발생할 수 있는 가장 대표적인 윤리 문제는 비밀보장을 둘러싼 갈등일 것이다. 기업상담 역시 일반적인 심리상담의 원칙에 기반하여 이루어지므로 상담자는 법적 요구나 내담자의 동의 없이는 내담자의 사생활과 비밀을 보장할 책무가 있으며, 내담자 자신 또는 타인의 안전이 임박한 위험에 처해 있거나 미성년 내담자를 보호해야 하는 상황이 발생하는 등 비

---

[1] EAPA는 근로자 지원 전문가에게 교육과 서비스를 제공하기 위해 설립된 협회이며, 내부 모형, 외부 모형 등 다양한 현장에서 실무의 기초가 되는 윤리강령을 제시하고 있다. 윤리강령의 세부적인 사항은 부록(p. 99)을 참고할 수 있다.

밀보장의 한계를 넘어서는 상황에서만 개입을 위해 제한적으로 정보 공개가 이루어질 수 있다. 그러나 이러한 상황을 제외한다면 서명된 정보 공개 양식 없이 내담자의 회사에 내담자의 임상적 정보를 공개하지 않는 것이 내담자에 대한 책무로 규정되어 있다(EAPA, 2017).

한편, 고용주는 자신이 체결한 계약이 성실하게 이행되었는지 확인하기를 원할 수 있고, 만약 기업상담 서비스를 도입한 목표가 인적 자원에 대한 위험 관리라면 더욱이 관련된 정보를 얻고자 하는 요구가 클 것이다. 그러나 이는 상담자와 내담자 간 관계와 조직과 상담자 간 관계 중 어떠한 관계가 순서상 보다 우선하는가의 문제를 넘어선다. 근본적으로 조직과 상담자 간의 서비스 계약 관계 역시 실제 상담 관계가 신뢰를 기반으로 성과를 얻을 수 있어야 비로소 그 목적을 달성할 수 있다. 즉, 상담자와 내담자 간의 상담 계약과 조직과 상담자 간의 서비스 계약이라는 두 가지 형태의 계약이 모두 효과적으로 기능하기 위해서는 비밀보장이 공통적으로 요구되는 기본 조건이라는 사실을 이해한다면, 기업상담을 둘러싼 세 주체가 이 문제를 갈등적 관점이 아닌 상호 협조적 관점하에서 풀어 나갈 수 있을 것이라 기대된다. 따라서 상담자는 조직의 요구에 따라 내담자의 정보를 공개할 것인가 말 것인가 하는 선택의 문제에만 초점을 두기보다 어떻게 하면 세 주체가 비밀보장의 중요성과 가치에 대해 충분히 이해하고 서로 간에 인식을 공유할 수 있을 것인지에 주목할 필요가 있다.

이를 위해서는 기업 내에 상담실을 설치하거나 상담자와 조직 간에 서비스 계약을 체결하기 이전에 상담자와 조직 간에 비밀보장 문제에 대한 이해를 공유하고 적절한 경계에 대해 합의하는 과정이 선행되어야 할 것이다. 특히 내부 모형을 적용한 사내 상담실에서는 상담실 운영 정책을 수립하여 명문화하고, 이를 조직의 관리자들과 사전에 합의하여 승인 혹은 동의를 받는다면 이후 상담실 운영 과정에서 비밀보장을 둘러싼 갈등이 효과적으로 관리될 수 있을 것이다. 이와 관련하여 한국상담심리학회(2018)의 상담자 윤리강령 제5조(정보의 보호 및 관리)에서는 기관에 소속된 모든 구성원과 관계자들에게도 내담자의 사생활과 비밀이 보호되도록 주지시켜야 할 책임이 상담자에게 있으며, 비밀보장, 기록의 보관과 처분 등에 대해 근무기관의 관리자 및 동료들과 상호 협의한 후 이를 문서화하고 공유해야 한다고 명시하고 있다. 더불어 상담자가 내담자에게 기관의 정책하에서 상담을 진행하는 것에 대해 사전 동의[2]를 받음으로써 내담자가 적극적으로 자신을 보호할 수 있도록 돕고, 모호한 경계 설정으로 인해 상담 관계가 취약해지는 일을 방지할 수 있다. 이처럼 비밀보장을 둘러싼 윤리적 문제를 적극적으로 설명하고 관련 주체들 간의 합의를 통해 효과적인 상담 환경을 마련하는 일 역시 기업상담자의 전문적 역할 중 하나로 볼 수 있다.

그런데 문제는 이보다 더욱 복잡해질 수 있다. 단지 내담자에 대해 알게 된 정보를 공유하지 않는 수준을 넘어서 보다 적극적인 정보 관리의 노력이 필요하다. EAPA(2017)에서는 내담자 정보를 부주의하게 누출하지 않도록 신중을 기할 필요성을 제기한다. 예를 들어, 내담자가 상담실에 방문하는 과정 혹은 상담이 이루어지는

---

2) 사전 동의(informed consent)란, 상담을 시작하기에 앞서 내담자가 충분한 설명을 듣고 자발적으로 선택할 수 있도록 정보를 제공하는 과정을 의미하며 상담자의 자격과 경력, 치료 기간과 종결 시기, 비밀보호 및 한계 등에 대해 설명하고 논의하여 합의된 내용을 문서화함으로써 내담자의 권리를 보장한다(한국상담심리학회, 2018).

공간의 물리적 시설이 비밀보장을 위해 요구되는 조건을 충분히 갖추어야 하고, 상담 자료를 기록하고 보관하고 이동하는 방법을 철저히 관리해야 한다. 또한 사업장이 여러 지역에 걸쳐 있는 경우 원거리에 있는 내담자에게 서비스를 제공할 때 활용되는 기술(이메일, 채팅, 전화 등)에 대해 충분히 숙지하고 보안을 유지한 상태에서 활용해야 한다.

이상과 같은 비밀보장을 위한 노력은 상담자 개인 차원에서가 아니라 기관 차원에서 이루어질 때 더욱 효과적일 수 있다. 예를 들어, 내부 모형을 적용한 사내 상담실에서 근무하던 상담자가 퇴사하는 경우, 조직에서 인사 담당자가 자주 교체되는 경우, 또는 EAP 업체와의 서비스 계약이 종료되는 경우와 같이 상담을 둘러싼 계약 관계에 변화가 생긴다고 하더라도 내담자의 정보가 지속적으로 안전하게 관리될 수 있도록 명확한 규칙과 관리 절차를 마련할 필요가 있다. 특히 외부 모형에서 내담자의 자료가 외부 기관에 남아 있어 상담자가 EAP 서비스 기관과의 계약이 종료되더라도 내담자의 비밀이 고용주로부터 보장될 수 있는 것과 달리, 내부 모형의 경우 상담자가 퇴사할 경우 기록의 보관 및 관리 그리고 정보 공유와 관련된 문제가 발생할 위험성이 있다. 당장의 상담 관계가 종결되더라도 추후 내담자가 상담실에 재방문했을 때 이전 상담과의 연속성을 통해 보다 효과적으로 자신의 문제를 다룰 권리와 내담자의 비밀을 보장할 책임 간의 균형 위에서 상담 서비스가 제공될 수 있도록 각 기관 차원에서 기록 보관 방법과 기한 그리고 공유 범위에 대해 명확한 규칙과 관리 절차를 마련해야 한다. 아울러 이를 내담자가 인지할 수 있도록 상담 초기에 구조화하는 것이 필요하다.

이러한 기관 차원의 노력은 비밀보장과 관련된 의사결정으로부

터 내담자를 보호하는 일일 뿐만 아니라, 더 나아가 근로자로서의
상담자를 보호하는 일이기도 하다(이은정, 이은지, 안수정, 서영석,
2019). 상담자 역시 조직에 채용된 직원이기에 정보 제공 압력으로
부터 취약할 수 있으며, 정보를 공유하지 않았을 때 질책이나 인사
상 불이익 등을 받을 것에 대한 두려움이 생길 수 있다. 따라서 비
밀보장에 대한 책임을 상담자 개인의 선택에 둘 것이 아니라 내담
자의 사생활과 비밀이 보호받을 수 있도록 제도와 체계를 마련할
필요가 있다.

2) 어떻게 내담자에게 최선의 도움을 제공할 것인가

내담자에게 최선의 도움을 제공하는 것은 상담자가 기업상담 분
야에서 전문가적 역량에 기반하여 실무를 수행하는 적극적 형태와
내담자에게 해가 되는 행위를 삼가는 소극적 형태의 두 가지 방식
을 통해 가능하다. 먼저, 상담자는 교육이나 훈련을 받은 경험 또는
관련 자격에 근거하여 오직 자신이 유능성을 발휘할 수 있는 범위
내에서만 실무를 수행해야 하며, 이를 유지하고 증진시키기 위해
지속적인 교육과 훈련에 참여해야 한다(EAPA, 2017). 특히 한국의
기업상담 현장에서 큰 비중을 차지하고 있는 내부 모형 구조는 주
로 1인 상담실 형태로 운영되는 경우가 많아 개인상담자의 전문가
적 역량이 해당 조직에서 제공되는 전체 서비스의 질을 결정할 수
있다. 대체로 일반적인 심리상담 역량과 자격을 갖춘 상태에서 기
업상담 분야에 진입하는데, 더 나아가 중독, 일-가정 양립 등 기업
상담 현장의 주요 주제들을 파악하고 이를 다루는 데 필요한 역량
을 증진시키고자 노력해야 한다(남현주, 2014). 만약 내담자에게 필

요한 서비스가 상담실에서 제공할 수 있는 유능성의 범위를 상회한다면, 내담자의 최선의 이익을 고려하여 다른 기관에 연계할 수 있다.

더불어 내담자의 복지, 욕구 그리고 위험 요소들이 충분히 다루어질 때까지 후속 회기를 제공하는 것 역시 내담자에 대한 책임의 일부라고 할 수 있다(EAPA, 2017). 문제는 한국 기업상담 현장의 구조상 상담실 운영에 있어 다양한 제약이 존재한다는 것이다. 대체로 한 명의 내담자가 제공받을 수 있는 상담의 회기 수에 제한이 있으며 주로 단기상담 중심으로 운영되는 경우가 많은데, 내담자의 주 호소문제가 심각한 경우 주어진 구조 안에서 충분한 서비스를 제공하는 것에 한계가 있다. 또한 외부의 EAP 업체를 통해 상담 서비스가 제공되는 경우에는 조직과 EAP 업체 간 계약에 명시된 범위 내에서만 서비스가 제공될 수 있으며, 두 기관 간의 계약이 종료된 이후에는 내담자에게 후속 회기를 제공하기가 어렵다.

이처럼 내담자에게 가장 도움이 되는 방식으로 서비스를 제공하는 것과 더불어, 그 과정에서 내담자에게 해가 되는 행위를 하지 않도록 유의해야 한다. 특히 근로자인 내담자와 또 다른 주체인 조직의 요구를 동시에 충족시키는 데 내재된 의무의 이중성을 관리함으로써 내담자에게 위해를 주지 않도록 노력해야 한다(EAPA, 2017). 예를 들어, 내담자의 비밀을 보장하려는 상담실의 원칙과 문제 사례에 대한 정보를 파악하고자 하는 조직의 논리가 충돌할 때 개별 내담자에 대한 구체적인 정보를 공유하는 것은 삼가되 통계치를 보고함으로써 전반적인 운영 현황을 알리고 인력 관리나 환경 개선에 도움이 되는 피드백을 조직에 제공하는 방식으로 내담자 보호와 조직의 필요를 타협하려는 노력을 기울일 수 있다(심윤정, 2012). 또한 내담자를 차별하거나 성적 관계를 맺는 것과 같이 내담자에게 해를 입힐 수 있는 행위를 하지 않도록 유의해야 한다.

3. 기업상담 윤리: 상담자와 조직 간 윤리

1) 어떻게 조직의 사생활과 비밀을 보장할 것인가

비밀보장은 단지 상담자와 내담자 간의 관계에서뿐만 아니라 또 다른 고객인 조직과 상담자 간 관계에서도 중요한 이슈가 된다. 내부 모형의 경우 고용주인 조직에 대해, 외부 모형의 경우는 고객 조직에 대해 서비스 제공 과정에서 획득한 정보를 사용하여 부정적 평판을 만들지 않을 책임과 의무를 갖게 되며, 조직 환경을 분석하고 자문을 제공할 때 자문을 받는 측의 동의 없이는 어떠한 내용도 제3자에게 공개하지 않아야 한다(EAPA, 2017). 이와 관련하여 기업 현장에서 진행된 상담 사례를 수퍼비전 받는 과정에서 지켜야 할 윤리에 대해서도 다시금 고민해 볼 필요가 있다. 기본적으로 수퍼비전에서는 상담사례 진행과 관련된 교육과 논의가 이루어지지만, 그 과정에서 내담자를 둘러싼 환경 맥락인 조직에 대한 정보가 포함될 수 있다. 내담자는 동의할지라도 조직 입장에서는 자사의 비밀이 외부로 공개될 수 있는 상황이므로 위협이 되는 일로 느껴질 수 있다. 따라서 수퍼비전의 필요성, 목적, 방식 등에 대해 사전에 조직에서 충분히 이해할 수 있도록 소통하고 동의를 받는 절차가 필요하다.

2) 어떻게 조직에게 최선의 도움을 제공할 것인가

내담자와 마찬가지로 조직 역시 상담자의 고객이다. 따라서 상담자는 고객으로서 조직이 만족할 수 있는 서비스를 제공할 수 있어야 한다. 이와 관련하여 EAPA(2017)에서는 역량과 한계 내에서 제공 가능한 서비스만을 정확하고 정직하게 홍보하고 제공해야 한다고 명시하고 있다. 더불어 서비스 계약에서 정의된 대로 정확하게 서비스를 제공한 후, 프로그램 운영 결과 및 성과를 정확성과 정직성에 기반하여 보고할 책임이 있다.

또한 상담자가 조직에게 최선의 도움을 제공하기 위해 조직이나 조직에 소속된 관리자에게 훈련과 자문을 제공할 수 있다(EAPA, 2017). 상담자는 상담실을 운영하거나 조직에 대해 분석한 자료를 토대로 조직의 규정이나 근로 환경 또는 경영 방식 등에 대해 자문을 제공할 수 있다. 예를 들어, 내담자가 호소하는 직장 내 따돌림 등의 문제가 조직의 구조나 문화로부터 기인한 경우 이를 조직이 인식할 수 있도록 피드백을 주고 개선 방법에 대해 자문을 제공할 수 있다. 이는 조직에 대한 책임인 동시에 내담자의 복지 증진을 위해 한층 더 기여할 수 있는 매우 독특하고 확장된 역할이 될 수 있다(남현주, 2014). 이때 조직의 관리자 역시 상담실 운영을 통해 무엇을 기대하는지를 명확하게 전달하고 현실적인 수준에서 기대를 협의해야 하며, 서비스를 통해 얻은 피드백을 적극적으로 정책에 반영하려는 열린 자세가 요구된다. 만약 한 명의 상담자가 조직에서 발생하는 모든 정신건강 관련 문제를 해결하는 만병통치약처럼 기능하기를 기대한다면 이는 현실적이지 않음을 이해할 필요가 있다.

4. 기업상담 윤리: 상담자 전문성 관리

1) 어떻게 기업상담 영역에서의 전문성을 증진시킬 것인가

기업상담에 진입한 초심상담자들은 정체성 혼란이나 확신의 부재에서 오는 두려움을 극복하는 방법으로 기업상담에 숙련된 전문가로부터 수퍼비전을 받거나 동료로부터 지지와 공감을 받을 수 있다(변시영, 조한익, 2015). 그러나 비밀보장 문제로 인해 조직 내에서 상의할 수 있는 동료나 상사가 부재하고, 1인 상담실 중심으로 운영되는 사례가 많은 한국 기업상담 현장의 구조적 특성과 기업상담 분야에 숙련된 전문가가 부족하다는 현실적 조건으로 인해 이와 같은 자원을 활용하는 데 어려움을 겪고 있으며, 전문성 증진을 위해 각개전투를 하는 실정이다. 따라서 학회나 전문가 집단 차원에서 보다 조직적으로 훈련 체계를 마련하고 지원할 필요가 있다.

그렇다면 이들에게는 어떠한 훈련이 제공되어야 할 것인가. 기업상담자에게 요구되는 역량에 대해 조사한 결과, 심리상담에 대한 기초적인 지식뿐만 아니라 기업상담의 실제와 관련된 특수한 지식 및 조직에 대한 부가적인 이해가 필요하다는 인식이 공유되고 있었으며, 심리상담, 심리검사, 교육 및 프로그램, 자문, 홍보, 운영을 위한 역량뿐만 아니라 조직 적응, 의사소통, 관계 형성, 협력 관계 구축 및 활용, 중재 및 갈등 조정과 같이 조직과 직접적으로 관련된 업무를 수행하는 데 요구되는 역량도 함께 갖춰야 함이 확인되었다(남현주, 2014). 다시 말해서, 기업상담이라는 특수 분야에 초점화된 훈련이 이루어질 필요성이 제기되고 있다. 구체적으로, 기업은 단기상담 위주로 운영되므로 이러한 전략을 습득하고자 하는 욕구가 있고, 기업 맥락에 맞는 사례개념화 방법을 학습하고 조직 맥락을 고려한 상담 전략을 배우고자 하는 욕구도 드러나며, 다중 역할을 수행하는 과정에서 경계를 설정하고 관리하는 능력을 증진시키고자 하는 욕구나 기업상담 현장에서 발생 가능한 비밀보장, 개인 정보의 보호 및 관리, 기업과 내담자 간의 입장 충돌 등의 독특한 윤리적 문제들을 다루기 위한 구체적이고 실제적인 조언에 대한 갈증도 존재한다(김영진, 왕은자, 2017). 따라서 이러한 역량들을 갖추게 하는 체계적인 훈련 프로그램을 구축하는 것이 앞으로의 과제가 될 것이다.

2) 어떻게 전문성을 약화시키는 요인들을 다룰 것인가

기업상담자들의 경우 다른 상담 현장에서보다 훨씬 다양한 역할을 부여받는 경향이 있고(남현주, 2014; 조해연, 이송하, 이동혁, 2013), 내담자뿐만 아니라 상사, 관리자, 고용주, 동료 조직원과 복잡한 관계를 맺고 있어 심리적으로 소진될 위험성이 크다. 구체적으로, 조직과 내담자 사이에서 비밀보장의 원칙은 준수하되 이들 간 첨예하게 대립하는 요구를 조율해야 하고, 상담이라는 전문 분야에 대한 이해가 부족한 상사나 관리자와의 갈등에도 불구하고 가시적 성과를 중요시하는 조직의 요구에 부응해야 하며, 그 과정에서 상담자로서의 역할 수행과 조직 구성원으로서의 역할 수행 사이에서 정체감에 혼란을 경험할 수 있고, 자살 관련 위기상담이나 상담 외적으로 주어지는 과도한 행정 업무로 인해 과부하를 느끼지만 전반적으로 이러한 어려움에 대해 도움을 받을 수 있는 개인적 지지 체계는 부족한 것이 기업상담자들의 소진 위험을 높일 수 있다(남현주, 송연주, 2016; 심윤정, 2012). 문제는 이들의 심리적 소진이 유능성을 심각하게 저해하는 위험 요소로 작용할 수 있다는 점이다.

특히 상담 업무 과정에서의 소진을 예방하기 위해서는 동료나 상사의 지지가 중요하다는 점을 고려할 때(유성경, 박성호, 2002), 주로 1인 상담실 형태로 운영되어 동료로부터 지지를 구하기 어려운 한국의 기업상담 환경의 특성과 상담 영역에 대한 이해가 부족하고 조직의 입장을 대변하는 상사로부터 지지를 얻을 수 없는 상황은 기업상담자의 어려움을 더욱 심화시키는 요소라 할 수 있다. 그렇기에 이러한 조직 구조에 대한 개선이 필요하다. 다시 말해서, 소진을 예방하는 것을 상담자 개인의 문제로 볼 것이 아니라 개인 상담자에게 과다한 책임과 역할을 부과하지 않도록 소진을 유발하는 기업상담의 구조를 근본적으로 어떻게 조직화할 것인가에 대한 고민을 할 것이 요구된다.

5. 결론

종합하자면, 기업상담 현장에서는 다양한 주체가 관여하는 과정에서 보다 복잡한 윤리적 갈등이 발생할 위험성이 있다. 한국상담심리학회(2018)의 윤리 규정에서 명시하고 있는 바와 같이 윤리 규정에 대해 숙지하는 것은 그 자체가 전문가의 윤리적 책무의 일부이며, 기업상담 현장의 상담자들은 기업상담과 관련된 특수한 윤리 규정에 대해 사전에 파악하여 이를 기반으로 문제를 해결할 준비가 되어 있어야 한다.

실제 현장에서 이를 적용하는 과정에서는 다음과 같은 네 단계의 윤리적 의사결정 모델을 활용할 수 있다(EAPA, 2017). 먼저, 문제가 되는 상황과 관련하여 충돌하는 가치나 흥미, 상담자 개인의 가치, 윤리적 지침(법, 사내 규정, 실무적 기준, 윤리 규정 등)과 같은 잠재적 윤리적 이슈를 고려한다. 다음으로, 내담자, 조직, 사회, 상담자 자신, 그 밖에 직간접적으로 영향을 받게 될 사람들을 고려한다. 셋째, 관련된 각각의 주체별로 이득이 되는 선택은 무엇일지 가능한 대안들을 모두 고려한다. 마지막으로, 의사결정을 내린다. 이 같은 의사결정 과정은 상담자의 전문성 중 절차적 지식에 속하기 때문에, 기업상담에 대한 전문성을 가진 수퍼바이저의 지도하에서 다양한 사례에 직접 적용해 보는 훈련을 통해 숙련될 수 있을 것이다.

EAPA 윤리강령

윤리강령

본 근로자 지원 전문가 협회(Employee Assistance Professionals Association: EAPA) 윤리강령은 근로자 지원 전문가(이하 EA 전문가)의 윤리적 행위에 관한 지침을 제공하며, 개별 근로자 및 고용주 조직 양측 고객의 이익을 위한 윤리적 행동의 규준을 정의한다. 이 강령은 EA 전문가의 활동 및 근로자, 고용주, 노조, 근로자 지원 담당자, 다른 분야의 전문가, 지역 사회 및 사회 전반에 적용된다.

윤리원칙

서비스

근로자 지원의 고유한 핵심 기술을 통해 EA 전문가는 개인 및/또는 업무 문제가 생산성과 안전에 미치는 영향을 최소화할 수 있다. EA 전문가는 전문적이고, 유능하며, 공정하다고 여겨질 때 가장 효과적이다. EA 전문가는 상충될 수 있는 이해 관계와 목표를 가진 여러 고객(개별 근로자 또는 고객, 고객 조직 또는 회사, 그리고 노동 조합과 같은 기타 이해 관계자)에게 정기적으로 자문을 제공한다. 조직의 모든 수준의 요구를 인식하고 이러한 요구를 충족하도록 서비스를 관리하는 것이 EA 전문가의 주요 관심사이다.

선행

EA 전문가는 그들이 봉사하는 개인과 조직을 이롭게 하고 그들이 전문적으로 교류하는 사람들의 복지와 권리를 보호하기 위해 열심히 일한다. 갈등이 발생할 수 있으며, 해결책을 모색하는 과정에서 EA 전문가는 발생 가능한 피해의 정도를 피하거나 최소화하려고 노력할 것이다. EA 전문가는 자신의 결정이 개인의 삶이나 조직생활에 영향을 미칠 수 있음을 이해하며, 자신의 결정에 영향을 줄 수 있는 다양한 영향력에 대한 인식을 유지하기 위해 노력한다.

충실성

EA 전문가는 자신이 근무하는 조직 내 주요 이해 관계자와 신뢰 관계를 형성한다. 신뢰 관계는 그들이 상담하거나 자문을 제공하는 사람들, 압박을 받거나 어려운 선택에 직면한 사람들과 함께 발전한다. EA 전문가는 착취나 위해를 초래하거나 그에 대한 인식을 예방하기 위해, 자신의 역할 및 책임과 갈등을 효과적으로 관리해야 할 필요성을 알고 있다.

진실성

EA 전문가는 높은 수준의 수행을 유지하고 증진시키기 위해 노력한다. 그들은 역할과 결과의 혼동을 최소화하기 위해 전문적인 경계를 명확히 하도록 노력한다. 일차적인 목표는 직업의 가치, 지식, 목적을 실천하고 발전시키는 것이다. EA 전문가는 그들이 봉사하는 개인과 조직의 이익을 위해 일하며, 절도, 사기, 사실 왜곡으로 인해 해를 끼치지 않도록 노력할 것이다.

고객의 권리에 대한 존중

EA 전문가는 모든 사람의 존엄성과 개인의 사생활 및 비밀 보장에 대한 권리를 중요시한다. 또한, 계약된 서비스를 제공하는 조직과 해당 조직의 상응하는 요구, 권리, 지침 및 의무도 중요시한다. EA 전문가는 성별, 인종, 피부색, 민족, 문화, 국적, 종교, 연령, 성적 지향 및 장애에 따른 차이를 인식하고 존중하며, 이러한 요인이나 다른 요인에 근거한 편견을 없애기 위해 노력한다.

역량

EA 전문가는 전문적 실무와 전문적 기능 수행의 능숙함을 갖추고 유지하기 위해 노력한다. 그들은 교육, 훈련, 자격, 증명 또는 그 밖의 전문적 훈련의 범주 내에서만 서비스를 제공하고 자신의 역량을 제시할 것이다. EA 전문가는 전문 문헌을 검토하고 전문성 발달 교육을 추구하며 다른 전문가들과 교류함으로써 근로자 지원 동향, 연구, 신기술 및 전문 분야 내 이슈에 대한 최신 지식을 유지한다. EA 전문가는 EAPA 표준에 대해 잘 알고 있어야 한다.

1.0 동료 및 다른 전문가에 대한 책임

1.1 여러 학문 분야 간 팀워크 및 협력

학제 간 팀에 참여하는 EA 전문가는 근로자 지원 직무의 가치와 표준을 유지한다. 만약 위원회나 다른 팀에 참여하는 것이 윤리적 문제를 발생시킬 경우,

EA 전문가는 EAPA 윤리강령을 준수하면서 적절한 해결 방법을 모색한다.

1.2 동료 간의 기밀 정보

EA 전문가는 동료에게 자문을 구하는 것이 고객에게 최선의 이익이 될 때마다 동료에게 자문을 구한다. 정보 공개 또는 공개에 대한 인정된 예외가 없는 한, 자문은 고객의 비밀을 보장하면서 이루어진다.

1.3 존중

전문가 공동체 내의 협력은 자기 이익을 증진시키기 위해 다른 전문가를 폄하하는 것을 방지한다. EA 전문가는 동료들의 자격과 기술을 정확하고 공정하게 대표한다.

1.4 분쟁

EA 전문가는 동료들과의 분쟁을 공정성, 정확성, 존중으로 해결하고자 할 것이며, 분쟁으로 인해 고객의 최선의 이익을 방해하는 일은 결코 허용하지 않는다.

1.5 동료의 결함

EA 전문가는 결함이 있는 동료가 적절한 평가와 치료를 받도록 지원하기 위해 노력할 것이다. EA 전문가는 결함이 있는 실무자가 EAP나 임상 서비스를 제공하는 것을 방지하도록 노력할 것이다.

1.6 무능한 동료

EA 전문가는 각 분야나 도움을 구하는 문제 영역에서 역량이 부족한 것으로 알려진 실무자에게 고객이 노출되는 것을 막기 위해 노력할 것이다.

1.7 수련자와 인턴에 대한 책임

어떠한 경우라도 수련감독자/수련자 또는 현장 감독자/인턴 관계는 전문적 관계로 유지된다. 수련자나 인턴과의 성적 관계는 비윤리적이다.

1.8 차별 금지

직원 채용 및 기타 고용 문제와 관련하여, EA 전문가는 모든 실제 및 예비 직원에게 동등한 기회를 제공할 것이며, 인종, 성별, 피부색, 민족, 종교, 국적, 소속 정당, 장애, 성적 지향, 연령, 결혼 상태 또는 교육을 이유로 어떤 사람도 차별하지 않을 것이다. EA 전문가는 그러한 차별과 관련된 모든 법령과 고용법을 준수할 것이다.

2.0 고객인 근로자에 대한 책임

2.1 사전 동의

EA 전문가는 평가, 연계 및 추수 관리 과정에서 제한된 의사소통 범위에 관한 권리를 고객에게 적절하게 알린다. 고객은 아동/노인 학대 및 임박한 폭력 위협을 보고해야 한다고 요구하는 EA 실무에 적용되는 모든 법적 요건 및/또는 경고 의무 법을 안내받는다.

2.2 사생활 및 비밀 보장

EA 전문가는 법적 요건, 적합한 법원 명령이나 소환장 또는 고객의 서면 승인 및 사전 동의에 따라 공개되지 않는 한 모든 고객 관련 정보를 기밀로 취급한다. EA 전문가는 서명된 정보 공개 양식 없이 고객의 임상 정보를 그의 회사 대표에게 공개할 수 없다.

상황을 보고하지 않으면 특정 고객이나 고객에게 위협받는 사람의 신체적 안전이 긴급한 위험에 처할 수 있다는 합리적 근거가 있는 경우에는 정보가 공개될 수 있다. 필요한 경우 EA 전문가는 수련감독자, 동료, EAPA의 윤리 전문가 패널을 포함하여 적절한 전문가에게 전문적 자문을 구할 수 있다.

EA 전문가는 업무 환경의 물리적인 시설, 기록을 저장하고 전송하는 데 사용되는 방법, 원격지원서비스 기술이 부주의하게 고객 정보를 우발적으로 침해하지 않도록 보장함으로써 기밀성을 더욱 보호할 것이다.

2.3 선별 및 평가

서비스 결정은 고객의 최선의 이익에 따라 이루어진다. EA 전문가는 자신의 역량과 전문적 규율의 경계를 인식한다. EA 전문가는 자격을 갖추고 훈련된 영역 내에서만 서비스를 제공한다. 전화, 온라인 또는 기타 원격 서비스를 제공할 때, 전문가는 특정한 서비스 전달 방법을 통해 고객과 작업하는 훈련을 받게 된다. EA 전문가는 물질 중독과 정서적/정신적 건강 장애를 다루는 데 능숙할 것이다.

2.4 연계

모든 연계는 고객의 최선의 이익을 최우선으로 하여 이루어진다. 연계는 고객의 요구 및 이해 상충 방지에 기초하고 관련된 모든 기밀 유지 법률 및 규정을 준수하여 이루어진다. EA 전문가는 고객의 요구 사항과 고객의 평가된 문제를 처리하는 전문가의 전문성, 교육, 자격 증명 및 역량에 따라 고객을 다른 전문가에게 연계한다.

또한 EA 전문가는 성공적인 연계를 위해 전문가와 근로자간의 관계 적합성과 비용, 가용성 및 거리에 관한 근로자의 염려를 포함한 기타 문제들을 고려한다.

EA 전문가는 다른 실행 가능한 연계 선택지가 없고 모든 가능한 선택지들을 고객과 함께 검토하여 고객이 EAP 전문가와 지속하기로 결정한 후에만 자신을 추천(self-refer)할 수 있다.

EA 전문가는 특정 개인, 프로그램 또는 회사로의 연계에 대해 어떠한 유형(현물, 금전, 선물 등)의 보답도 받지 않는다.

2.5 추수 관리

EA 전문가는 고객의 복지, 요구 및 위험 요소가 적절히 해결되었는지 확인될 때까지 EAP 고객에게 추수 관리를 제공할 것이다.

2.6 성적 행위

EA 전문가와 고객 간의 관계는 신뢰와 착취하지 않음을 기반으로 구축된다. EA 전문가는 EAP 서비스의 마지막 날짜로부터 적어도 5년 이내에는 이전 고객과 성적 행위를 하지 않는다.

2.7 전문적 역량

EA 전문가는 교육, 전문적 훈련, 감독받은 및/또는 조언받은 경험과 그에 상응하는 자격 증명을 바탕으로 자신의 역량과 규율 범위 내에서만 업무를 수행한다. EA 전문가는 그들의 숙련도와 역량을 유지시키고 향상시키기 위해 지속적으로 교육 및 전문 훈련 프로그램에 참여할 것이다.

2.8 자격의 표현

EA 전문가는 전문성, 훈련, 교육, 그리고 직접적인 경험이 있는 영역에서만 자신을 소개할 것이다. EA 전문가는 자신의 자격과 역량 밖의 영역을 기꺼이 공개할 것이다.

EA 전문가가 추가적인 전문 자격증이나 인증을 보유할 경우, 자신의 역량과 성공을 저해할 수 있는 다른 자격증과의 윤리강령 불일치를 알고 있어야 한다. EA 전문가가 EAP 역할을 할 때, 엄밀히 EAP와 관련된 문제를 다루는 데 있어서 EAPA 윤리강령이 가장 우선하고 가장 중요하게 고려되어야 한다.

2.9 차별 금지

EA 전문가는 고객의 인종, 피부색, 민족, 종교, 국적, 문화, 결혼 상태, 교육, 소속 정당, 장애, 성별 또는 성적 지향, 연령을 이유로 차별하지 않는다.

2.10 위해 금지

EA 전문가는 그들의 비즈니스 관심사가 고객, 고용주 조직 및 공동체 전반에 대한 전문적 책임에 해를 끼치거나 방해하지 않도록 스스로 행동할 것이다.

EA 전문가는 근로자와 고용주의 요구를 동등하게 충족시키는 데 내재한 의무의 이중성을 관리할 것이다. EA 전문가가 이러한 이중 의무를 조정하면서 갈등을 겪을 경우, 해결 방법을 안내할 전문적 자문을 구할 것이다.

EA 전문가는 조직과 개별 고객 모두의 지지자가 될 것이다. EA 전문가들은 인간 생명의 보호가 비밀 보장을 능가하는 상황에 대해 심각하게 고려해야 하며, 조치를 취하기 전에 전문가 자문을 받아야 한다.

2.11 전면 공개

EA 전문가는 근로자 지원 프로그램의 기능과 목적에 대해 고객과 고용주 조직에 완전히 공개한다.

또한 EA 전문가는 다음의 사항에 대해 완전한 투명성을 제공한다: 비전문적 관계, 잠재적인 이해 상충, 이중 관계, 제공자나 프로그램이나 기관이나 전문가와의 재정적 합의나 신탁 관계, 또는 EA 전문가의 고객으로 간주되는지 여부에 관계없이 고객에게 제공될 수 있는 기타 서비스.

2.12 전화나 기타 원격 기술을 통한 EAP 서비스 제공

EA 전문가는 고객의 비밀을 보호하면서도 적시에 효과적인 서비스를 제공하는 데 대한 장벽을 제거할 것이다. 대면 이외의 다른 서비스 제공 방법을 사용할 경우, EA 전문가는 적용가능한 개인 정보 보호법을 준수하는 확립된 정책 및 절차에 따라 운영한다. 서비스를 제공하기 전에 EA 전문가는 적절한 과학 기술을 개발하고, 사용할 특정한 원격 장비(예: 이메일, 채팅, 가상 환경, 전화 등)로 고객과 작업하는 것에 대한 전문 교육을 받는다.

3.0 전문가로서의 책임

3.1 역량의 한계

EA 전문가는 고용주인 조직, 인적 자원 관리, EAP 정책 및 관리, EAP 직접 서비스 제공에 대해 능숙하고 지식을 갖추고 있으며, 이러한 지식을 근로자 지원 업무에 적용하는 역량을 보인다. EA 전문가는 해당되는 정부 법률 및 규정, 전문가 표준 및 업무 조직과 관련된 전문가 행동 강령을 숙지한다.

3.2 지속적인 교육과 훈련

EA 전문가들은 그들의 숙련도와 역량을 유지 및 향상시키기 위해 지속적으로 교육 및 전문가 훈련 프로그램에 참여한다.

3.3 수련감독, 자문 및 조언

EA 전문가는 자신의 역량 범위 내에서 수련감독, 자문과 조언을 제공한다.

3.4 진실성

EA 전문가는 자신의 경력, 자격 증명 또는 역량을 갖춘 영역을 부정확하게 표현하거나 위조하는 것을 삼가고, 자신, 다른 실무자, 제안된 근로자 지원 전략 및 서비스의 혜택이나 위험에 대해서 타인을 속이지 않는다.

3.5 공로 인정

EA 전문가는 협업한 모든 작업이나 프레젠테이션에서 다른 전문가의 기여를 명확하고 정직하게 인식하고, 누락이나 직접적인 진술을 통해 다른 전문가의 작업을 자신의 것으로 주장하지 않는다.

4.0 고용주 또는 업무 조직에 대한 책임

4.1 능력과 자질에 대한 정확한 표현

EA 전문가는 자신의 근로자 지원 프로그램의 전문적, 기술적 한계와 능력 내에서 제공되는 서비스에 대해서만 정확하고 정직하게 홍보하거나 판매할 것이다. EA 전문가는 다음을 포함하되 이에 국한되지 않고 자신의 서비스와 관련된 능력과 자질을 정확하게 나타낸다: 직장 자문에 대한 양적 및 질적 한계, 근무 시간 외 이용, 훈련 및 교육 프로그램, 지리적 범위, 그리고 전문가 직원의 경력, 자격, 역량.

4.2 정직한 계약

EA 전문가는 고객 조직과의 서비스 계약에서 제안되고 정의된 바대로 정확하게 서비스를 제공하고 전달한다. EA 전문가는 청구된 혜택을 제공하지 못할 경우 서비스의 제한에 대해 모든 책임을 지고 신속하고 전문적으로 시정 조치를 취한다.

4.3 이용률과 프로그램 결과 및 성과 보고의 정확성과 정직성

고용주 또는 고객 조직에게 제공되는 모든 보고는 프로그램 서비스의 활동과 이용률을 정확하고 정직하며 공정하게 드러낸다. 이용률 보고는 EAPA에서 정한 기준에 따라 산출된다. 이용률, 프로그램 결과 및 성과, 고객 만족도 및 기타 성과 지표들을 보고할 때 해당되는 고객 비밀 보장 및 사생활 정보 보호 법률 및 규정을 충분히 고려한다.

4.4 관리 훈련 및 자문의 지원

EA 전문가는 오직 자신의 역량 범위 내에서만 훈련과 자문을 제공한다. EA 전문가가 이러한 서비스를 제공하고자 할 때 그는 먼저 현재 역량을 갖추지 못한 관리 자문의 EAP 관련 영역에 대해 추가 교육을 받는다.

4.5 조직 정책이나 근무 조건에 대한 자문

EA 전문가들은 정신건강, 약물 남용, 스트레스, 괴롭힘 또는 기타 행동 문제가 있는 사람들에 대한 향상된 접근, 보장 및 치료와 관련하여 고객 또는 고용주 조직의 정책, 절차, 복리후생 계획을 발전시키기 위해 노력한다.

4.6 고용주에 대한 비밀 보장

EA 전문가는 고용주 조직의 경영진의 신뢰를 얻고 유지한다. EA 전문가는 자문을 받는 당사자의 동의 없이 조직, 경영진 또는 고객 자문 내용을 제3자에게 공개하지 않는다.

4.7 고용주에 대한 헌신

보상을 받음으로써 EA 전문가는 고객이나 고용주 조직에 품위 있게 봉사하고 고객 회사에 대한 부정적 평판을 가져오지 않을 책임과 의무를 진다. 만약 EA 전문가가 고객이나 고용주 조직에서 비윤리적 관행이 일어나고 있다고 믿는다면, 고객이나 고용주 조직에 우려를 표하고 동료에게 적절한 자문을 구하며 윤리적인 해결을 위해 노력해야 한다.

4.8 청구

EA 전문가는 제공된 서비스의 특성과 범위에 대한 청구와 보고의 정확성을 보장하고 개별 고객의 비밀을 보장하기 위해 합리적인 조치를 취한다.

수수료나 기타 인센티브의 지불이 일반적으로 EA 전문가에게 이익이 되지는 않지만, EA 전문가는 그러한 거래에 대해 투명성과 완전한 공개를 보장한다.

4.8 가격 및 요금 책정

가격과 요금 서비스는 비즈니스상의 의사결정이지만, 근로자 지원 서비스의 가격은 윤리적 관행과 투명성을 반영한다. 1인당 요금은 계약된 모든 서비스를 지원하기에 충분하다. 서비스가 대면으로 이루어질지 또는 전화로 이루어질지를 명확하게 설명한다.

5.0 연구 수행 과정에서의 책임

5.1 사전 동의

참가자(또는 연구 대상자)는 연구 참여에 동의하거나 거부할 권리가 있다. EA 전문가/연구자는 참여 거부에 대해 어떠한 결과나 불이익 없이 참여자로부터 자발적 서면 동의를 받는다. 참여자는 언제든지 동의를 철회할 권리가 있다. 연구를 계획하거나 수행하는 EA 전문가는 항상 고객 또는 고용주 조직의 승인을 구하고 조정해야 한다.

5.2 기관 승인

기관의 검토가 필요한 경우, EA 전문가/연구자는 자신의 연구 제안에 대한 정확한 정보를 제공하고 연구를 수행하기에 앞서 승인을 받는다. EA 전문가/연구자가 연구윤리심의위원회(Institutional Review Board: IRB)에 접근할 수 없는 경우, IRB 절차나 참여자 권리 보호 방법에 대해 잘 알고 있는 연구자와 상의한다.

5.3 유인책

EA 전문가/연구자는 연구 참여를 위해 과도하거나 부적절한 인센티브나 유인책을 제공하는 것을 삼가고 참여자들이 참여를 강요당하지 않도록 합당한 노력을 기울여야 한다.

5.4 손상 방지 및 방해의 최소화

EA 전문가/연구자는 참가자에게 어떠한 해로운 영향도 주지 않고 연구 참여로 인해 참가자의 삶에 지장을 주지 않도록 예방 조치를 취한다.

5.5 결과 보고

EA 전문가와 연구자는 자료를 위조하거나 조작하지 않으며, 오류가 발견되면 적절한 소통 및 출판 수단을 사용하여 이러한 오류를 정정하기 위한 조치를 확실하게 취한다. 프로그램, 서비스 또는 우세한 의견에 불리하게 반영되는 결과를 포함하여 전문적 가치가 있는 연구 결과를 유보하지 않을 것이다.

5.6 표절

EA 전문가와 연구자는 전문 저술과 발표에 대한 저자의 적절한 기여도를 보장함으로써 더 넓은 공동체의 존경을 얻고 유지한다. EA 전문가와 연구자는 다른 사람의 작업물을 자신의 것처럼 발표하지 않는다.

5.7 출판 업적

연구나 평가 조사의 결과를 보고할 때, EA 전문가/연구자는 그 주제에 대한 선행 작업을 인정하고 공로를 인정받아 마땅한 사람들에 대한 공로를 인정한다.

5.8 참여자에 대한 비밀 보장

연구에 참여한 EA 전문가/연구자는 참여자와 (해당되는 경우) 참여자로부터 얻은 고객 또는 고용주 조직에 대한 자료의 익명성 또는 비밀을 확실하게 보장한다. 참가자들은 비밀 보장의 한계에 대해 사전 고지 받는다.

5.9 참여자와의 관계

EA 전문가/연구자는 참여자와의 비전문적 관계를 피하고 잠재적인 이해 상충이나 참여자와의 이중 관계에 대해 경각심을 유지한다. 이해 상충이나 기타 우려 사항을 해결하기 위한 조치를 취할 때 참가자들의 이익이 가장 우선한다.

5.10 후원자 공개/후원자에게 정보 제공하기

연구의 후원자나 연구비 지원자를 밝히고, EA 전문가/연구자는 이러한 후원자들에게 연구 방법, 절차, 결과나 성과, 연구 결과의 발표에 대해 정보를 제공한다.

6.0 공급업체 및 제공업체에 대한 책임

6.1 선정, 계약, 가격 책정

EA 전문가는 다음과 같이 외부 제공업체를 공정하고 합법적이며 합당하고 전문적인 방식으로 대한다.

경쟁을 위해 선택된 공급업체들에게 동일한 정보와 요구 사항 인용 및 제안서 제출에 대한 동등한 기회를 제공한다.

어떠한 근로자 지원 서비스의 구매 또는 공급과 관련하여 EA 전문가의 어떠한 결정에 영향을 미치는 부정 이득 또는 기타 부패 동기의 가능성을 허용하지 않는다.

해당 EA 전문가의 의견에 따라, 금전적 가치가 가장 높은 입찰을 수락한다.

견적 가격과 정보가 공개적으로 알려진 경우를 제외하고는 모든 공급업체의 견적 가격과 정보를 기밀로 취급한다.

6.2 이해 상충

EA 전문가는 다음과 같은 행동을 하지 않는다.

외부의 치료적 자원으로 연계하는 것으로부터 이득을 취하는 것

치료사, 상담사, 치료 제공자 또는 기타 전문 인력으로 종사하는 배우자, 파트너 또는 가족 구성원에게 고객을 연계하는 것

고객을 동일한 의료 집단에 속한 다른 EA 전문가에게 연계하는 것

고객을 특정한 치료 제공자나 상담 서비스에 연계하거나 특정한 EAP 제공자를 추천함으로써 금전적 인센티브를 취하는 것

비용을 최소화하거나 계약상 더 큰 이윤을 취하기 위해 서비스 이용을 제한하려고 시도하는 것

6.3 지불

EA 서비스를 구매하는 EA 전문가는 외부 제공업체를 다음과 같이 공정하게 대한다.

그들의 요구에 공정하게 대하고, 서비스를 제공받았을 때 신속하게 정산한다.

모든 청구와 분쟁을 사실적이고 정당하며 신속하게 해결한다.

6.4 차별 금지

EA 전문가는 모든 실제적 및 잠재적 계약자에게 동등한 기회를 제공하기 위해 공급업체와의 협상 및 계약에 있어 모든 합리적인 수단을 사용한다. 따라

서 EA 전문가는 다음과 같이 행동한다.

인종, 성별, 피부색, 민족, 종교, 국적, 소속 정당, 장애, 성적 지향, 연령, 결혼 상태 또는 교육을 이유로 어떤 사람도 차별하지 않으며, 어떠한 경우라도 그러한 차별에 관한 모든 관련 법률 및 해당되는 고용법을 준수한다.

EA 전문가 계약이나 근로자 지원 서비스 제공을 위한 하도급 계약을 체결한 어떠한 당사자든지 이러한 조항과 일치하는 동등한 기회를 얻는 정책을 운영하도록 보장하기 위해 모든 합당한 수단을 사용할 것이다.

7.0 근로자 지원 전문 분야와 더 넓은 사회에 대한 책임

7.1 EA 분야 및/또는 EAPA에 관한 공개 성명

EA 전문가는 자신의 직업이나 근로자 지원 전문가 협회(Employee Assistance Professionals Association: EAPA)에 대해 고의로 허위 또는 기만하는 발언을 하지 않는다.

7.2 광고, 영업, 판매, 진술 및 기타 공식 발표문

근로자 지원 서비스에 대한 영업 및 판매는 서비스 광고 및 해당 요금 체계에 대한 높은 윤리적 기준을 준수한다. EA 전문가는 유료 또는 무료 광고, 연구, 전문적 배경과 자격에 대한 제시, 보증이나 기타 공개 진술에서 고의로 허위 또는 기만적인 진술을 하지 않는다.

참고문헌

김영진, 왕은자(2017). 기업상담자의 수퍼비전 교육내용 요구에 대한 탐색. 상담학연구, 18(5), 403-421.

남현주(2014). 기업 내 상담자의 역량 모델 개발을 위한 탐색적 연구. HRD연구, 16(1), 169-206.

남현주, 송연주(2016). 기업상담자 소진에 관한 질적 연구: 기업상담 내부모형을 중심으로. 한국심리학회지: 상담 및 심리치료, 28(3), 915-942.

변시영, 조한익(2015). 기업상담 초심자와 숙련자가 인식한 역할 및 역량에 대한 질적 연구. 상담학연구, 16(6), 529-551.

심윤정(2012). 기업 상담자의 기업 내 적응 경험에 대한 내러티브 탐구: 대기업 내 여성 상담자를 중심으로. 상담학연구, 13(4), 1819-1843.

유성경, 박성호(2002). 상담환경의 위험요소, 지각된 사회적 지지가 상담자의 심리적 소진에 미치는 영향. 한국심리학회지: 상담 및 심리치료, 14(2), 389-400.

이은정, 이은지, 안수정, 서영석(2019). 기업상담자가 경험한 비밀보장 문제: 윤리적 갈등과 의사결정. 한국심리학회지: 상담 및 심리치료, 31(2), 601-643.

조해연, 이송하, 이동혁(2013). 기업상담자 역할에 대한 인식 및 역할 기대. 상담학연구, 14(4), 2233-2251.

한국상담심리학회(2018). 상담심리사 윤리규정. http://www.krcpa.or.kr/member/sub01_5. asp (2021. 4. 23. 인출).

한국EAP협회(2009). 근로자지원프로그램(EAP)의 합리적 도입운영모델 연구. 근로복지공단 연구용역사업 연구보고서.

EAPA. (2009). *EAPA Code of Ethics*. Extracted from https://www.eapassn.org/About/About-Employee-Assistance/Ethical-Issues-and-Codes (2021. 4. 23.).

EAPA. (2017). *Ethical Issues and Codes*. Extracted from https://www.eapassn.org/About/About-Employee-Assistance/Ethical-Issues-and-Code (2021. 4. 23.).

제2부

기업상담의
운영과 실제

제5장

기업상담 준비하기

1. 들어가기

대부분의 기업이 법령에 의거하여 상담 서비스를 도입하고 있지만 각 기업 내 의사결정권자의 인식과 조직문화에 따라 도입 목적은 차이가 있으며 상담실에 기대하는 바도 다르다. 따라서 조직에서 상담 서비스를 도입할 때 상담실 운영 전반과 관련하여 조직과 상담자가 사전에 협의하는 과정이 필요하며, 이를 얼마나 체계적이고 구체적으로 다루었는지에 따라 조직 내 상담실 운영의 안정성과 지속성이 결정될 수 있다. 이 장에서는 기업에서 상담실을 구축할 때 점검하고 합의해야 할 내용과 준비해야 할 사항들을 실무자 입장에서 알아보고자 한다.

기업상담의 모형은 내부 모형, 외부 모형, 컨소시엄 모형, 협회 모형, 노동조합 모형, 정부지원형 모형으로 분류할 수 있다(제2장 참조). 현재 우리나라의 기업상담은 대체로 내부 모형과 외부 모

형, 정부지원형 모형으로 운영되고 있지만, 기업상담 도입 초기
인 1990년대에는 내부 모형이 주를 이루었다(김재형, 2015; 남현주,
2014). 2000년대 중반부터 다양한 모형이 도입되고 있지만 비교적
장기간 운영되었던 모형은 기업이 상담자를 조직의 구성원으로 고
용하는 내부 모형인 것이다. 이런 맥락에서 국내의 여러 문헌에서
도 내부 모형을 더 보편적인 기업상담의 형태로 여기고 있다(남현
주, 2014; 류희영, 2008; 심윤정, 2012; 왕은자, 김계현, 2010). 또한 내부
모형의 상담자는 다른 모형의 상담자들에 비해 개인상담과 심리검
사 외에도 교육, 프로그램 개발, 홍보, 통계, 상담실 운영 등 다양한
활동과 역할을 더 비중 있게 요구받는 것으로 나타났다(조해연, 이
송하, 이동혁, 2013). 따라서 이 장에서는 다른 모형에 비해 비교적
역사가 길고 국내에서 더 보편적이라 할 수 있으며 다양하고 포괄
적인 활동과 역할이 요구되는 내부 모형을 중심으로 그 내용들을 살
펴보고자 한다.

2. 상담실 구축하기

1) 상담 서비스 도입 목적

기업에서 상담실을 구축할 때 가장 먼저 고려해야 할 사항은 상
담 서비스의 도입 목적을 명확하게 하는 것이다. 이는 기업이 상담
서비스를 통해 얻고자 하는 바를 제도로 실현하기 위한 첫 단계이
자 실무를 담당하는 상담자가 그들의 역할과 업무 범위, 상담실 운
영 방향성 등을 인식할 수 있도록 돕는 과정이라 할 수 있다. 도입

목적이 명확하지 않으면 기업과 상담자는 상담실의 주요 업무와 그 비중, 성과 평가 등 운영 기준을 정하기 어렵다. 뿐만 아니라 기업 내 하위 부서들이 상담실 활용 방안에 대한 각자의 다른 목적을 가지게 되어 업무의 혼란과 갈등이 야기될 수 있으며, 결과적으로 상담 서비스의 질과 효과가 떨어질 수 있다.

　좀 더 명확한 목적을 정하려면 우선 각 기업의 도입 배경을 살펴볼 필요가 있다. 관련 법령들이 생기면서 상담 서비스 도입을 고려하고 있는 것은 기업마다 동일한 상황이지만 그 시기에 도입을 결정하게 된 계기나 배경, 근거가 된 주요 법령은 일부 차이가 있을 수 있다. 국내 한 연구에서 다섯 개 기업을 조사한 결과, 각 기업의 상담 서비스 도입 배경은 산재 중 자살자 발생, 업무 및 개인 생활의 어려움으로 인한 스트레스 호소, 좋은 기업문화 조성, 직원들의 자살에 대한 적극적인 예방과 사후 관리, 근골격계 질환자[1] 집단 요양 발생인 것으로 나타났다(김재형, 2015). 이처럼 도입 배경만 살펴보아도 각 기업마다 운영 목적이 다르고 그에 따라 주요 업무와 비중에 차이가 있을 것이라 예상할 수 있다. 또한 도입 계기와 배경에 따라 도입을 주관하고 운영하는 부서에도 차이가 있을 수 있다. 실제로 같은 연구에서 산재와 근골격계 질환자 이슈가 배경이 된 기업은 안전 부문에서 상담실을 운영하고 있었고 기업문화 조성이 배경이 된 기업은 인사 부문에서 운영을 담당하고 있는 것

---

[1] 직무스트레스는 근골격계 증상을 증가시키거나 다른 요인에 의해 발생한 증상에 대한 인지를 증가시킨다(Bongers, Winter, Kompier, & Hildebrandt, 1993). 또한 근골격계 증상을 가진 사람들에게서 우울과 불안이 높게 나타난다(이규원, 박재범, 민경복, 김수정, 이경종, 2009).

으로 나타났다.

도입을 결정하게 된 상황적인 계기나 배경은 각 기업마다 다양하게 나타날 수 있으므로 이 장에서는 도입 근거가 되는 법령을 기준으로 주요 목적을 구분하고 그에 따른 주요 업무와 운영 부서 등을 살펴보겠다. 한 상담실의 운영 목적은 여러 개가 될 수 있으며 구성원들의 요구나 조직 분위기의 변화, 국가 기관의 시정 요구 등으로 변경 및 추가될 수 있다. 목적이 변경되면 그에 따라 운영 부서나 조직적 위치도 변경될 수 있다.

(1) 직무스트레스 관리

「산업안전보건법」제5조 제1항 및「산업안전보건기준에 관한 규칙」제669조에 따르면, 사업주는 근로자의 직무스트레스로 인한 건강장해 예방을 위해 조치를 할 의무가 있다. 이 법에 따라 기업에서는 연 1회 신체 건강검진을 하듯 직무스트레스 검사를 실시하며, 그 결과를 참고하여 근로시간을 조정하거나 직무 배치를 하고 적합한 상담 서비스를 제공한다.

이와 같은 배경으로 기업이 상담 서비스를 도입하고자 할 때 이를 주관하는 부서는 대부분 환경안전 부서가 된다. 이때 상담 서비스를 제공하는 기업의 주요 목적은 직무스트레스 평가 및 관리이다. 상담실에서는 자발적인 내담자를 대상으로 하는 개인상담과 함께 직무스트레스 고위험군을 발굴하고 관리하는 것을 주요 업무로 진행한다. 전사적인 선별 검사를 통해 발굴된 위험군을 대상으로 찾아가는 상담을 진행할 수 있으며 직무스트레스의 완화 및 예방을 위한 프로그램과 교육을 운영할 수 있다.

(2) 조직문화 및 조직 내 갈등 관리

삼성의 경우 1994년에 전 구성원을 대상으로 한 공통 복리후생 시설인 생활문화센터 상담실을 만들었으나 삼성 전 계열사로 상담실 설립이 확산되기 시작한 것은 2000년대 삼성전자에서 여성상담소를 설립한 이후이다. 여성상담소는 곧 남녀 구분 없이 전 구성원을 대상으로 서비스를 제공하는 상담실로 바뀌었으며, '훌륭한 일터(Great Work Place: GWP)' 만들기 활동의 일환으로 상담과 심리검사 서비스뿐 아니라 조직 활성화 및 조직문화 관련 업무도 함께 수행하게 되었다. 최근 '일과 삶의 균형(Work-Life Balance: WLB)'이 주목을 받으며 임산부나 일하는 부모, 육아휴직 휴·복직자를 대상으로 프로그램을 진행하는 기업들이 늘어나고 있다.

또한 기업은 상담 서비스를 통해 조직 내 갈등을 관리하고자 한다. 조직 내 갈등은 유관부서 사이에서 일어나는 집단 대 집단의 갈등과 개별 구성원 사이에서 발생하는 개인 대 개인의 갈등으로 구분할 수 있다. 특히 개인 대 개인의 갈등 중 직장 내 성희롱이나 직장 내 괴롭힘은 법적으로 명시되어 있는 주제로, 기업은 이를 예방하고 처리해야 할 법적 의무와 책임이 있다. 1999년에 직장 내 성희롱 금지 및 예방 관련 법령(「남녀고용평등과 일·가정 양립 지원에 관한 법률」, 제1장 참조)이 생기면서 직장 내 성희롱 상담과 예방 교육은 상담실의 중요한 업무 중 하나가 되었다. 그뿐 아니라 2019년 7월부터 직장 내 괴롭힘 금지법(「근로기준법」 제76조의 2, 제1장 참조)이 시행되면서 개인 대 개인의 갈등은 더 이상 개인의 문제가 아닌 조직이 개입하고 관리해야 할 주제가 되고 있다.

이와 같은 배경으로 기업이 상담 서비스를 도입하고자 할 때 이를 주도하는 부서는 주로 인사 부서이며, 상담 서비스를 제공하는 기업의 주요 목적은 건강한 조직문화 구축 및 구성원 간의 갈등 관리이다.

(3) 복리후생 개선

「근로복지기본법」 제3절 제83조에 따르면 사업주는 근로자의 업무 수행 또는 일상생활에서 발생하는 스트레스와 개인의 고충 등 업무 저해 요인의 해결을 지원하여 근로자를 보호하고, 생산성 향상을 위한 전문가 상담 등의 서비스를 제공할 수 있도록 노력할 의무가 있다. 이 법에 따라 구성원 인원수가 적은 중소기업의 경우 외부 상담센터나 EAP 업체를 활용하여 제한된 회기의 상담을 지원하고 있으며, 구성원 인원수가 많은 대기업의 경우 대부분 내부에 상담실을 두고 상담을 받을 수 있도록 하고 있다.

복리후생 차원으로 상담 서비스를 제공하고자 할 때 상담실의 주요 업무는 개인상담 및 심리검사 실시이다. 이때 상담 서비스 도입을 주관하는 부서는 대체로 인사 부서이며, 주관 부서의 역할은 상담실이 잘 운영될 수 있도록 필요한 것들을 지원하는 정도이다. 이 경우 상담실은 외부 상담센터와 크게 다를 것 없이 운영되며 조직의 개입은 최소한으로 한다.

2) 인프라 구축

다음으로 기업 내 상담실을 만들 때 갖추어야 하는 요소들을 살펴보려 한다. 이는 상담실 운영에 필요한 필수 인프라로 각 기업의 내부 사정에 따라 정도의 차이는 허용될 수 있으나 각각의 항목이 모두 상담실 운영에 중요한 부분이므로 적극적으로 검토하여 적용할 수 있도록 해야 한다.

(1) 물적 인프라

기업 내 상담실을 만들 때 가장 먼저 검토해야 할 인프라는 바로 상담실의 위치이다. 상담실을 만드는 그 시기에 비어 있는 장소를 활용하는 것이 아니라 기업 내 건물이 여러 개라면 그중 어느 건물이 좋을지, 건물이 한 개라면 몇 층의 어떤 위치가 좋을지 생각해 봐야 한다. 상담 진행 시 내담자들이 중요하게 생각하는 것 중 하나가 비밀보장이다. 기업 내 구성원은 낙인이나 소문, 조직에서 정보를 요구할 것에 대한 두려움 등의 이유로 비밀보장에 더욱 민감할 수 있다. 실제로 비밀보장에 대한 우려는 구성원들이 상담 서비스를 이용하는 데 장벽으로 작용하는 것으로 나타났다(Gyllensten, Palmer, & Farrants, 2005; Walton, 2003). 그러므로 많은 사람에게 노출되는 장소로 상담실의 위치를 선정하면 접근성과 활용도가 떨어질 수 있다. 그렇다고 비밀보장만을 위해 구성원들이 찾기 어려운 외진 곳에 상담실을 만드는 것도 좋지 않다. 그럴 경우 상담실 이용을 조직에서 권장하지 않는다거나 상담실을 이용하는 구성원을 배려하지 않는 듯한 암묵적인 메시지를 주는 것으로 보일 수 있고 상담자의 안전에도 문제가 생길 수 있기 때문이다. 따라서 상담실의 위치를 선정할 때 다음과 같은 사항들을 고려해야 한다.

- 불특정 다수의 구성원이 부서 구분 없이 출입할 수 있는 곳
- 사원증 태그로 인해 상담실 출입이 드러나지 않는 곳
- 주요 업무 공간과 가깝지 않은 곳
- 고립되거나 외지지 않은 곳

- 외부에서 상담실 내부가 보이지 않는 곳
- 상담실 내부에서 외부의 소리가 잘 들리지 않는 곳
- 사무 공간과 구별되는 편안하고 안정된 느낌이 드는 곳

상담실 내부는 상담을 진행하는 개인상담실과 심리검사를 안내하고 실시할 수 있는 심리검사실, 내담자들이 대기할 수 있는 대기실, 행정 업무를 하기 위한 사무 공간으로 구성된다. 대면상담은 보통 일대일이나 이대일로 진행하여 개인상담실의 크기가 너무 크면 산만한 느낌을 줄 수 있다. 하지만 책상이나 의자가 겨우 들어갈 정도의 사이즈라면 긴장감과 답답함이 느껴질 수 있으므로 책상과 의자를 놓고 사용된 공간만큼의 여유 공간이 있을 것을 추천한다. 상담자의 인원수만큼 개인상담실이 필요하며, 개인상담실이 여러 개라면 각 방 사이의 방음에 신경을 써야 한다. 심리검사실은 내담자 혼자 검사를 실시하는 공간으로, 작은 테이블 하나와 의자 두 개가 들어갈 수 있는 크기면 충분하다. 소음과 외부 자극이 최대한 차단될 수 있는 공간이어야 하며, 조명과 통풍, 의자 등이 검사 실시에 적합한지 신경 써야 한다.

기업에서 상담실을 만들 때 공간 제약으로 인해 대기실을 고려하지 않거나 후순위로 생각하는 경우가 많이 있다. 하지만 같은 조직 내 구성원들을 대상으로 하는 내부 모형 상담실이라면 대기실을 반드시 마련해야 한다. 내담자들이 상담실에 출입하고 대기하는 동안 마주치지 않도록 하기 위해서 그리고 갑작스럽게 찾아올 수 있는 약속되지 않은 구성원들로부터 이용자의 사생활을 보호하기 위해서 대기실은 필요하다. 두 명 이상이 대기하는 상황이 발생하더라도 서로 마주치지 않도록 대기실 내에서도 공간을 구분할

수 있다면 가장 좋겠지만 기업 내 상담실에서 그 정도의 공간을 확보하는 것은 쉬운 일이 아닐 것이다. 만약 대기실 공간 확보가 어렵다면 간격을 충분히 두고 상담시간을 배정하여 내담자들이 마주치는 상황을 최소화 할 수 있도록 한다.

마지막으로 행정 업무를 할 수 있는 사무 공간이 필요하다. 종종 개인상담실을 사무 공간과 병행하여 사용하는 경우들을 볼 수 있다. 하지만 구성원에게 안전하고 편안한 느낌을 주기 위해 개인상담실은 사내의 다른 공간들과 구별될 수 있도록 환경을 조성할 필요가 있다. 또한 전화벨 소리나 메일, 메신저 알람 소리는 상담의 흐름을 깨는 방해 요소가 될 수 있다. 따라서 상담의 효과와 업무 효율을 위해 가능하다면 사무 공간을 별도로 마련하는 것이 좋다.

상담실에 필요한 기본 집기 목록은 다음과 같다.

- 개인상담실 및 심리검사실용 책상, 의자: 쇼파와 낮은 테이블을 사용하는 경우도 있지만 다리와 앉은 자세가 서로에게 보이지 않는 높이의 책상을 더 선호하는 상담자와 내담자도 있다.
- 행정 업무용 책상, 의자, 파티션: 업무용 책상과 의자, 파티션은 조직 내 사무직군들이 사용하는 것과 같은 것을 쓰기도 하지만 상담실과 사무실의 공간 차별화를 위해 별도로 구매하는 것이 좋다.
- 책장, 서랍장: 도서를 보관하는 책장과 심리검사 및 사례를 보관하는 서랍장이 필요하다. 사례를 보관하는 서랍장은 잠금장치가 있는 것이어야 하며 열쇠는 상담자가 직접 관리한다.
- 업무용 PC, 프린터, 전화기, 파쇄기, 시계: 조직에서는 보통 공용 프린터를 쓰지만 상담실에서는 심리검사 결과처럼 개인정

보에 해당하는 내용을 출력하므로 상담실 내부에 별도의 프린터를 구비해야 한다. 또한 심리검사 결과는 색깔이 들어간 그래프로 구분되어 있는 경우가 많아 컬러 프린터로 준비하는 것이 좋다. 최근 몇몇 대기업에서 일반 용지가 아닌 보안용지를 사용하고 있는데 이 용지로 출력한 문서는 내부 규정상 회사 외부로 반출이 불가능하다. 따라서 심리검사 결과나 해석지를 외부로 가져갈 수 있도록 상담실에서는 일반 용지를 사용하거나 반출 관련 예외 지침을 마련해야 할 것이다. 전화기는 부재중 전화와 위기상담 전화를 고려하여 발신자 번호가 표시되는 것으로 준비한다. 만약 위기 상황을 대비하여 사내 핫라인을 운영한다면 전용 휴대전화를 준비할 필요가 있다. 파쇄기를 별도로 구비하지 않는 경우들이 많이 있다. 그러나 상담실에 있는 대부분의 자료는 개인정보 및 민감정보 내용이고 보관 기간의 제한이 있으며, 가끔 본인이 보는 앞에서 자신의 자료를 파기해 줄 것을 요청하는 내담자도 있어 상담실 내부에 파쇄기를 두는 것이 필요하다. 시계는 각 개인상담실, 심리검사실, 대기실, 사무 공간에 눈에 잘 띄게 벽시계나 탁상용 시계로 두고 특히 개인상담실과 심리검사실은 탁상용 시계로 준비한다.

- 냉장고, 정수기, 커피메이커, 음료, 다과 등: 방문자들을 위한 커피와 음료, 음료를 보관할 수 있는 냉장고를 구비한다.

이 외에 필요한 것으로 온라인 인프라를 생각해 볼 수 있다. 상담실 홈페이지와 상담 예약을 위한 온라인 시스템, 온라인 상담 게시판 등이 이에 해당한다. 최근 재택근무의 증가로 비대면 상담에 대한 요구가 나타나고 있어 화상상담을 고려한 인프라 구축도 추가적으로 필요할 것이다.

(2) 인적 인프라

인적 인프라란 상담실 운영에 필요한 인력을 의미하며, 상담자, 담당 관리자, 담당 직원, 행정 직원이 해당한다. 기업에서 상담자를 채용할 때 요구하는 자격증은 대체로 한국상담심리학회에서 발행하는 상담심리사와 한국상담학회에서 발행하는 전문상담사이며 이 중 한 개 이상의 자격을 소지하면 된다. 자격과 관련된 자세한 사항은 각 학회의 홈페이지를 참고한다.

- 한국상담심리학회: www.krcpa.or.kr
- 한국상담학회: www.counselors.or.kr

한국상담심리학회 상담심리사 자격증

상담심리사 1급

상담 관련 석사학위를 마친 후 학회에서 요구하는 내용으로 3년 이상의 경력과 자격 요건을 갖춘 후 자격심사에 통과하거나 박사학위를 받은 후 학회에서 요구하는 자격심사에 통과한 경우를 말한다.

상담심리사 2급

상담 관련 석사학위를 갖고, 본 학회에서 요구하는 내용으로 1년 이상의 경력과 자격 요건을 갖춘 후 자격심사를 통과한 경우를 말한다.

출처: 한국상담심리학회(2013).

기업에서 상담자 채용 공고를 낼 때 공통적으로 명시하는 자격 요건은 주로 관련 자격증 보유 외에 기업상담 경험자 우대 정도이다. 하지만 실무를 능숙하게 하려면 다음과 같은 교육을 미리 받는 것이 좋다.

- MMPI-2, MBTI, TCI 등 각종 표준화된 심리검사
- 4대폭력 예방 교육 강사양성과정
- 성희롱 예방 교육 강사양성과정
- 자살예방 교육 강사양성과정
- 트라우마 이해 및 위기 개입, 심리적 응급처치
- 부모 교육
- 마음챙김 명상
- 코칭

기업상담자들은 개인상담과 집단상담, 심리검사뿐만 아니라 교육, 훈련, 자문, 정보 제공, 위기 개입, 중재, 조직문화 개선, 행정 등 다양한 역할을 수행하도록 요구받는다(남현주, 2014). 이런 특징으로 인해 기업상담자는 다른 영역의 상담자와 구별되는 상담 역량을 갖출 필요가 있다. 역량과 관련된 내용은 제8장에서 자세히 살펴보겠다.

다음 인적 인프라로 담당 관리자와 담당 직원, 행정 직원이 있다. 담당 관리자는 상담실이 조직 내에서 안정적으로 운영·유지될 수 있도록 조직의 요구를 전달하고 전체적인 운영 방안을 정하는 방향 제시자의 역할을 한다. 상담실이 본연의 정체성을 잃지 않으면서 조직 실정에 맞게 운영될 수 있도록 큰 방향과 전략을 제시

하고 주요 업무를 정할 수 있도록 돕는다. 또한 이들은 상담실이 원활하게 운영될 수 있도록 조직과 협의하는 일을 한다. 불필요하거나 상담실의 영역이 아닌 타 부서의 업무 요청을 조율해 주고 임원이나 상급 관리자와 같은 의사결정권자에게 상담실의 필요성과 역할을 알려 활성화될 수 있도록 돕는다. 더 나아가 위기 상황이나 법적인 이슈 등 중대 사안이 있을 때 의사결정을 하고 책임을 지며 상담자를 보호하는 역할을 하기도 한다. 이런 역할들을 원활하게 수행하기 위해 담당 관리자는 부장급 이상으로 정하는 것이 좋다. 한편, 상담실의 독립성 강화를 위해 사업주나 임원급의 직속 조직으로 상담실을 배정하여 운영하는 경우가 있다. 그러나 사업주나 임원급이 직접 상담실의 운영에 개입하는 것은 현실적으로 어려우므로 이 경우에도 역시 담당 관리자는 있어야 한다.

담당 관리자의 역할이 총괄 책임자라면 담당 직원의 역할은 상담실의 업무가 수월하게 진행될 수 있도록 돕는 조력자라고 할 수 있다. 담당 직원은 상담실이 고립되지 않도록 상담자에게 조직 내의 크고 작은 이슈와 분위기를 전달하는 정보 제공자 역할을 한다. 전달받은 내용을 통해 상담자는 내담자들이 처한 환경을 다각도로 이해할 수 있으며 구성원들에게 필요한 집단 프로그램과 교육이 무엇인지 파악할 수 있다. 또한 이들은 소통 창구의 역할도 한다. 상담실 운영의 어려움이 있을 때 소속 부서에 이를 전달하여 해결책을 모색하고, 타 부서와 협업이 필요할 때 조율하는 일을 한다. 상담자가 조직과 구성원 사이에서 가교 역할을 한다면 담당 직원은 소속 부서, 타 부서의 실무자, 구성원들과 상담실 사이에서 가교 역할을 하는 것이다. 이 외에도 상담실이 잘 운영되고 있는지 정기적으로 확인하고 업무에 실질적인 도움을 주는 실무자의 역할을 한다. 이런 일들을 잘 수행하기 위해 담당 직원은 대리/과장급으로 정하는 것이 좋다.

마지막으로 상담실의 행정 업무를 담당할 직원이 필요하다. 행정 직원은 각종 물품 구매 및 비용 처리 등 상담실 운영 전반에 필요한 예산 관리를 담당한다.

이처럼 조직 내에서 상담실을 원활하게 운영하려면 상담자 외에도 담당 관리자, 담당 직원, 행정 직원이 있어야 한다. 하지만 현실적으로 이 역할들을 전담 인력으로 두거나 전담 부서로 만들어서 운영하는 것은 어려운 상황이며 대부분 겸직으로 이 업무들을 담당하고 있다. 조직의 규모가 크고 마음건강 관리의 중요성을 좀 더 강조하는 회사의 경우 전담으로 담당 관리자 또는 담당 직원을 두기도 한다. 한편, 담당자의 역할이 중요하다고 할지라도 상담실에 대한 구성원의 신뢰가 깨지는 것을 막기 위해 사업주와 담당 관리자, 담당 직원은 상담실 업무 중 개입할 수 있는 영역과 개입할 수 없는 영역의 경계를 확실하게 인식하고 있어야 한다. 예를 들면, 교육 및 프로그램, 이벤트와 캠페인의 주제는 함께 논의하여 결정할 수 있지만 개인상담 영역에 대해서는 특수한 위기상담의 경우를 제외하고는 담당자가 개입할 수 없다.

(3) 제도적 인프라

조직 내 상담실을 안정적이고 효율적으로 운영하기 위해 몇 가지 제도적 인프라가 필요하다. 물적 인프라가 하드웨어라면 제도적 인프라는 소프트웨어라 할 수 있다. 상담실 운영의 기본 원칙과 제도, 운영 절차와 매뉴얼이 이에 해당한다.

① 상담실 운영의 기본 원칙

상담자 자격증을 발급하는 각 학회에서는 상담자 윤리강령을 마련하여 제시하고 있다. 이 윤리강령은 내담자와 상담자를 보호하고 상담자의 전문성을 유지·증진하는 데 중요한 기준점이 되고 있다. 같은 심리상담이라 할지라도 청소년상담, 학교상담, 군상담 등 각 영역에 따른 특수성이 존재하여, 윤리강령을 기반으로 각 영역에 맞게 기본 원칙을 정하는 것이 필요하다. 따라서 기업상담 영역의 기본 원칙을 정할 때 그 특수성과 연관하여 고려해야 할 부분을 생각해 보고자 한다.

- 상담자는 내담자의 권리와 복지를 최우선으로 고려해야 한다.
- 상담실은 상담 서비스의 신청 절차와 방법을 사전에 규정하고 사내 인트라넷, 게시판, 홈페이지 등을 통해 알리고 공개한다.
- 상담 서비스는 구성원이면 누구든 받을 수 있고, 서비스 이용을 이유로 부당한 조치가 있어서는 안 된다.
- 상담을 목적으로 한 개인상담 내용 및 심리검사 결과를 채용, 배치, 평가, 승진 등의 절차에 사용할 수 없다.
- 내담자의 동의 없이 개인상담 내용 및 심리검사 결과 등 개인정보는 공유되지 않으며 비밀보장을 원칙으로 한다. 비밀보장 예외사항은 상담 시작 전에 알리도록 한다.
- 상담 시작 전 상담 동의서와 상담·심리검사 신청서, 개인정보 수집·이용 및 제3자 제공 동의서를 받는다. 단, 내담자가 작성을 거부하면 상담실에서 이용할 수 있는 서비스의 제한이 있을 수 있음을 알린다.
- 상담 기록은 최종 심리상담 종료일로부터 ○○년[2]간 보유하

며 그 이후에는 파기한다.

- 상담자의 자격증 발급기관 및 자격증 이름, 급수를 구성원들이 볼 수 있도록 공개한다.
- 상담자는 자격이 유지될 수 있는 최소한의 조건을 충족해야 할 의무가 있고, 조직 내 상담실 업무상 필요할 경우 교육을 받아 전문적인 서비스를 제공해야 한다.
- 관리자, 담당자 등 다중 관계인 구성원은 다른 전문가나 외부 기관에 의뢰한다.
- 자살 위험이 높은 내담자가 있을 경우 사내 위기 대응 매뉴얼을 따른다.

이상의 내용은 조직 내 상담실 운영 원칙의 예시로, 상담자 윤리 강령에 어긋나지 않는 범주 내에서 조직의 상황에 맞게 변경 · 추가할 수 있다. 이미 윤리강령이 있는데 별도로 조직 내 상담실 운영 원칙을 정해야 하는 건지 의문이 들 수 있다. 하지만 이 운영 원칙을 조직과 함께 논의하여 정하는 과정 자체가 인사 등 조직 내 부서들과 상담실의 경계를 확실하게 하는 단계이자 그 경계에 대한 합의를 의미한다. 또한 관리자나 담당자가 바뀌어도 상담실이 안정적으로 지속 운영될 수 있게 만드는 장치이자 근거가 될 수 있으므로 조직 내 상담실을 도입할 때 정하는 것이 좋다.

---

2) 보통 3년이나 5년으로 정하고 있으며 한국상담심리학회 윤리강령에는 공공기관이나 교육기관 등은 각 기관에서 정한 기록 보관 연한을 따르고, 이에 해당하지 않는 경우 3년 이내 보관을 원칙으로 한다고 명시하고 있다.

② 제도

상담자는 조직 내 구성원 중 한 명이지만 전문적인 일을 하는 특수 직군에 해당하므로 상담자 및 상담실 업무와 관련된 별도의 제도를 구축하는 것이 필요하다. 또한 상담실을 이용하는 구성원과 마음건강 관련 어려움을 겪고 있는 구성원을 위한 제도도 필요하다. 제도를 만들 때 고려해야 할 사항은 다음과 같다.

• 상담자 인원
  - 구성원 인원당 상담자 인원은 몇 명이 적절한가?
  - 상담자가 두 명 이상일 경우 사례 배정 및 공유 기준은 무엇인가?
• 상담자 성과 평가
  - 무엇을 성과로 볼 것인가?
  - 평가는 어떻게 할 것인가? 만약 상대평가일 경우 어떤 집단과 성과를 비교할 것인가?
• 상담자 전문성 향상 교육
  - 상담자 대상 교육을 지원할 것인가? 지원 가능한 연간 교육비는 어느 정도인가?
  - 사례 수퍼비전을 교육 범주에 넣을 것인가?
• 상담실 운영 시간 및 상담자 근무 시간
  - 상담실 운영 시간을 정해 놓을 것인가, 탄력적으로 운영할 것인가?
  - 상담자 근무 시간은 주 40시간(유연근무제)으로 할 것인가, 일 8시간으로 할 것인가?
• 하루 최대 상담 건수

-하루 최대 상담 건수 기준을 정해 놓을 것인가?
- 일정 기간 가능한 교육과 프로그램 건수
  -주 단위 또는 월 단위로 진행 가능한 집단 프로그램은 최대 몇 건으로 할 것인가?
- 상담실 연간 운영 예산
  -심리검사, 도서, 다과, 사무용품 등 각종 물품 구입비와 프로그램 및 이벤트 비용, 상담자 교육 비용 등에 필요한 예산을 미리 받을 것인가?
- 업무 시간 인정 여부
  -구성원이 상담받는 시간을 업무 시간으로 볼 것인가, 업무 외 시간으로 볼 것인가?
- 정신건강 관련 휴직/병가
  -우울증, 불안장애 등 정신건강의 어려움이 있을 시 휴직이나 병가를 낼 수 있는가?
  -휴직/병가 기간에 사내 상담실 서비스를 이용할 수 있는가?
  -복직의 적합성은 어떻게 평가할 것인가?
- 마음건강 관련 상담비/의료비 지원
  -외부 상담센터/신경정신과 이용 시 비용이 지원되는가?
- 상담 서비스 제공 대상 범위
  -협력 업체, 파견직, 구성원 가족 대상으로 상담 서비스를 제공할 것인가?
  -제공 가능한 상담 서비스의 종류나 회기의 제한을 둘 것인가?

③ 운영 절차와 매뉴얼
안정적이고 일관성 있는 상담실 운영을 위해서 운영 절차와 매

뉴얼이 필요하다. 조직 내 상담실을 운영하다 보면 구성원들이 겪는 고충을 해결하기 위해 조직 내 각 부서나 담당자와 함께 협력해야 하는 상황이 발생할 수 있다. 이때 상담자와 각 담당자들이 사안에 대한 의사결정을 하고 역할을 나누는 데 있어 운영 절차와 매뉴얼이 기준점이 된다. 미리 만들어 둔 것이 없다면 각자의 역할과 책임부터 논의를 하게 되고 문제 해결에 필요 이상으로 많은 시간이 소요되어 개입이 필요한 중요한 시점을 놓치게 된다. 다수의 상담자가 근무하는 상담실뿐만 아니라 1인 상담실의 경우에도 운영 절차와 매뉴얼을 만드는 것이 필요하다. 운영 절차와 매뉴얼 그 자체만큼 그것을 만드는 과정은 중요한 의미가 있다. 이 과정은 조직과 상담자가 서로의 역할과 책임을 배우고 인식하며 합의하는 것으로, 이를 통해 상담실이 각 조직에 적합한 모습으로 자리를 잡을 수 있게 된다. 즉, 운영 절차와 매뉴얼이라는 잘 정리된 결과물 이상으로 만들어가는 과정 자체가 조직 내에서 상담실이 잘 기능할 수 있게 하는 노력이라는 점에서 중요한 것이다.

한편, 상담자와 업무 관계자뿐만 아니라 구성원들 입장에서도 운영 절차와 매뉴얼은 필요하다. 조직 내 상담실은 개인상담과 심리검사 외에도 각종 프로그램과 이벤트, 캠페인, 교육 등을 진행하고 있어 그 세부 내용과 함께 신청 절차가 구성원이 쉽게 접할 수 있는 곳에 안내되어 있어야 한다. 특히 부서/팀 단위 프로그램은 예산 문제도 있으므로 역할과 책임이 잘 구분되도록 절차를 명확히 해야 한다.

조직 내 상담실에서 보유할 필요가 있는 운영 절차와 매뉴얼은 다음과 같다.

- 상담 및 심리검사 운영 절차
- 부서/팀 단위 프로그램/이벤트 운영 절차
- 개별 신청하는 집단 프로그램/이벤트 운영 절차
- 자살 위기 대응 절차 및 매뉴얼
- 직장 내 성희롱, 직장 내 괴롭힘 조치 절차 및 매뉴얼
- 직무스트레스 고위험자 개입 절차 및 매뉴얼
- 정신건강 관련 휴직/병가자 개입 절차 및 매뉴얼
- 신상변동자[3] 개입 절차 및 매뉴얼

3. 상담실 홍보하기

1) 홍보의 필요성

일반적으로 조직 내에 상담실은 한 곳밖에 없기 때문에 외부 사
설 상담센터와는 달리 홍보가 필요 없을 것이라고 생각할 수 있다.
하지만 상담실 위치가 조직 내부에 있고 상담자 또한 조직 구성원
으로 속해 있다면 오히려 섬세한 홍보가 필요하다. 아직도 심리상
담이라는 서비스가 무엇인지 잘 모르는 구성원들이 많고, 심리상
담에 대해 알고 있다고 할지라도 사내 상담실이 무엇을 하는지 구
체적으로 모르는 경우가 많다. 상담실을 이용했던 구성원들도 자
신이 상담을 받았다는 것을 주변에 굳이 알리지 않고 타인의 시선
을 의식하여 일부러 숨기는 경우도 많아서 더욱 정보가 부족한 것

---

3) 부서 이동, 사업장 이동, 주재원 발령, 휴·복직 등 신상이 변동된 구성원을 말한다.

이 현실이다. 그래서 상담실 홍보를 주기적으로 하지 않으면 상담실의 문턱이 낮아지는 데 오랜 시간이 걸린다.

상담을 받을 수 있는 내용 또한 조직 내 고충 주제로 한정되어 있을 것이란 오해가 있고, 어떻게 이용하는지 그 절차를 잘 몰라 상담실 이용을 망설이는 경우도 있다. 무엇보다 가장 중요한 이슈는 비밀보장이다. 사내 상담실이다 보니 상담 여부와 내용이 관리자와 인사 부서에 전달될 것이라 여기고, 이 내용이 본인에게 불리하게 적용될 것이라 오해하는 구성원들이 많이 있다. 지속적인 상담실 홍보는 이와 같은 오해와 불신을 없애는 데 도움이 된다. 이 외에도 상담실 홍보는 '찾아가는 상담실'과 같은 효과가 있다. 조직은 찾아오는 구성원만을 대상으로 서비스를 제공하는 것에 만족하지 않고 도움이 필요할 것 같은 구성원에게 먼저 찾아가서 필요한 서비스를 제공하는 '찾아가는 상담실' 방식을 상담자에게 요구하기도 한다. 여기서 '찾아가는 상담실'이란 물리적인 방법만을 의미하는 것이 아니라 정기적인 온라인 홍보와 대상에 따른 주제 맞춤형 메일링 등과 같은 방법도 해당된다. 구성원에게 필요할 것으로 예상되는 정보들을 먼저 제공하는 것은 상담실 홍보 효과뿐만 아니라 심리적 어려움이 만성화되어 상태가 심각해지기 전에 구성원들이 상담과 치료를 고려할 수 있도록 기회를 제공하는 효과도 있다. 즉, 홍보는 그 자체로 교육이자 예방 활동인 것이다. 한편, 홍보를 실시한 직후에는 상담을 신청하는 구성원이 증가하다가도 일정 시간이 지나면 감소하는 양상이 나타나는 경향이 있다(Summerfield & Van Oudtshoorn, 2014). 이런 이유들로 조직 내 상담실은 계획을 세워 적극적이고 섬세하게 그리고 지속적으로 홍보를 실행해야 한다.

2) 관련 주체별 홍보 방법

조직 내 상담실 홍보는 상담실뿐만 아니라 조직 내 다양한 주체에 의해 다각도로 이루어지는 것이 효과적이다. 구성원들이 상담 서비스를 잘 활용할 수 있도록 분위기를 조성하는 데 조직 차원의 홍보는 필수이다.

(1) 상담실

상담실의 고객은 구성원과 조직이다. 그래서 상담실이 주체가 되어 홍보를 할 때 그 대상은 구성원과 조직이 된다. 홍보 대상에 따라 그 방식과 내용이 달라질 것이라 생각할 수 있으나, 실제 조직 내에서 상담실을 운영해 보면 거의 동일하다. 차이가 있다면 조직을 대상으로 홍보를 할 때는 서비스나 프로그램 도입의 배경과 취지, 목표를 좀 더 명확하게 기술해야 하는 정도이다. 따라서 여기서는 구성원을 대상으로 한 홍보를 중심으로 알아보도록 하겠다.

홍보 방법 중 가장 많이 활용하는 것이 바로 이메일이다. 조직 내 상담실은 홍보와 안내, 정보 제공, 교육, 예방의 목적으로 구성원에게 메일링 서비스를 제공한다. 보통 주기를 정해 정기적으로 전송하는 소식지의 형태로 진행하며 주요 내용으로는 심리 정보, 상담 사례, 상담실에서 제공하는 서비스와 이용 방법, 상담에 대한 오해, Q&A 등이 있다. 정기적으로 소식지를 보내는 방법은 구성원에게 자연스럽게 상담실을 노출시킬 수 있어 친밀감과 신뢰감을 쌓을 수 있는 효과가 있다. 또한 상담 사례를 각색하여 보내는 경우 심리 상담이 무엇인지, 어떤 주제로 상담을 받을 수 있는지에 대해 간접적으로 알리는 효과가 있다. 상담실에서 제공하는 서비스와 이용 방법에 대한 메일은 반복되는 내용이라 할지라도 형식만 수정해서 지속적으로 보낼 필요가 있다. 같은 내용이어도 개인의 상황과 필요에 따라 정보가 새롭게 보일 수 있기 때문이다. 실제 상담실 운영 시 안내 메일을 보내는 그 시점에 상담과 프로그램 신청이 순간적으로 증가하는 것을 확인할 수 있었다.

단발성으로 홍보 및 이용 안내 메일을 보내는 경우도 있다. 명절이나 연말연시, 사회적 이슈가 되는 사건, 자녀 입학과 졸업, 평가와 승진, 정신건강의 날 등 그 시기에 구성원들이 관심을 가질만한 주제를 내용으로 활용할 수 있다.

이메일뿐만 아니라 사내 인트라넷 게시판이나 상담실 홈페이지, 블로그를 활용한 안내와 홍보도 동시에 진행되어야 한다. 구성원 대부분이 하루 동안 받는 이메일 양이 많아서 모든 메일을 확인하기 어렵고 저장 용량의 문제로 메일이 지워지기도 한다. 따라서 시간이 지나도 상시 게시될 수 있는 곳에 상담실 정보들을 올려 두는 것이 필요하다. 홈페이지나 블로그에 글을 게시해두면, 시간이 지나도 구성원이 원할 때 과거의 자료부터 모두 열람할 수 있으므로 따로 공간을 마련하여 운영하는 것이 좋다. 최근에는 SNS에 상담실 채널을 만들어서 홍보를 하는 경우도 늘고 있다. 이는 접근성이 높아 이용이 편리하고 채널을 구독하는 구성원들이 생길 수 있어 지속적인 홍보 효과를 기대할 수 있다.

이러한 온라인 홍보와 함께 면대면으로 상담실을 알릴 수 있는 오프라인 홍보도 계획을 세워 정기적으로 진행하는 것이 필요하다. 오프라인 홍보는 주로 이벤트와 캠페인 방식으로 진행한다. 이 방식은 온라인으로도 진행할 수 있지만 오프라인으로 진행할 시 상담자가 구성원들을 직접 만나 소통할 수 있어 상담실에 대한 친밀도가 높아지고, 상담실 방문을 유도하여 그 문턱을 낮추는 효과가 있다. 주로 진행하는 이벤트의 예시로 마음건강 관련 수기 모집, 감사와 응원 메시지 전달, 간이 심리검사 실시 등이 있고, 캠페인 내용으로는 알코올 중독이나 도박 중독 예방, 마음건강 관리 등이 있다. 보통 이벤트는 분기에 한 번, 캠페인은 일 년에 1~2번 진행하나 실행 주기는 상담실의 다른 업무들을 고려하여 정하도록 한다. 너무 자주 진행할 경우 오히려 구성원의 관심도가 떨어지고 상담자도 상담에 집중할 수 있는 시간이 줄어들어 업무 만족도가 떨어지게 되며 직무 정체성에 혼란을 경험할 수 있으므로 각 상황에 맞는 적정 주기를 찾는 것이 필요하다.

오프라인 홍보 방법 중 상담자의 직무 정체성이 흔들리지 않으면서 지속적으로 실시할 수 있는 방법은 교육이다. 구성원들이 가장 많이 호소하는 상담 주제를 내용으로 하는 교육이면 더욱 효과가 좋다. 일반적으로 대인관계 갈등 해결, 대화 기법, 정신병리, 성격, 가족 등이 그 주제가 될 수 있다. 부서/팀별로 진행하는 정기적인 회의나 의무교육 시간이 있다면 그 시간을 활용할 수 있다. 홍보의 효과가 있도록 각 주제별 개인상담의 효과와 상담실 이용 안내, 상담실에 대한 오해 등도 함께 다루는 것이 필요하다. 교육을 포함하여 메일링 서비스, 이벤트, 캠페인은 홍보 외에 정보 제공, 예방 등 다른 목적으로 진행할 수 있다. 이와 관련된 내용은 제7장에서 살펴보도록 하겠다.

그 외 홍보 방법으로는 각 건물 입구에 배너와 리플릿을 비치하거나 실물 게시판에 제작 포스터를 붙이는 방법이 있다. 제조직군의 경우 PC로 일하는 시간이 길지 않아서 사내 인트라넷 게시판이나 메일을 자주 확인하기 어렵다. 그러므로 제조 현장 휴게실이나 업무 공간에 리플릿, 포스터와 함께 상담실 정기 소식지를 출력하여 비치해 두는 것이 대안이 될 수 있다.

앞서 언급한 것처럼, 구성원들이 실제로 사내 상담실을 이용할 때 우려하는 것 중 하나가 비밀보장 문제이다. 상담에서 나온 구성원의 이야기가 조직으로 전달되고, 상담 여부와 그 내용이 인사 기록에 남거나 불이익을 받을 수 있다는 두려움 때문에 많은 구성원이 상담에 참여하는 것을 꺼린다(Carroll, 2010). 사내 상담실 홍보의 가장 큰 목표는 바로 비밀보장에 대한 불신을 줄이는 것이라 해도 과언이 아니다.

구성원들의 비밀보장에 대한 불신이 줄어들기 위해서는 시간이 필요하다. 비밀보장을 엄격히 지키고 있다는 것과 비밀보장 예외 사항을 투명하게 알리는 것, 상담 신청 절차 및 관련 제도를 구성원 누구든 쉽게 볼 수 있도록 게시하는 것, 그리고 상담자의 전문성을 보여 줄 수 있는 콘텐츠를 온·오프라인을 통해 지속적으로 노출시키는 것이 상담실에 대한 신뢰를 높이는 데 도움이 된다.

(2) 사업주·임원

사업주, 임원과 같은 조직 내 의사결정권자들이 구성원의 마음 건강을 중요하게 생각하고 있는 정도가 조직 내 상담실의 활성화에 영향을 줄 수 있다. 조직에서 최우선으로 두는 가치를 구성원들이 함께 논의하여 정할 수 있다면 가장 좋겠지만 이 방법은 시간이 오래 걸린다. 마음건강과 관련된 이슈는 생명과 연관되어 있는 부분이 있고 법적인 문제도 있어서 자연스럽게 마음건강을 중요시하는 문화가 만들어질 때까지 기다리는 것보다 누군가 이끌어 주는 것이 필요하다. 특히 조직 내에서 구성원들은 낙인에 대한 두려움으로 자신의 어려움을 알리기 꺼려할 수 있으므로 의사결정권자들의 태도와 메시지는 더욱 중요하다.

사내 상담실은 구성원들의 요청으로 만들어지기보다는 대부분 조직에서 주관하여 만드는 경우가 많아 상담실 도입 초반에는 사업주와 임원들의 의지가 중요하다. 어떻게 하면 구성원들에게 실질적인 도움을 줄 수 있는 상담실로 만들 수 있을지에 대한 고민이 있어야 하며, 그 모습이 생생하게 관리자와 구성원들에게 전달되어야 한다. 의사결정권자들이 법적 사항 때문에 구색만 갖추면 된다는 생각을 갖고 있다면 그 상담실은 활성화되는 데 오래 걸릴 것이다. 사업주와 임원급이 사내 상담실 활성화에 대한 의지를 보이면 관리자나 실무자들은 활성화 계획을 세우게 되고, 그것은 자연스럽게 요구 조사, 다양한 프로그램과 교육, 이벤트, 엄격한 비밀보장에 대한 안내 등으로 이어지게 된다. 관리자급 회의 때 마음건강의 중요성을 언급하거나 메일에 관련 내용으로 한 줄을 더 적는 것, 마음건강 증진 활동을 지지하는 모습을 보여 주는 것이 의지를 보이는 행동의 예이다. 즉, 의사결정권자들이 마음건강을 중요하게 생각하고 있다는 것을 관리자나 구성원이 인식할 수 있도록 보여 주는 것이 상담실 홍보와 활성화에 중요한 부분이다. 더 나아가 마음건강을 챙기는 것이 직무 성과를 높일 수 있는 방법 중 하나라고 언급하기보다 마음건강 그 자체의 중요함에 대해 이야기하는 것이 더 확실한 방법이다.

상담자 또한 상담의 효과와 프로그램, 교육 등의 후기를 이들에게 보고하여 지속적으로 상담실의 활동과 역할에 대해 알리는 것이 필요하다. 임원을 포함한 정기적인 회의체를 구성하는 것을 추천한다.

(3) 인사 및 보건담당자 · 중간관리자 · 실무 담당자

관리자와 담당자도 사내 상담실 홍보를 할 수 있다. 담당자는 각 부서의 중간관리자들이 참석하는 회의체에서 사업주나 임원의 의지를 전달할 수 있고, 상담실에서 진행하는 프로그램에 대한 소식을 알릴 수 있다. 자녀 심리검사와 같은 가족 프로그램은 중간관리자급의 참여가 높은데, 이들이 직접 참여하고 주변에 소감을 알리는 것만으로도 상담실 홍보에 도움이 된다. 보통 구성원들은 본인이 상담 서비스를 이용하는 것에 대해 관리자가 부정적으로 볼 것이라 생각하는 경향이 있어, 관리자가 상담실을 이용했다는 사실 정보만으로 본인도 상담 서비스를 이용해도 된다는 안심을 얻기도 한다. 상담실에서 보낸 전 사원 대상 안내 메일을 관리자가 구성원들에게 다시 한번 전송해 주는 것도 상담 서비스를 홍보하고 이용을 독려하는 메시지로 볼 수 있다.

중간관리자 대상의 정기회의체에 상담자가 참석하여 마음건강 관련 교육을 진행하거나 심리 상식, 상담실 소식을 전하는 시간을 짧게라도 정기적으로 갖는 것을 추천한다.

(4) 노조 및 노사위원 · 사원 대표

조직 내에는 노조 및 노사위원과 같이 사원을 대표하는 집단이 있다. 구성원들의 투표를 통해 만들어지는 집단으로, 비교적 구성원들과 가까이서 소통하며 구성원의 입장에서 각종 사안들을 결정하는 역할을 한다. 그러다 보니 구성원들이 직장 내 고충이 있을 때 위원들을 찾아가는 경우가 많으며, 이때 위원들은 구성원과 상담실의 가교 역할을 할 수 있다. 심리적 어려움이 있는 사람들에게 상담을 추천할 수 있고, 각종 프로그램을 소개하기도 하며 필요에 따라 부서 단위 교육을 의뢰하기도 한다. 이들은 인사고과권자가 아니어서 구성원은 이들의 상담 추천에 대해 거부감을 덜 느낄 수 있다. 비밀보장에 대한 오해의 해소와 상담 서비스에 대한 입소문이 나는 과정에 이 사원 대표들의 메시지가 큰 역할을 한다.

상담실에서 프로그램, 이벤트 등 새로운 활동을 계획하고 있을 때 관리자와 함께 이들에게도 알리는 것이 좋다. 실제로 이들을 대상으로 면담 기법과 직장 내 성희롱 예방 교육, 문제해결법, 마음건강 관리 등의 교육을 실시하고 신규 프로그램 도입 전 시범 운영을 진행하기도 한다. 이들에게 상담 서비스를 경험할 수 있는 기회를 제공하는 것은 상담실에 대한 적극적인 지지를 이끌어 내는 데 도움이 될 수 있다.

4. 연계하기

아무리 유능한 상담자라 할지라도 모든 내담자를 혼자 치료한다는 것은 어려운 일이며 윤리적으로도 문제가 될 수 있다. 한국상담심리학회 윤리강령에서도 자신의 한계를 알고 적절한 대상에게 상담을 의뢰하는 것이 윤리적인 모습이며 전문가의 태도라고 명시하고 있다.

윤리강령에 명시된 내용 외에 외부 연계가 필요한 상황들을 좀 더 구체적으로 살펴보고, 외부 연계를 위해 준비해야 할 사항에 대해 알아보겠다.

한국상담심리학회 상담심리사 윤리강령에 명시된 의뢰가 필요한 경우

1. 전문가로서의 태도

나. 성실성

5. 상담심리사는 내담자가 더 이상 도움을 필요로 하지 않거나, 상담을 지속하는 것이 더 이상 내담자에게 도움이 될 가능성이 없거나, 오히려 내담자에게 해가 될 것이 분명하다면 상담 관계를 종결해야 한다. 내담자가 다른 전문가를 필요로 할 경우에는 적절한 과정을 거쳐 의뢰하거나 관련 정보를 제공한다.

4. 상담관계

가. 다중 관계

1. 상담심리사는 객관성과 전문적인 판단에 영향을 미칠 수 있는 다중 관계는 피해야 한다. 가까운 친구나 친인척, 지인 등 사적인 관계가 있는 사람을 내담자로 받아들이면 다중 관계가 되므로, 다른 전문가에게 의뢰하여 도움을 준다. 의도하지 않게 다중 관계가 시작된 경우에도 적절한 조치를 취해야 한다.

2. 상담심리사는 상담할 때에 내담자와 상담 이외의 다른 관계가 있다면, 특히 자신이 내담자의 상사이거나 지도교수 혹은 평가를 해야 하는 입장에 놓인 경우라면 그 내담자를 다른 전문가에게 의뢰한다.

참조: 한국상담심리학회(2018)에서 발췌.

1) 외부 연계가 필요한 상황

사내 상담실을 운영하다 보면 외부 연계가 필요한 상황이 종종 발생한다. 외부 연계는 크게 병원 연계와 상담센터 연계로 나눌 수 있다.

내담자를 병원으로 연계하는 것은 대부분 약물치료 때문이다. 내담자가 우울증, 불안장애, 공황장애 등을 겪고 있을 때 상담자는 약물치료를 고려해야 한다. 특히 직장 생활을 비롯한 일상생활의 유지가 심각할 정도로 어려운 상황이라면 내담자에게 병원 진료를 권유해야 한다. 이미 증상이 심각하거나 만성화된 상태로 상담실을 내방하는 구성원들도 있어 상담자는 약물치료의 가능성을 염두에 두고 내담자를 만나야 한다. 또한 내담자가 병원 진료를 거부한다면 내담자의 진료 결정판단에 도움이 될 적절한 정보를 제공하고 설득할 수 있어야 한다.

마음건강상의 이유로 휴직이나 병가를 신청할 경우, 절차상 의사의 소견서를 회사에 제출해야 한다. 따라서 휴직이나 병가를 고려하고 있는 내담자가 있다면 병원 진료를 받을 수 있도록 미리 안내하는 것이 필요하다. 이 경우 종합병원 이상으로 연계하는 것이 좋다. 자살 위기나 알코올 중독 등 심각한 심리적 어려움을 호소하는 내담자라면, 입원 가능성도 고려하여 병원을 연계해야 한다.

외부 상담센터 연계가 필요한 사례도 있다. 알코올 중독, 도박 중독, 트라우마 등 특수 상담과 치료가 필요한 경우, 애도상담처럼 자조집단상담이 필요한 경우, 그리고 사내 상담실 이용이 어려운 휴직자, 부부, 자녀 상담의 경우가 이에 해당한다.

2) 외부 연계 전 준비사항

외부 연계가 필요한 상황은 갑자기 발생할 수 있으므로 평소에 연계 가능한 병원과 상담센터, 기관의 목록을 작성해 두어야 한다. 회사가 있는 지역과 수도권을 포함하여 특정 질병을 전문적으로 다루는 곳을 조사해 두고, 홍보물과 안내 자료를 요청하면 보내 주는 곳도 있으니 병원이나 기관에 연락하여 미리 준비해 두는 것이 좋다. 필요에 따라 병원이나 외부 기관과 업무 협약을 맺어 연계망을 구축할 수 있다.

알코올 중독 병원은 보건복지부 지정 알코올 중독 전문 치료 병원을 검색하여 각 병원 사이트에 있는 치료 프로그램 내용을 확인하고 목록을 작성한다. 비용의 부담을 느낄 수 있는 구성원들을 위해 무료 기관이나 비용이 많이 들지 않는 기관들을 알아 두는 것도 필요하다. 대표적인 예로 건강가정지원센터, 한국도박문제관리센터, 중앙자살예방센터 등이 있다. 심리상담 서비스는 아니지만 법률적인 문제나 금전적인 문제를 갖고 있는 내담자도 있으므로 무료 법률상담과 재무상담이 가능한 곳을 알아 두거나 사내에 법과 재무 관련 자문을 구할 수 있는 부서나 제도가 있는지 확인한다. 상담실에서 보내는 모든 메일 하단에 위 기관들의 정보와 24시간 상담 전화 번호를 함께 넣어 안내하는 간접 연계 방식도 활용할 수 있다.

5. 결론

지금까지 조직 내 상담실을 구축할 때 조직과 실무자가 합의해야 할 내용과 점검하고 준비해야 할 사항들을 내부 모형을 기준으로 살펴보았다. 안정적으로 운영될 수 있는 사내 상담실을 구축하는 일은 상담자 혼자만의 노력으로는 어렵다는 것을 이 장의 내용을 통해 확인하였다. 조직과 상담자, 구성원 각자가 상담실을 통해 이루고자 하는 목적이 서로 다를지라도 조직 내 상담실의 정체성

과 나아가야 할 방향에 대한 합의가 이루어져야 안정적이고 지속
적인 상담실 운영이 가능하다. 그러기 위해서 상담자는 상담실 도
입을 결정하게 된 조직의 배경을 이해할 필요가 있으며, 조직은 상
담실 운영에 필요한 인프라 구축과 홍보에 관심을 기울이고 상담
자의 전문성에 해가 되는 행위를 강요하여서는 안 된다. 또한 상담
자는 자신이 조직 내 상담실 관련 최고 전문가라는 사실을 인지하
고 요구와 거절을 어려워하지 않아야 한다. 상담자와 이해관계자
는 이 모든 것이 조직 내 상담실의 안정적 운영을 위한 것임을 알
고, 상담실이 안정적으로 운영될 때 더 많은 구성원들이 상담실을
신뢰하고 도움을 받을 수 있게 될 것이며, 조직 또한 원하는 목적을
달성할 수 있다는 것을 잊지 않아야 한다.

참고문헌

김재형(2015). 新 기업상담 모형의 개발에 관한 연구. 홍익대학교 대학원 박
　　사학위논문.
남현주(2014). 기업상담자 역량모형 개발. 부산대학교 대학원 박사학위논문.
류희영(2008). 우리나라 기업상담의 실태 및 활성화 과제: 기업상담자의 인
　　식을 기반으로. 서울대학교 대학원 석사학위논문.
심윤정(2012). 기업 상담자의 기업 내 적응 경험에 대한 내러티브 탐구: 대기
　　업 내 여성 상담자를 중심으로. 상담학연구, 13(4), 1819-1843.
왕은자, 김계현(2010). 기업상담 효과에 대한 세 관련 주체(내담자, 관리자,
　　상담자)의 인식 비교 분석. 상담학연구, 11(2), 641-656.
이규원, 박재범, 민경복, 김수정, 이경종(2009). 근골격계 증상과 우울, 불안,
　　스트레스의 인과관계 분석. 대한직업환경의학회 학술대회 논문집, 568-569.
조해연, 이송하, 이동혁(2013). 기업상담자 역할에 대한 인식 및 역할 기대.

상담학연구, 14(4), 2233-2251.

한국상담심리학회(2013). 기업상담 매뉴얼. https://krcpa.or.kr/member/
sub06_1.asp (2021. 4. 21. 인출).

한국상담심리학회(2018). 상담심리사 윤리강령. https://krcpa.or.kr/
member/sub01_5.asp (2021. 4. 21. 인출).

Bongers, P. M., Winter, C. R., Kompier, M. AJ., & Hildebrandt, V. H.
(1993). Psychosocial factors at work and musculoskeletal disease.
Scandinavian Journal of Work, Environment & Health, 19(5), 297-312.

Carroll, M. (2010). 기업상담[*Workplace Counseling: A Systematic Appoach
to Employee Care*]. (전종국, 왕은자, 심윤정 역). 서울: 학지사 (원저는
1996년 출판).

Gyllensten, K., Palmer, S., & Farrants, J. (2005). Perceptions of stress and
stress interventions in finance organizations: Overcoming resistance
towards counselling. *Counselling Psychology Quarterly, 18*(1), 19-29.

Summerfield, J., & Van Oudtshoorn, L. (2014). 기업상담[Counselling in the
Workplace]. (김계현, 황은자, 권경인, 박성욱 공역). 서울: 학지사 (원저
는 1995에 출판).

Walton, L. (2003). Exploration of the attitudes of employees towards
the provision of counselling within a profit-making organisation.
Counselling and Psychotherapy Research, 3(1), 65-71.

제6장

기업상담 운영하기: 개인적 접근

1. 들어가기

조직 내 상담실에서 개인을 대상으로 제공하는 서비스는 개인상담과 심리검사, 자문으로 나눌 수 있다. 기업 내에서 진행하는 개인상담 주제와 심리검사 종류는 외부 상담기관과 크게 다르지 않다. 그러나 상담실이 조직 내에 존재하고 상담자 또한 조직 구성원 중한 명이기에 다양한 경로로 내담자에게 도움을 줄 수 있고, 더 많은 정보를 상담에 활용할 수 있으며, 내담자의 각종 문제가 악화되는 것을 예방할 수 있는 기회가 있다는 점에서 외부의 상담과 차이가 있다.

기업에 따라 사내 상담자가 직접 코칭을 진행하는 경우도 있다. 그러나 그 내용을 살펴보면 대부분 리더십이나 대화 기법, 마음건강 관리 방법 등 관리자 역량 강화를 주제로 한 교육 과정에 가깝다. 실제로 임원이나 상급 관리자를 대상으로 한 정기적인 코칭은 외부 코칭 전문가를 초빙하여 진행하는 경우가 많다. 이는 사내 상담자의 코치 자격증 유무 및 코칭 경험 정도와 관련이 있기도 하지만 상위 관리자의 역량을 사내 상담자가 평가하는 것은 위계적인 조직 구조상 민감한 부분이 있을 수 있고 이중 관계 문제도 있어 나타나는 양상이라 할 수 있다. 이런 맥락에서 무엇을 코칭으로 볼 것인지, 코칭을 사내 상담자의 주요 업무로 볼 것인지에 대해서 좀 더 논의가 필요한 상황이라 할 수 있다.

이 장에서는 개인을 대상으로 하는 조직 내 상담실의 업무들을 개인상담과 심리검사, 자문으로 구분하여 살펴보고, 기업 환경에서 나타나는 비자발적 내담자에 대해 알아보고자 한다.

2. 개인상담

상담실마다 업무 비중은 다르겠지만 개인상담은 거의 모든 기업 상담자가 수행하는 주된 업무라 할 수 있다. 실제로 개인상담은 기업과 구성원, 상담자의 세 주체가 공통으로 합의하는 기업상담자의 업무이며(조해연, 이송하, 이동혁, 2013), 내담자 대상 선호도 조사 결과 기업상담실 프로그램 중 심리검사와 함께 가장 높은 선호를 보이는 것으로 나타났다(김정희, 2015). 조직 내 상담실에서 집단상담 프로그램을 진행하기도 하지만, 한 회기당 많은 시간이 소요되고 같은 조직 사람들로 집단원이 구성될 수밖에 없어 기업에서 집단상담이 활성화되는 것은 현실적으로 어려운 일이다. 결국 자신의 이야기를 안전하게 개방할 수 있는 기회는 개인상담 시간밖에 없다.

조직 내 상담실에서 진행하는 여러 프로그램과 이벤트들은 그 자체로 목적과 의미를 지니고 있지만 개인상담 연계를 최종 목적으로 두고 내용을 구성하기도 한다. 예를 들어, 불면증 개선 프로그램을 진행할 때 불면증을 완화시킬 수 있도록 이완 훈련법을 알려주고 실습해 보는 것이 주요 목적과 활동이 될 수 있으며, 동시에 상담이 필요한 사람이 연계될 수 있도록 상담실을 안내하는 장으로 활용하는 것도 프로그램의 목적이 될 수 있다.

이처럼 개인상담이 상담실의 핵심적인 서비스임에도 불구하고 그 과정이 일대일로 진행되고 내담자 신상과 상담 내용 모두 비밀보장이 되어 기업과 구성원들 입장에서는 마치 미지의 영역처럼 보일 수 있다. 그렇기에 개인상담 운영과 진행 과정에 대한 명확하고 구체적인 지침이 필요하다.

1) 개인상담 운영

조직 내 상담실의 개인상담 방식은 상담자와 직접 만나서 진행하는 대면상담과 이메일이나 메신저, 전화, 화상통화를 활용한 비대면상담으로 나눌 수 있다. 대부분의 상담은 대면상담으로 진행되나 상담에 대한 거부감이 있거나 교대 근무, 지방 근무와 같이 근무 형태와 지역 등으로 인해 상담실 이용에 제약이 있는 구성원들은 비대면상담을 더 선호하기도 한다. 최근 재택 근무가 늘어나면서 화상상담 방식을 좀 더 적극적으로 활용하는 곳도 나타나고 있다. 이 외에도 상담에 대한 접근성을 높이기 위해 사내 인트라넷이나 외부 사이트에 온라인 상담 게시판을 만들어 운영하는 경우도 있다.

상담은 보통 1회기당 50분으로 진행되며 상담 내용과 심각도에 따라 내담자와 합의 후 시간을 조절하여 진행하기도 한다. 상담 회기는 별도 제한 없이 단기상담과 중·장기상담 모두 진행이 가능하나, 상담 대기자가 많아질 경우 대기 기간을 줄이기 위해 상담 회기 수의 제한을 두기도 한다. 기본적으로 상담은 주 1회 진행하고, 근무 형태나 출장, 기타 업무상의 이유로 지속적·규칙적인 상담이 어려운 경우 현실적인 상황을 고려하여 내담자와 상의 후 상담 주기를 정한다.

상담의 주요 주제는 크게 직장 내 고충과 개인 고충으로 나눌 수 있다. 직장 내 고충은 업무나 직장 내 대인관계 등 조직 내 상황에 의해 야기되거나 악화된 문제를 의미하며, 개인 고충은 업무에 영향을 미칠 수 있는 개인적인 어려움이라 할 수 있다. 실제 상담과정을 보면 업무와 관련된 주제로만 이루어진 상담은 거의 없으며(McLeod, 2008), 내담자의 고충을 한 가지 주제로 분류하기 어려운 사례들이 많다. 하지만 상담 통계를 내거나 상담실 운영 보고서를 작성하려면 주 호소 주제를 구분해 두는 것이 필요하다. 개인상담의 주요 세부 주제는 〈표 6-1〉과 같다.

표 6-1 **개인상담의 주요 주제**

대분류	소분류
직장 내 고충	□ 업무스트레스 □ 조직분위기 □ 부서이동 □ 직장 내 대인관계 □ 신상변화(휴직/복직/이동/퇴직) □ 직장 내 성희롱 □ 직장 내 괴롭힘 □ 평가/승진 □ 경력관리/사내진로탐색
개인 고충	□ 가족관계 □ 연애관계 □ 친구관계 □ 자기이해/분석 □ 정서조절 □ 습관/중독/강박 □ 경제문제 □ 건강/신체질병 □ 사별/상실/트라우마 □ 경력개발/사외진로탐색

2) 개인상담 진행 과정

(1) 상담 신청

보통 개인상담은 사전예약제로 진행되며 상담실 방문, 전화, 이메일, 메신저를 통해 신청한다. 구성원이 직접 시간을 선택하여 상담을 신청할 수 있는 온라인 예약 시스템을 갖추고 있는 상담실도 있다. 이렇게 상담 신청 창구를 다양하게 마련하는 것도 중요한 사항이지만 사전예약을 통해 상담이 진행된다는 그 자체를 알리는 것도 매우 중요하다. 조직 내 상담실은 대부분 사내에 위치하고 있어 예약이나 사전 연락 없이 상담실에 찾아와 상담을 요청하는 일이 종종 발생한다. 예약된 일정이 없다면 바로 상담을 진행하면 되지만 다른 일정이 있거나 상담자가 부재중인 경우가 빈번하므로 사전예약제에 대해 적극적으로 알리는 것이 좋다. 이것은 내담자가 헛걸음을 하지 않도록 정보를 주는 것이며, 다른 일정으로 인해 바로 상담이 어렵다는 상담자의 말을 거절로 받아들여 재방문을 꺼리는 일이 생기는 것을 막기 위한 것이다.

상담을 신청한 구성원은 상담 동의서와 상담·심리검사 신청서, 개인정보 수집·이용 및 제3자 제공 동의서를 작성해야 한다. 신청서와 동의서에는 윤리적·법적 사항이 포함되므로 그 내용을 자세히 살펴볼 필요가 있다.

내담자는 상담이 시작되기 전에 자신이 받게 될 상담에 대해 충분히 안내를 받은 후 상담 참여를 결정할 권리가 있다. 그리고 상담자는 내담자 스스로 적절한 결정을 내릴 수 있도록 상담에 대해 내담자가 이해할 수 있는 용어로 명확하게 설명할 의무가 있다. 이처럼 상담자가 상담에 대해 충분히 안내하고 내담자가 그 내용을 이해한 상태에서 자발적으로 상담 참여에 동의하는 것을 사전 동의 (informed consent)라고 한다(제4장 참조). 사전 동의 절차를 서면으로 진행할 때 사용할 수 있는 양식 중 하나가 상담 동의서이다.

상담 동의서에는 일반적으로 상담에 대한 안내, 회기/시간/약속 변경 등 상담 시간에 대한 안내, 거부/종결할 권리, 기록/녹음에 대한 동의, 필요시 연락 방법, 긴급연락처, 생명존중 서약, 발급 가능한 문서, 비밀보장과 비밀보장의 한계 등이 포함된다. 세부 내용은 각 상담실의 상황을 고려하여 작성하면 되지만 비밀보장은 윤리적 사항이자 법적 사항이므로 반드시 포함되어야 한다. 상담자 윤리 강령 및 「개인정보 보호법」 제18조에 의거하여 상담 내용은 엄격하게 보장될 것임을 알리고 동시에 비밀보장 예외 상황에 대해서도 자세하게 안내한다. 한 조직에 상담자가 여러 명이라면 프로토콜을 작성하여 공유하는 것이 좋다.

각 비밀보장 예외 상황마다 상담자가 취할 수 있는 조치는 다를 수 있다. 예를 들어, 자살 위기 상황이라면 내담자의 동의 없이도 비밀보장 원칙을 파기할 수 있지만 감염성 질병이 있는 상황이라면 제삼자에게 정보를 공개하기 전에 내담자가 스스로 알릴 의도가 있는지 먼저 확인할 필요가 있다. 따라서 각 학회의 윤리강령을 참고하여 상황별 세부 내용과 취할 수 있는 조치를 미리 숙지하도록 한다. 비밀보장 예외 사항은 다음과 같다.

- 자해나 자살 위협
- 타인 및 사회의 안전 위협
- 감염성이 있는 치명적인 질병
- 아동학대 관련 범죄

- 법원의 요구
- 전문적인 연구나 더 나은 상담 서비스 제공을 위한 자문 및 수련

상담 · 심리검사 신청서에는 기본적인 개인정보와 신청 경위, 신청 사유, 이전 상담 및 심리검사 경험 등이 포함된다. 「개인정보 보호법」 제3조에 의하면 개인정보처리자는 개인정보의 처리 목적을 명확하게 하여야 하고 그 목적에 필요한 범위에서 최소한의 개인정보만을 적법하고 정당하게 수집하여야 한다. 따라서 상담자는 신청서 항목을 너무 세분화하지 않도록 하며, 최소한의 내용만 받을 수 있도록 꼭 필요한 정보가 무엇인지 고민해야 한다. 또한 내담자가 각 항목의 수집 필요성에 대해 의문을 제기한다면 상담자는 설명할 수 있어야 한다.

한국상담심리학회 상담심리사 윤리강령

다. 비밀보호의 한계

1. 내담자의 생명이나 타인 및 사회의 안전을 위협하는 경우, 내담자의 동의 없이도 내담자에 대한 정보를 관련 전문인이나 사회에 알릴 수 있다.
2. 내담자가 감염성이 있는 치명적인 질병이 있다는 확실한 정보를 가졌을 때, 상담심리사는 그 질병에 위험한 수준으로 노출되어 있는 제삼자(내담자와 관계 맺고 있는)에게 그러한 정보를 공개할 수 있다. 상담심리사는 제삼자에게 이러한 정보를 공개하기 전에, 내담자가 자신의 질병에 대해서 그 사람에게 알렸는지, 아니면 스스로 알릴 의도가 있는지를 확인한다.
3. 법원이 내담자의 동의 없이 상담심리사에게 상담 관련 정보를 요구할 경우, 상담심리사는 내담자의 권익이 침해되지 않도록 법원과 조율하여야 한다.

4. 상담심리사는 내담자 정보를 공개할 경우, 정보 공개 사실을 내담자에게 알려야 한다. 정보 공개가 불가피할 경우라도 최소한의 정보만을 공개한다.

5. 여러 전문가로 구성된 팀이 개입하는 상담의 경우, 상담심리사는 팀의 존재와 구성을 내담자에게 알린다.

6. 비밀보호의 예외 및 한계에 관한 타당성이 의심될 때에 상담심리사는 동료 전문가 및 학회의 자문을 구한다.

참조: 한국상담심리학회(2018)에서 발췌.

「개인정보 보호법」제15조에 따라 상담자는 내담자에게 개인정보 수집·이용 및 제3자 제공 동의서를 받아야 한다. 개인정보 수집·이용 및 제3자 제공 동의서에는 개인정보 수집·이용에 대한 동의, 민감정보 수집·이용에 대한 동의, 개인정보 제3자 제공에 대한 동의가 들어간다. 각 동의에 해당하는 내용 및 항목은 다음과 같다.

- 개인정보 수집·이용에 대한 동의: 성명, 생년월일. 성별, 사번, 소속 부서, 직급, 근속 연한, 거주형태, 휴대전화번호, 이메일 등 상담·심리검사 신청서에 포함되는 개인정보를 수집·이용하는 것에 대한 동의
- 민감정보 수집·이용에 대한 동의: 종교, 가족관계 및 친밀도, 신청 경위, 신청 사유, 이전 상담 및 심리검사 경험 등 상담·심리검사 신청서에 포함되는 민감정보와 상담 내용, 심리검사 결과 등의 민감정보를 수집·이용하는 것에 대한 동의
- 개인정보 제3자 제공에 대한 동의: 심리검사 채점 및 결과 분석을 위해 성명, 성별, 나이 등의 개인정보를 해당 업체에 제공하는 것에 대한 동의

또한 「개인정보 보호법」 제15조 제2항에 따라 수집하려는 개인 정보 항목과 함께 개인정보의 수집 및 이용 목적, 개인정보의 보유 및 이용 기간, 동의를 거부할 수 있다는 사실과 동의 거부에 따른 불이익의 내용을 알려야 한다. 이 중 개인정보의 보유 및 이용 기간은 각 조직 내 상담실의 상황에 맞게 정할 수 있다. 보통 3년이나 5년으로 정하고 있으며 한국상담심리학회 윤리강령에서는 공공기관이나 교육기관 등은 각 기관에서 정한 기록 보관 연한을 따르고, 이에 해당하지 않는 경우 3년 이내 보관을 원칙으로 한다고 명시하고 있다. 추가로 상담자 퇴사나 공석 기간 발생, 내담자 퇴사, 정해진 기간 외 보관 요청, 법적 소송 등 일어날 수 있는 상황들을 고려하여 상담 기록 보관 및 파기에 관한 규정을 마련하고 상담 신청 단계에서 내담자에게 안내하고 동의를 받는 것을 추천한다. 상담 동의서와 상담 · 심리검사 신청서, 개인정보 수집 · 이용 및 제3자 제공 동의서 양식은 이 장 끝의 부록에 제시되어 있다. 이 양식은 하나의 예시로, 실제 사용할 때는 조직 내 관계자들과 협의하여 세부 내용을 정하도록 한다. 이때 학회와 사내 법무팀의 자문을 받아 각 항목들이 윤리적 · 법적으로 문제가 없는지 확인하는 것이 좋다.

「개인정보 보호법」 제15조(개인정보의 수집 · 이용)

① 개인정보처리자는 다음 각 호의 어느 하나에 해당하는 경우에는 개인정보를 수집할 수 있으며 그 수집 목적의 범위에서 이용할 수 있다.

1. 정보주체의 동의를 받은 경우
2. 법률에 특별한 규정이 있거나 법령상 의무를 준수하기 위하여 불가피한 경우

3. 공공기관이 법령 등에서 정하는 소관 업무의 수행을 위하여 불가피한 경우

4. 정보주체와의 계약의 체결 및 이행을 위하여 불가피하게 필요한 경우

5. 정보주체 또는 그 법정대리인이 의사표시를 할 수 없는 상태에 있거나 주소 불명 등으로 사전 동의를 받을 수 없는 경우로서 명백히 정보주체 또는 제 3자의 급박한 생명, 신체, 재산의 이익을 위하여 필요하다고 인정되는 경우

6. 개인정보처리자의 정당한 이익을 달성하기 위하여 필요한 경우로서 명백하 게 정보주체의 권리보다 우선하는 경우. 이 경우 개인정보처리자의 정당한 이익과 상당한 관련이 있고 합리적인 범위를 초과하지 아니하는 경우에 한 한다.

② 개인정보처리자는 제1항 제1호에 따른 동의를 받을 때에는 다음 각 호의 사 항을 정보주체에게 알려야 한다. 다음 각 호의 어느 하나의 사항을 변경하는 경우에도 이를 알리고 동의를 받아야 한다.

1. 개인정보의 수집 · 이용 목적

2. 수집하려는 개인정보의 항목

3. 개인정보의 보유 및 이용 기간

4. 동의를 거부할 권리가 있다는 사실 및 동의 거부에 따른 불이익이 있는 경 우에는 그 불이익의 내용

③ 개인정보처리자는 당초 수집 목적과 합리적으로 관련된 범위에서 정보주 체에게 불이익이 발생하는지 여부, 암호화 등 안전성 확보에 필요한 조치를 하 였는지 여부 등을 고려하여 대통령령으로 정하는 바에 따라 정보주체의 동의 없이 개인정보를 이용할 수 있다.

신청서와 동의서는 첫 회기 상담 전에 작성할 수 있도록 안내한 다. 온라인 예약 시스템이 있는 경우 신청과 동시에 온라인으로 작 성할 수 있도록 하며 첫 회기에 구두로 다시 안내하여 내용을 잘 이

해하였는지 확인해야 한다.

조직 내 상담실에서 신청서와 동의서 작성을 거부하는 상황은 흔히 있을 수 있다. 특히 신청서와 동의서 작성을 요구할 경우 상담 신청을 취소하겠다는 내담자가 있다면 상담자는 당황할 수 있다. 상담 취소를 내담자의 자율에 의한 선택으로 간주하고 받아들이는 것은 사내 상담자로서 직무에 대한 책임을 다하지 않는 대처일 수 있다. 그러나 신청서와 동의서를 작성하지 않고 상담을 진행한다면 상담자와 조직은 윤리적·법적 의무를 다하지 않는 것이며, 내담자는 자신의 권리를 보호받지 못하고 사생활 침해 등의 피해를 입을 수 있다. 즉, 상담자와 조직, 내담자 모두에게 이롭지 않은 방법인 것이다.

그렇다면 신청서와 동의서 작성 거부 시 상담자는 어떻게 대처하는 것이 좋을까? 상담자는 우선 어떤 이유로 작성을 거부하는지 내담자에게 질문해야 한다. 보통 조직 내 상담실에는 이용 기록이 남을 경우 인사 부서나 관리자에게 보고되거나 불이익이 있을 것이란 오해로 양식 작성을 거부하는 내담자들이 많다. 따라서 조직이나 상담실에 대한 오해와 불신을 해소해주는 과정이 필요할 수 있다. 만약 양식 내용 중 일부 항목에 대한 동의가 어려워 거부하는 것이라면 상담자는 해당 내용이 조정 가능한 사안인지 검토해 볼 수 있다. 거부가 심하다면 신청서와 동의서의 내용을 구두로 설명하여 동의를 받고 상담을 진행하는 경우도 있는데, 이때 상담자는 이 과정을 잘 기록해 두어야 한다.

위기상담이 아니라면 상담 시작 전에 신청서와 동의서 모두 작성할 수 있도록 그 필요성을 설명하여 설득하는 것이 좋다. 앞서 살펴본 바와 같이 신청서와 동의서에는 내담자가 받을 상담이 어떤 것인지, 윤리적 · 법적으로 보장되는 권리는 어떤 것이 있는지, 위기 상황에 어떤 도움을 받을 수 있는지 등에 대한 내용이 포함된다. 이 내용은 양식 작성 여부와 관계없이 상담 진행에 적용되는 사항이다. 즉, 내담자가 신청서와 동의서를 작성하지 않아도 자살 위기 발생 시 상담자와 조직은 적절한 개입을 해야 하며, 심리검사 채점과 분석을 위해서는 채점 사이트에 개인정보를 입력해야 한다. 따라서 신청서와 동의서를 작성하는 과정은 내담자가 받게 될 상담에 대한 정보를 들음으로써 참여 여부와 자신의 사생활 개방 정도를 스스로 결정할 수 있도록 돕는 내담자 자기결정 권리 보호 장치인 것이다.

또한 이 과정은 상담자의 책임과 의무를 내담자에게 알리고 그것을 지키겠다는 상담자의 약속을 문서화하는 것이다. 다시 말하면, 이 문서 내용을 기준으로 내담자는 상담자가 책임과 의무를 다하고 있는지 판단할 수 있고, 부당한 상황에 대해 항의하거나 정정 등을 요구할 수 있다.

더 나아가 신청서와 동의서는 상담에 대한 조직의 개입을 막을 수 있는 근거 자료가 된다. 상담 동의서와 개인정보 수집 · 이용 및 제3자 제공 동의서에는 공개할 수 있는 내용과 대상의 한계를 명시하고 있다. 이 양식에 서명을 하는 것은 해당 내용과 대상이 아니라면 공개할 수 없다는 것을 문서화하여 상담자와 내담자가 계약하였음을 의미한다. 이것은 조직에서 내담자나 상담에 대한 정보를 요구하여도 제공할 수 없다는 사실을 뒷받침해 주는 강력한 근거가 될 수 있다.

이와 같이 신청서와 동의서 작성은 단순히 이용 기록을 남기는 행위가 아닌 내담자의 권리와 이익을 보호하고 안전하게 상담을 받을 수 있도록 돕는 장치라 할 수 있다. 신청서와 동의서 작성을 안내할 때 다음과 같은 내용이 포함될 수 있다.

- 상담자 윤리강령 및 「개인정보 보호법」 제18조에 의거하여 비밀보장이 된다는 것
- 비밀보장은 엄격하게 지켜질 것이며 약속의 의미로 상담 동의서에 상담자도 서명한다는 것
- 비밀보장의 한계는 윤리적 · 법적 사항으로 심리상담에 공통으로 적용된다는 것
- 신청서, 동의서, 상담 기록 등 모든 자료는 보안을 철저히 하여 보관한다는 것
- 신청서와 동의서에 대한 안내는 내담자의 권리이자 상담자의 의무라는 것
- 신청서와 동의서에 대해 안내하는 자체가 상담 절차 중 하나라는 것

(2) 상담 진행

개인상담은 보통 ① 주 호소문제 파악, ② 상담 목표 설정, ③ 행동 계획 수립, ④ 목표 달성 확인, ⑤ 상담 종결의 과정으로 진행되며 조직 내 상담실의 개인상담 과정도 이와 같다. 하지만 내담자는 조직 구성원 중 한 명이고, 사내 상담자는 심리상담 외에 구성원들의 스트레스 예방과 악화 방지에도 힘써야 하므로 상담 진행 과정에서 내담자의 주 호소문제뿐만 아니라 그로 인해 일어나거나 연관이 있을 수 있는 직장 및 개인 생활의 어려움을 예측하고 다룰 수 있어야 한다. 이런 맥락에서 상담 진행 시 반드시 확인할 것과 추가

그림 6-1 기업상담 장면에서 상담의 진행 과정

출처: 한국상담심리학회(2013).

로 확인하면 도움이 되는 것들이 있다.

① 반드시 확인할 사항

조직 내 고충에는 개인적 요인과 조직적 요인이 있을 수 있고, 조
직 내 고충과 개인 고충은 서로 영향을 줄 수 있음을 사내 상담자는
인지하고 있어야 한다. 즉, 내담자가 조직 내 고충으로 상담을 신청
할 경우 주 호소문제와 연관된 개인적 요인과 조직적 요인을 함께
살펴봐야 하며 조직 내 고충으로 인해 발생하는 개인 고충은 없는
지 확인해야 한다. 개인 고충으로 상담을 신청한 경우에도 문제를
악화시키는 조직적 요인은 없는지, 개인 고충으로 인해 발생하는
조직 내 고충은 없는지, 조직 차원에서 도움을 줄 수 있는 방법은 무
엇인지 살펴봐야 한다. 물론 조직적 요인은 당장 해결할 수 없는 것
들이 대부분이지만, 장기적으로 봤을 때 조직적인 문제를 해결하지
않으면 구성원들이 겪는 어려움은 반복될 수밖에 없으므로 사내 상
담자는 조직적 요인을 찾으려는 시각을 갖고 있어야 한다.

한편, 조직 내 상담실을 운영하다 보면 심리적 어려움이 많이 진
행된 상태에서 상담실을 찾는 내담자들을 종종 볼 수 있다. 따라서
상담을 진행할 때 내담자가 말하는 주 호소문제 외에 직장 내에서
겪고 있는 또 다른 어려움은 없는지, 현재 정신건강 상태는 어떠한
지 주의 깊게 살펴봐야 한다. 특히 자살이나 직장 내 성희롱, 직장
내 괴롭힘, 따돌림은 심각한 사안이지만 조직 내 상담실에서 개방
하기 어려울 수 있다. 연관성이 있을 만한 주제를 호소하는 내담자
가 있을 경우 상담자는 그 내용을 탐색할 수 있어야 한다. 예를 들
어, 업무 과부하 문제로 상담을 진행할 경우, 확인할 필요가 있는
내용의 예시들은 다음과 같다.

- 개인적 요인 예시
  - 내담자의 업무 방식
  - 내담자가 갖고 있는 업무 수행 기대 수준과 자신에 대한 평가
  - 담당 업무 및 역할에 대한 만족도
  - 내담자의 의사소통 방식과 의사결정 과정
  - 대인관계 갈등 및 스트레스 대처 방식
  - 출근하여 퇴근 전까지의 시간 활용 방법
  - 주 단위 총 근무 시간, 비업무 시간
  - 내담자의 고과
- 조직적 요인 예시
  - 부서 조직체계 및 직급별 인원 구성(관리자/중간관리자/사원급 인원수)
  - 부서원들의 주 단위 총 근무 시간
  - 직속 관리자의 업무 방식과 관리 방식, 의사소통 방식
  - 관리자와의 일대일 면담 실시 여부(소통 창구 유무)
  - 조직 내에서 해당 부서의 역할
  - 내담자에 대한 해당 부서의 기대
  - 계획되지 않은 업무 및 보고의 빈도, 지시사항의 번복
- 주 호소문제 외 다른 어려움 예시
  - 업무 과부하 및 과도한 업무 시간으로 인한 개인 생활 변화, 가정 내 갈등 등
  - 상사의 폭언, 직장 내 괴롭힘, 따돌림
  - 신체건강 및 정신건강 상태

② 추가 확인이 필요한 사항

한 구성원이 겪고 있는 어려움을 이해하려면 그 개인의 특성에 대한 이해도 필요하지만 조직이란 맥락 속에 있는 개인에 대한 이해도 필요하다. 즉, 개인의 특성이 조직 안에서 어떤 식으로 드러나는지 파악하는 것이다. 같은 행동이어도 조직의 특성에 따라 그 행동의 의미는 다르게 평가될 수 있다. 예를 들면, 어떤 조직에서는 주 40시간만 근무하는 것이 효율적인 시간 관리와 높은 업무 집중도를 의미한다면, 다른 조직에서는 성실성이나 사회적 민감성이 부족한 행동으로 해석될 수 있다.

사내 상담자는 조직에 속해 있는 한 명의 구성원으로서 그 조직만의 독특한 문화나 분위기를 알고 있고 내담자의 특정 행동이 조직 내에서 어떻게 보일지 예상할 수 있다. 그러므로 주 호소문제와 직접적인 연관이 없어 보이더라도 내담자의 직장 생활 관련 정보를 확인하는 것은 내담자를 객관적 · 입체적으로 이해하는 데 도움이 된다. 확인해 볼 수 있는 내용 예시들은 다음과 같다.

- 근태: 무단결근, 지각, 출퇴근 시간, 휴가 사용 일수 등
- 휴직, 병가: 휴직 및 병가 사용 여부, 시기, 이유
- 사내 활동: 동호회 활동, 봉사 활동, 회식 참석 여부 등
- 직급: 승격 및 승급 시기, 근속 연한 등
- 고과: 최근 3~5년 동안의 고과
- 근무지 이동: 부서 이동, 사업장 이동 등의 시기, 이유
- 근로 시간: 주 단위 총 근무 시간, 비업무 시간, 추가근무 시간 등
- 근무 형태: 교대근무, 주말근무, 재택근무 등

- 사회적 지지 자원: 직장 내 대인관계, 직장 내 자신의 고민을 얘기할 수 있는 대상 유무
- 만성적인 질환: 고혈압, 디스크 등

(3) 사후 관리

사후 관리는 크게 개인적 사후 관리와 조직적 사후 관리로 나눌 수 있다.

① 개인적 사후 관리

상담목표가 달성되어 종결할 시기가 오면 상담 간격을 2주, 4주, 8주 등으로 늘려 진행하거나 상담 종결 후에 어려움 없이 지내고 있는지 점검하는 추수(follow-up) 상담을 진행한다. 또한 내담자에게 도움이 될 만한 상담실 프로그램이나 교육이 있다면 안내를 할 수 있다. 참여할 수 있는 프로그램 예시로 마음챙김 명상, 비폭력 대화, 가족 심리검사, 부모-자녀 대화법 등이 있다.

상담이 종결되어도 이후 같은 주제 또는 새로운 주제로 다시 상담실을 찾는 내담자들이 있다. 이는 이전 상담이 효과가 없었다기보다 오히려 효과적인 도움을 받았기에 다시 찾아오는 것이며, 상담실 문턱이 낮아졌다는 의미이기도 하다. 학교와 달리 직장은 퇴직하지 않는 한 최대 25~30년 정도 근속이 가능하다. 장기간 다니는 곳인 만큼 상담실 재방문을 특수한 상황으로만 볼 수는 없으며 내담자가 상담자에게 과하게 의존하는 것이 아니라면 크게 문제가 되지 않는다. 오히려 고충이 있음에도 재방문이 부적절하게 느껴진다는 이유로 상담실을 찾지 않아서 문제되는 경우가 발생할 수 있으므로 상담 종결 시 같은 주제나 새로운 주제로 다시 상담을 받

을 수 있다는 것을 별도로 안내하는 것이 필요하다.

② 조직적 사후 관리

개인상담은 개인이 행할 수 있는 범위 내에서 상담 목표를 정하여 진행한다. 일반적으로 상담 목표가 달성되어 상담을 종결하게 되면 그 건에 대해 상담자가 더 해야 할 일은 없다. 그러나 조직 내 상담자는 내담자들의 호소문제 추이를 분석하여 조직적으로 도움을 줄 수 있는 방법을 고민하고 검토해야 하며 필요시 조직에 제언할 수 있어야 한다. 예를 들면 〈표 6-2〉와 같다.

표 6-2 조직적 사후 관리 예시

개인상담 호소문제 추이	조직·집단적 접근 예시
자녀 상담 증가	자녀 심리검사 프로그램, 부모-자녀 대화법 교육, 외부 강사 특강, 사내 자녀 양육 학습 동호회 개설
부부 상담 증가	부부 심리검사 프로그램, 부부 대화법 교육, 외부 강사 특강, 부부 집단 프로그램, 외부 프로그램 신청 시 참가비 지원
직장 내 성희롱 및 괴롭힘 상담 증가	예방 교육, 전 사원 대상 메일링, 사내 게시판 공지, 사내 방송 콘텐츠 제작, 캠페인 활동
상사와의 갈등 상담 증가	관리자 리더십 교육, 관리자 대화기법 교육, 부서별 집단 프로그램, 관리자 1:1 면담 제도 구축
정신병리 상담 증가	정신건강 관련 메일링, 특강, 외부 기관 안내, 캠페인 활동, 24시간 긴급 번호 스티커 제작 및 부착, 자살예방 및 Gate Keeper 교육, 휴직 및 병가 제도 재정비, 연계할 수 있는 외부 기관 목록 작성
중독 상담 증가	알코올·도박 중독 특강, 캠페인 활동, 중독 관련 메일링

| 제도 불합리
상담 증가 | 제도 안내 게시판 및 Q&A 게시판 구축 |
| 부서 이동
상담 증가 | 부서 이동 제도/절차 구축 및 홍보 |

3. 심리검사

보통 심리검사는 개인상담의 보조도구로 활용하지만, 조직 내 상담실에서는 심리검사 실시와 해석상담만 별도로 신청하는 경우가 많다. 동료에게 특정 검사에 대한 이야기를 듣거나 추천을 받아 호기심에 신청하거나 자신에 대해 알고 싶다는 막연한 목적으로 신청하는 내담자들을 쉽게 만날 수 있다. 단순히 심리검사 결과를 알기 위해 신청하기도 하지만 다른 목적으로 신청하는 경우도 있다. 일부 구성원은 개인상담을 받고 싶어도 심리상담에 대한 정보 부족, 낙인에 대한 두려움, 비밀보장에 대한 불신 등으로 인해 상담 신청을 망설인다. 하지만 심리검사는 자신에게 큰 어려움이 없어도, 단순 호기심만으로 신청할 수 있는 영역이라 생각하는 경향이 있어 개인상담에 비해 문턱이 낮다. 실제로 조직 내 상담실에서 심리검사 신청자가 개인상담으로 연결되는 일이 많이 발생한다. 결국 심리검사는 개인상담의 보조도구 역할뿐만 아니라 개인상담이 필요하지만 망설이고 있는 구성원이 상담을 받을 수 있도록 중간 다리의 역할도 하고 있다. 그래서 심리검사를 적극적으로 홍보하고 여러 방면에서 잘 활용하는 것이 필요하다. 중요한 점은 상담자가 심리검사를 포함하여 상담실의 서비스를 '그냥' 신청하는 내담자는 없다는 것과 막연하게 자신에 대해 이해하고 싶다고 심리검사를 신청하는 내담자도 그 시점에서 신청하게 된 계기가 있다는 것을 놓치지 않아야 한다는 것이다.

1) 심리검사 종류

심리검사는 실시 절차가 얼마나 구조화되어 있는지, 평가와 해석이 얼마나 표준화되어 있는지에 따라 객관적 검사와 투사적 검사로 나누어진다. 객관적 검사란 검사 실시 절차가 구조화되어 있고 평가와 해석 기준도 표준화되어 있는 것으로, 주로 객관식 문항에 응답하는 설문지 형태로 되어 있다. MMPI-2, MBTI, TCI 등이 객관적 검사의 대표적인 예이다. 투사적 검사는 모호한 검사자극에 대한 수검자의 반응을 분석하여 개인의 동기나 정서, 성격 등을 측정하는 검사이다. 이 검사는 수검자의 다양하고 독특한 반응을 끌어낼 수 있도록 검사 지시가 단순하며 응답형식도 자유로운 비구조적인 특징을 가지고 있다. 로르샤흐(Rorschach) 검사, TAT, HTP, SCT 등이 투사적 검사의 대표적인 예이다. 일반적으로 내담자 상태를 더 정확하게 파악하고 이해하기 위해 객관적 검사와 투사적 검사를 함께 활용한다.

조직 내 상담실에서도 객관적 검사와 투사적 검사를 모두 사용하며 그 종류와 활용 방식은 외부 상담실과 크게 다르지 않다. 조직 내 상담실에서 주로 사용하는 심리검사 종류는 〈표 6-3〉과 같다. 이 중 성격유형검사(MBTI), 한국형 에니어그램 성격유형검사(KEPTI), 대인관계 욕구검사(FIRO-B)는 부서별 프로그램을 진행할 때 활용할 수 있다. 그 외 자녀검사용으로 아동용 성격유형검사

표 6-3   조직 내 상담실에서 사용하는 심리검사 종류

구분	검사명	저자	한국판 저자	내용	문항 수
성격	MBTI 성격유형 검사	Briggs, K. C., Myers, I. B. (1975)	김정택, 심혜숙 (1990)	네 가지 선호경향마다 대립되는 두 가지 지표(여덟 개 척도), 열여섯 개 유형 • 에너지 방향: 외향(E)-내향(I) • 인식기능: 직관(N)-감각(S) • 판단기능: 사고(T)-감정(F) • 생활양식: 판단(J)-인식(P)	94
	TCI 기질 및 성격검사	Cloninger, C. R. (1994)	민병배, 오현숙, 이주영 (2007)	• 기질: 자극추구(NS), 위험회피(HA), 사회적 민감성(RD), 인내력(P) • 성격: 자율성(SD), 연대감(C), 자기초월(ST)	140
	KEPTI 한국형 에니어그램 성격유형 검사	윤운성 (2001)		• 아홉 가지 성격유형: 개혁가, 조력가, 성취자, 예술가, 사색가, 충성가, 낙천가, 지도자, 중재자	81
	CST 성격강점 검사	권석만, 유성진, 임영진, 김지영 (2010)		여섯 개의 핵심덕목과 관련된 스물네 개의 성격강점 • 지혜: 창의성, 호기심, 개방성, 학구열, 지혜 • 인간애: 사랑, 친절성, 사회지능 • 용기: 용감성, 끈기, 진실성, 활력 • 절제: 관대성, 겸손, 신중성, 자기조절 • 정의: 시민의식, 공정성, 리더십 • 초월: 심미안, 감사, 낙관성, 유머감각, 영성 • 사회적 선희도	250

	검사				
	SCT 문장완성 검사	Sacks, J. M., Levy, S. (1950)		• 가족 영역: 어머니, 아버지 및 가족에 대한 태도 • 성적 영역: 이성관계에 대한 태도, 남성, 여성, 결혼, 성적 관계 • 대인관계 영역: 친구, 지인, 권위자 등 • 자기개념 영역: 자신의 능력, 과거, 미래, 두려움, 죄책감, 목표 등에 대한 태도	50
정신 건강	MMPI-2 다면적 인성검사 II	Butcher, J. N., Graham, J. R., Ben- Porath, Y. S., Tellegen, A., Dahlstrom, W. G., Kaemmer, B. (1989)	한경희, 김중술, 임지영, 이정흠, 민병배, 문경주 (2005)	• 타당도 척도: 무응답, VRIN, TRIN, F, F(B), F(P), FBS, L, K, S • 임상 척도: Hs, D, Hy, Pd, Mf, Pa, Pt, Sc, Ma, Si	567
	K-BDI-II 한국판 벡 우울척도 2판	Beck, A. T., Steer, R. A., Brown, G. K. (1996)	김지혜, 이은호, 황순택, 홍상황 (2015)	• 우울의 정서적, 인지적, 동기적, 생리적 영역을 포괄한 우울증상 측정	21
관계	K-IIP 한국형 대인관계 검사	Horowitz, L. M., Alden, L. E., Wiggins, J. S., Pincus, A. L. (1988)	김영환, 진유경, 조용래, 권정혜, 홍상황, 박은영 (2002)	• 원형척도: 통제/지배, 자기중심성, 냉담, 사회적 억제, 비주장성, 과순응성, 자기희생, 과관여 • 성격장애척도: 대인적 과민성, 대인적 비수용성, 공격성, 사회적 인정욕구, 사회성 부족	99

	FIRO-B 대인관계 욕구검사	Schutz, W. C. (1958)	ASSESTA (2010)	• 대인관계 욕구: 소속욕구(I), 통제욕구(C), 정서욕구(A) • 행동차원: 표출행동(e), 기대행동(w)	54
	K-MSI 한국판 결혼만족도 검사	Snyder, D. K. (1979)	권정혜, 채규만 (1999)	• 비일관적 반응, 관습적 반응, 전반적 불만족, 정서적 의사소통 불만족, 문제해결 의사소통 불만족, 공격행동, 공유시간 갈등, 경제적 갈등, 성적 불만족, 관습적 성역할태도, 원가족 문제, 배우자가족과의 갈등, 자녀 불만족, 자녀양육 갈등	160
	PAT 부모양육 태도검사	임호찬 (2008)		• 지지 표현, 합리적 설명, 성취 압력, 간섭, 처벌, 감독, 과잉기대, 비일관성	43
진로	Holland's SDS 적성탐색 검사	Holland, J. L., Messer, M. A. (2013)	이동혁, 황매향 (2016)	진로정체성과 관련된 네 개의 척도와 여섯 개의 직업적 성격 유형에 대한 활동, 역량, 직업, 자기평가 문항 • 실재형(R), 탐구형(I), 예술형(A), 사회형(S), 기업형(E), 관습형(C) • 진로정체성: 희망직업과의 일치성, 일관성, 긍정응답률, 변별성	264

(MMTIC), U&I 학습유형검사, 기질 및 성격검사(JTCI), 아동용 웩슬러 지능검사(K-WISC-V) 등을 사용하기도 한다.

2) 심리검사 신청 및 진행 과정

조직 내 상담실에서 구성원이 심리검사를 받게 되는 경로는 크게 세 가지가 있다. 첫 번째 경로는 본인이 신청한 상담 서비스 참여 과정 중에 받는 것이다. 대표적인 예로 개인상담, 집단상담, 부서별 워크숍 중 실시하는 것을 들 수 있으며, 그중 개인상담이 개인적 접근에 해당한다. 이는 상담을 진행하면서 상담자가 필요하다고 판단하여 심리검사를 추천하는 과정으로 진행되며, 실시하는 심리검사의 종류는 상담자가 선택하여 권유한다. 이 경우 구성원은 개인상담 신청 시 이미 신청서와 동의서를 작성하였으므로 심리검사에 대한 신청서와 동의서는 별도로 작성하지 않는다. 이 외 집단상담이나 부서별 워크숍 등 집단 프로그램의 일환으로 심리검사를 실시하는 경우가 있다. 이것은 제7장에서 다루도록 하겠다.

두 번째 경로는 구성원이 심리검사와 해석상담을 신청하는 것으로, 본인이 원할 때 신청하는 경우와 개별로 신청하는 심리검사 프로그램을 진행할 때 실시하는 경우가 있다. 스스로의 필요에 의해 신청하는 경우 상담자에게 심리검사를 추천해 줄 것을 요청하기도 하지만, 받고 싶은 심리검사를 미리 정해서 오는 경우도 있다. 이때 상담자는 내담자의 검사 목적을 탐색하여 그 심리검사가 적절한 것인지 확인해야 한다. 개인상담과 같이 심리검사도 상시 신청이 가능하지만 홍보와 독려의 목적으로 특정 심리검사들을 소개하고 기간을 정해 신청을 받는 '심리검사의 날'과 같은 이벤트성 프로그램을 진행하기도 한다. 프로그램이라 할지라도 신청 경위만 다를 뿐, 개별적으로 만나 심리검사를 안내하고 실시한 후 해석상담을 제공하는 전체적인 진행 과정은 상시 신청의 과정과 같다. 심리

검사를 신청하는 과정은 개인상담 신청 과정과 동일하며, 심리검
사만 신청한 경우라도 신청서와 동의서를 작성하여야 한다.

　세 번째 경로는 제도 운영 절차로 인해 심리검사를 받게 되는 경
우이다. 전 사원 직무스트레스 검사, 기숙사 입실 전 검사, 정신건
강으로 인한 휴직 및 병가/복직 시 평가 등이 이에 해당한다. 이 경
우 상담실에서 평소 사용하는 신청서와 동의서를 받아도 되지만,
제도 절차 중 한 과정이므로 그에 맞게 내용을 재구성한 신청서와
동의서 양식을 만들어서 받는 것이 더 좋은 방법이다. 조직마다 제
도는 다르기에 이 세 번째 경로는 회사별로 차이가 있을 수 있다.

　해석상담은 회기 제한을 두지 않지만 보통 1~2회기로 진행되며
개인상담으로 연결되는 경우가 종종 발생하므로 그 가능성을 염두
에 두고 진행하는 것이 좋다. 심리검사 결과를 보관하는 기간은 개
인정보 수집 · 이용 및 제3자 제공 동의서에 명시하고 구두로 안내
한다.

4. 자문

　기업상담 분야에서 자문을 별도로 다루고 있는 연구는 부족하
지만 선행연구들을 살펴보면 기업상담자의 역할 중 하나로 자문을
언급하고 있고(류희영, 2008; 한명숙, 2004; Carroll, 2010), 한국상담
심리학회(2013)의 기업상담 매뉴얼에서도 기업상담의 주요 내용으
로 자문을 제시하고 있다. 자문이란 자문자나 피자문자에 의해 시
작되고 종결될 수 있는 자발적인 문제 해결 과정으로, 이는 피자문
자가 책임을 맡고 있는 개인, 집단, 기관인 내담자와 효과적으로 기

능할 수 있는 태도와 기술을 개발시킬 목적으로 시작된다(Brown, Pryzwansky, & Schulte, 2001). 즉, 자문은 피자문자의 역량을 강화하여 내담자의 문제 해결을 돕는 과정이다. 도움을 원하는 사람이 직접 신청하고 진행 과정에서 사용하는 의사소통 기술이 유사하다는 점에서 자문과 상담은 비슷하지만, 두 과정은 초점에 차이가 있는 다른 접근이다. 상담은 상담자의 초점이 상담을 신청한 내담자에게 있고 그 내담자의 문제 해결을 돕기 위해 상담자가 직접 개입하는 과정이라면, 자문은 초점이 제삼자에게 있으며 제삼자의 문제 해결을 돕기 위해 피자문자와 협력하는 과정이다(Dinkmeyer & Carlson, 2006). 다시 말해, 상담은 직접적인 서비스이고 자문은 간접적인 서비스인 것이다.

자문은 피자문자에게 전문적인 도움을 제공하는 자문자, 자문을 의뢰하는 피자문자, 피자문자의 자문 과정을 통해 궁극적으로 도움을 받게 되는 제삼자인 내담자로 구성된다. 기업상담 장면에서는 조직 내 상담자가 자문자가 되고, 자문을 신청한 구성원이 피자문자, 피자문자가 도움을 주려고 하는 대상이나 상황이 제삼자가 된다. 제삼자는 보통 구성원이나 구성원의 가족이다.

기업상담에서 자문의 진행 과정은 개인상담의 진행 과정과 동일하며 구성원이라면 모두 신청할 수 있다. 주요 주제는 크게 조직 내 주제와 개인 주제로 나눌 수 있으며 그 예시는 다음과 같다.

- 조직 내 주제
  - 다루기 어려운 구성원 관리 방법
  - 심리적 어려움이 있는 상사나 동료, 후배를 도울 수 있는 개입 방법

　　-자살 위험, 안전사고 등 위기상황 대처 방법

　　-직장 내 성희롱, 괴롭힘, 따돌림 등 발생 시 주의 사항

　　-부서원 면담 기법

　• 개인 주제

　　-배우자, 자녀, 부모 등 가족의 심리적 어려움 개입 방법

　　-부모-자녀 갈등 대처법

　　-자녀 성교육 방법

　　-생애주기별 특성 이해

　　-외부 전문기관 안내

　　앞서 언급한 것처럼 상담과 달리 자문은 피자문자를 통해 제삼자에게 간접적으로 도움을 제공하는 과정이다. 하지만 자문 과정 중 제삼자였던 구성원이 심각한 심리적 어려움을 겪고 있다면 피자문자는 상담을 의뢰할 수 있다. 또한 조직 내 상담실에서 구성원의 가족을 대상으로 상담 서비스를 제공한다면 자문의 제삼자였던 구성원의 가족을 상담으로 만나게 일도 있다. 이처럼 조직 내 상담실에서는 상황에 따라 제삼자에게 직접적인 상담 서비스를 제공할 수 있다. 이 세 구성 요소의 관계는 [그림 6-2]와 같이 표현할 수

그림 6-2 기업상담에서 자문의 세 구성 요소 관계

있다.

관리자, 동료, 가족은 제삼자와 함께 있는 시간이 길고 일상생활을 공유하고 있어 제삼자의 어려움에 대해 상담자보다 더 쉽고 빠르게 개입할 수 있다. 즉, 자문은 문제 해결을 돕는 과정이자 문제를 예방하는 과정인 것이다. 실제로 기업상담 현장에서 의미 있게 행해지고 있는 업무임에도 불구하고 아직 기업상담을 기반으로 한 자문에 대한 연구는 부족한 실정이다. 자문의 개념과 과정, 목표와 효과, 자문 지식과 기술 등에 대한 연구가 기업상담 분야의 추후 과제 중 하나가 될 것이다.

5. 기업 내 개인상담의 이슈: 비자발적 내담자

다른 상담기관들과 마찬가지로 조직 내 상담실에도 비자발적 내담자가 존재한다. 상담이 필요할 때 자발적으로 상담실을 찾는 구성원도 있지만 낙인에 대한 두려움이나 불이익에 대한 오해로 상담을 꺼리는 구성원도 있다. 그러므로 조직 내에 상담을 의뢰할 수 있는 절차를 마련하는 것이 필요하다. 또한 기업 내 비자발적 내담자는 심리적 위기 및 안전사고, 성희롱과 괴롭힘 등의 법적인 이슈와 연관될 가능성이 높기 때문에 세심하게 다뤄져야 한다. 따라서 조직 내에는 어떤 비자발적 내담자들이 있는지, 어떤 과정을 통해 의뢰되는지, 어떻게 개입해야 하는지에 대해 살펴볼 필요가 있다.

1) 비자발적 내담자

자발적 내담자란 상담실에 스스로 직접 연락하여 상담에 참여하는 내담자로, 조직 내 상담실을 이용하는 대부분의 내담자가 해당된다. 비자발적 내담자란 전문적 도움을 받을 것을 강요당하는 내담자로, 보통 타인에 의해 의뢰된 내담자를 의미한다(Larrabee, 1982). 자발성과 비자발성은 연속선상에 존재하여 구분 기준이 명확하지 않지만 비자발적인 내담자들은 대체로 상담받는 것에 대해 부정적이며(Rooney, 1992), 자신의 문제를 인식하지 못하는 경우가 많다(Hepworth & Larsen, 1993).

비자발적인 내담자는 누구에 의해 의뢰되는가에 따라 자발성이 없는 내담자와 명령을 받은 내담자로 구분할 수 있다(Rooney, 1992). 자발성이 없는 내담자는 기관이나 의미있는 타인, 가족 등으로 인해 공식 · 비공식적으로 전문적인 도움을 받게 되는 내담자를 의미하며, 명령을 받은 내담자란 법적 문제나 법원의 명령으로 상담을 받는 경우를 의미한다. 조직 내 비자발적인 내담자도 이와 유사하게 의뢰된 내담자와 지시받은 내담자로 구분할 수 있다.

2) 기업상담의 비자발적 내담자

(1) 의뢰된 내담자

같은 부서 구성원들은 한 공간에서 오랜 시간 함께 일하기 때문에 서로의 어려움이나 생활상의 변화를 누구보다 민감하게 알아차릴 수 있다. 부서원 중 심리적 어려움으로 도움이 필요할 것 같은 사람이 있을 때 주변에서 조직 내 상담실을 소개하거나 직접 의뢰를 하기도 한다.

① 누가 의뢰하는가

조직 내 구성원이면 누구나 할 수 있지만, 상담 의뢰는 주로 관리자나 동료, 사원 대표단체를 통해 이뤄진다. 관리자는 근태와 업무수행, 사건 및 사고 정보 등을 통해 구성원의 변화를 파악할 수 있다. 또한 구성원 면담에 대한 권한과 의무가 있어 변화가 감지될 때 일대일 면담을 제안하여 무엇이 문제인지 구체적으로 탐색해 볼 수 있다. 구성원의 정서적 고충과 정신건강 문제들을 조직 내 누구보다 빠르게 감지할 수 있는 사람이며 부하 직원을 관리해야 하는 역할을 맡고 있기에 이들을 통한 의뢰는 다른 경로의 의뢰보다 더 자주 발생한다.

관리자만큼 체계적으로 파악할 수는 없지만 함께 일하는 동료도 구성원의 상황을 감지할 수 있다. 동료는 관리자와 달리 평가 권한이 없는 대상이라 직장 내 고충이나 개인적인 어려움을 이야기하기에 덜 부담스러울 수 있다. 또한 근무 일정 변경이나 휴가 일정, 업무 분장 등 개인적·조직적 이유로 동료 사이에서 양해를 구할 일들이 생길 수 있고, 이 과정에서 서로의 상황에 대해 알게 되기도 한다. 동료는 관리자와 달리 조직 관리의 의무가 없어서 의뢰에 대한 책임과 부담은 크지 않지만 친밀할수록 배려 차원의 의뢰가 이뤄질 수 있으며 의뢰 대상이 되는 구성원도 거부감 없이 동료의 제안을 받아들일 수 있다.

노동조합과 같은 사원 대표단체도 조직 내에서 상담 의뢰 역할을 수행한다. 조직 내 고충이 있는 구성원뿐만 아니라 가족, 건강 등의 개인사 고충이 있는 구성원들도 노동조합에 찾아가 면담을 하거나 도움을 요청한다. 역할을 충실히 하는 단체일수록 조직 내부와 외부에서 고충을 해결할 수 있는 방법을 적극적으로 모색하는데, 심리상담은 그 방법 중 하나가 될 수 있다.

② 어떤 상황일 때 의뢰하는가

잦은 지각과 조퇴, 업무 실수, 사고 등 직장 생활 중에 일어나는 문제들은 상담 의뢰를 고려하게 되는 흔한 단서이다. 직장 내 문제뿐만 아니라 심각한 개인적 고충도 업무에 영향을 줄 수 있으므로 의뢰를 하게 되는 주제 중 하나가 된다. 하지만 직장 내 관계자들이 구성원의 개인사에 개입하는 것은 사생활 침해 등의 문제로 연결될 수 있어서 의뢰를 망설이기도 한다. 따라서 조직에서는 의뢰를 결정하는 판단 기준과 그에 따른 지침을 만들어 교육과 홍보를 진행하는 것이 필요하다. 의뢰를 결정하는 일반적인 기준과 상황은 다음과 같다.

- 의뢰를 결정하는 기준 예시
  - 업무 수행에 심각한 문제가 있는가?
  - 주변 구성원들에게 심각한 피해를 주는가?
  - 심리적 위기 상황인가?
  - 직장 내 성희롱, 직장 내 괴롭힘과 같은 법적 이슈를 겪고 있는가?
- 의뢰하게 되는 상황 예시
  - 정신적 고충: 우울, 불안, 공황장애, 망상장애 등
  - 중독: 알코올, 도박, 주식 등
  - 심리적 위기: 자해, 자살 등

−신체 질병: 디스크, 암, 기타 만성 질환 등

−가족 내 갈등: 부부 갈등, 자녀 문제 등

−상실: 사별, 이혼 등

−직장 내 대인관계 고충: 성희롱, 괴롭힘, 따돌림, 직장 내 대
  인관계 갈등 등

−직무 저성취: 장기 저성과자, 진급 누락자 등

−안전사고: 사고 피해, 트라우마 등

③ 어떻게 의뢰하는가

의뢰 절차는 조직별로 차이가 있을 수 있으나 의뢰하는 방식은
크게 세 가지로 구분할 수 있다. 첫 번째는 소개 및 안내이다. 이것
은 정서적 고충이 있어 보이거나 있을 것이라 예상되는 구성원에
게 상담실의 존재를 소개하고 이용 방법을 안내하는 방식이다. 주
로 개인사로 인한 고충은 있으나 업무 수행에는 큰 문제가 없을 때
이런 방법으로 의뢰한다. 상담실을 소개하고 안내하는 것이 과연
구성원에게 도움이 될지 의문이 들 수도 있으나, 이전 상담 경험이
없다면 힘든 상황에서 상담실을 떠올리기 어려울 수 있다. 또한 관
리자의 소개와 안내는 구성원에게 상담실 이용에 따른 불이익이
없을 것이라는 안도감을 주기도 한다. 이 방식은 비공식적 의뢰로
구분되며 의뢰하는 사람이 상담실에 직접 연락하는 것이 아니므로
간접적인 방식, 즉 간접적 의뢰라고도 할 수 있다. 이 경우 소개와
안내를 받은 구성원이 직접 알리지 않는 한 의뢰한 사람은 실제 상
담 여부를 알 수 없다.

두 번째 방식은 해당 구성원의 동의를 얻어 의뢰자가 직접 상담
자에게 연락하여 상황을 알리거나 상담 예약을 하는 것이다. 이것

은 해당 구성원이 정서적 고충으로 인해 업무 수행에 심각한 어려움이 있을 때 의뢰하는 방식으로, 주로 관리자에 의해 이뤄진다. 부서원이 업무 수행에 문제가 있을 때 관리자는 그 문제를 해결할 수 있도록 관리하고 도와야 하는데, 업무적인 도움만으로 해결되지 않는 경우에 이 방법을 활용한다. 예를 들면, 알코올 중독으로 근태나 업무에 문제가 생기는 경우나 직장 내 대인관계 갈등으로 업무 집중이 어려운 경우, 만성 질환으로 인해 우울하여 업무 의욕이 떨어지는 경우 등이 해당된다. 이런 방식의 의뢰는 부서원을 문제 인력으로 낙인찍거나 강제성을 부여하는 것이 아니라 전문적이고 실질적인 도움을 받을 수 있도록 기회를 제공하는 것이라 볼 수 있다. 만약 해당 구성원이 상담을 거부한다면 강제로 상담을 받게 할 수 없으며, 거부하는 이유를 확인하고 다른 대안을 찾아볼 수 있도록 해야 한다. 이 방식은 공식적 의뢰로 구분되며 의뢰하는 사람이 상담실에 직접 연락을 하는 것이므로 직접적 의뢰라고 할 수 있다. 이 경우 내담자의 사전 동의를 받아 의뢰한 사람에게 상담 진행 여부를 알릴 수 있다.

세 번째 방식은 의뢰자가 그 대상자와 함께 직접 상담자를 만나 상담을 의뢰하는 것이다. 의뢰자는 상담실 방문 전에 상담자와 미리 약속을 잡을 수도 있고, 약속 없이 방문하게 될 수도 있다. 또한 상담자에게 현장 방문 상담을 요청할 수도 있다. 이것은 대상자가 자살이나 자해, 타해 등의 가능성이 있는 위기 상황에 있을 때 의뢰하는 방식으로, 대상자의 심리적 위기를 감지한 구성원이면 누구든 의뢰자가 될 수 있다. 의뢰자가 직접 상담자를 만나 의뢰한다는 것은 대상자가 상담에 반드시 참여할 수 있도록 하겠다는 것을 의미한다. 상담 후 위기 상황으로 판단되면 상담자는 이것을 의뢰자와 조직에 알리며, 휴직이나 병원 진료, 입원 등 필요한 후속 조치에 대해 함께 논의하여야 한다. 또한 조직은 대상자의 가족에게 알릴 것을 고려해야 한다. 이 방식은 공식적 의뢰로 구분되며 의뢰하는 사람이 대상자와 함께 상담자를 직접 만나서 의뢰하는 방식으로, 적극적 의뢰라고 할 수 있다.

(2) 지시받은 내담자

조직 내 비자발적인 내담자의 또 다른 유형은 지시받은 내담자이다. 이것은 조직 내 제도 운영 절차상 심리상담을 받게 되는 경우로, 지시하는 주체는 인사 부서가 된다. 직장 생활 중 근무지 이동이나 병가와 같이 구성원 신상에 변화가 생기는 상황들이 일어날 수 있고, 이 과정에서 정서적 어려움이 발생하거나 더 심각해질 수 있다. 이런 가능성을 염두에 두고 조직에서는 예방의 의미로 이동, 변화 등 각각의 진행 절차에 심리상담 과정을 추가하여 운영할 수 있다. 조직마다 차이는 있지만 보통 상담을 지시하게 되는 상황 예시는 다음과 같다.

- 정신병리로 인한 휴직/병가: 휴직/병가 전 상담, 복직 전후 상담 진행
- 근무지 이동: 근무지/부서 이동 후 상담 진행
- 주재원: 주재원 발령 전, 수행 중 상담 진행
- 기숙사 입실: 기숙사 입실 전 상담 진행
- 충격적인 사고 발생: 사고 당사자/목격자/관계자 위기 개입, 트라우마 교육 진행

상담은 각 주제에 맞게 진행하면 되지만, 제도 절차 중 한 과정이므로 포함되어야 하는 내용들을 미리 정하여 운영한다. 주로 심리학적 평가나 마음건강 관리 방법, 상담실 이용 안내, 추후 제공할 서비스에 대한 동의 등이 그 내용에 포함된다. 상담 진행 여부는 주관부서에 알려야 하며 상황에 따라 심리학적 평가 소견서를 작성할 수 있다. 주로 일회성 상담이나 단기상담으로 진행되지만, 이것이 계기가 되어 정기적인 상담으로 연결되기도 한다. 이런 경우에는 일반적인 상담 과정과 같이 신청서 작성부터 진행하면 되고 상담 여부 및 내용은 모두 비밀보장이 되어야 한다. 동일한 시기에 대상 인원이 많다면 휴직/병가의 경우를 제외하고는 집단 교육이나 프로그램으로 운영 형태를 바꾸어 진행할 수 있다. 개입을 해야 할 적절한 시기를 놓치지 않는 것이 더 중요한 사안이기 때문이다.

지시받은 내담자는 의뢰된 내담자에 비해 상담 참여에 대한 저항이 덜할 수 있다. 의뢰는 특정 대상을 지목하여 진행되는 데 반해 지시받은 내담자는 특정 상황을 겪고 있는 구성원이라면 모두가 상담 대상이 되는 것이라 낙인이나 불이익에 대한 우려가 덜할 수 있다. 하지만 주관부서와 상담실이 함께 진행하는 과정이다 보니 비밀보장이나 경계에 대한 오해와 불신이 생길 수 있다. 그러므로 대상자에게 목적과 이유, 진행 과정을 명확하고 투명하게 알려야 한다. 특히 상담실이 주관부서에 어떤 정보를 주고, 어떤 정보를 주지 않는지에 대해 내담자에게 미리 자세하게 알릴 필요가 있다. 이 내용은 문서화하여 상담 전에 안내하고 동의를 받도록 한다.

6. 결론

지금까지 조직 내 상담실에서 개인을 대상으로 진행하는 서비스를 개인상담과 심리검사, 자문으로 나누어 살펴보고, 비자발적 내담자에 대해 알아보았다. 법적인 부분부터 작성 양식까지 상담자가 주의 깊게 살펴봐야 할 부분이 많은데, 가장 중요하게 여겨야 할 것은 바로 윤리적인 상담과정이다. 상담 서비스의 이용 절차와 규정을 정하고 그 과정을 알리며 지키려고 노력하는 것은 상담실의 안정적인 운영과 상담자 보호를 위해서 매우 중요하다. 더 나아가 내담자가 조직 내 상담실을 비밀보장과 전문성의 측면에서 안전하고 신뢰할 수 있는 곳으로 인식하도록 돕는 데 중요한 요소가 된다.

조직 내 상담실이란 이유로 신청서와 동의서 작성을 거부하는 내담자가 있다면 어떻게 하는 것이 좋은 방법일까? 당장은 내담자가 원하는 대로 해 주고 상담을 진행하는 것이 좋은 방법으로 여겨질 수 있다. 하지만 이런 방식은 내담자에게 상담실의 절차와 규칙, 기준이 모호하거나 없다는 인상을 심어 줄 수 있고, 이것은 비밀보장 원칙에 대한 의심으로 이어질 수 있다. 그리하여 안전하고 신뢰할 수 있는 상담실을 만드는 데 걸림돌이 될 수 있는 것이다. 물론 자살과 같은 심각한 심리적 위기 상황의 경우에는 절차의 생략을 고려해야 한다. 하지만 이 또한 예외사항으로 둔다는 규정을 만들어야 할 것이다. 이와 같은 이유로 1인 상담실이라 할지라도 규칙과 절차는 있어야 하며 상담자는 조직과 내담자에게 이것이 필요한 이유를 설명할 수 있어야 한다. 이 과정들은 상담자가 전문적인 지식을 바탕으로 한 심리상담 서비스를 제공하는 것만큼 중요한 사항이다.

상담 동의서

○○○ 상담센터를 방문해 주서서 감사합니다. 상담에 관한 다음의 안내를 읽으신 후 서명하여 주시기 바랍니다.

1. 상담은 상담자가 답을 주거나 조언을 하는 과정이 아닌, 내담자가 주체가 되어 심리적 어려움 해결과 성장을 위해 상담자와 협력하는 과정입니다.

2. 상담은 주 1회, 50분 동안 진행되며 모든 상담은 예약제로 진행됩니다. 사전 연락 없이 늦는 경우 약속된 상담 시간까지만 상담이 진행됩니다.

3. 귀하는 상담을 연기, 중단, 종결할 권리가 있습니다. 이에 대해 상담자와 미리 협의하는 것이 귀하에게 도움이 될 수 있습니다. 시간 변경이 필요한 경우 미리 연락을 주시기 바랍니다. 연락 없이 3회 이상 상담에 오지 않을 경우 상담 의사가 없는 것으로 간주하여 상담 취소 또는 종결될 수 있습니다.

4. 귀하의 상담센터 이용 여부와 상담 내용은 상담자 윤리강령 제00조 및 「개인정보 보호법」 제18조에 의거하여 엄격하게 비밀보장이 됩니다. 단, 위기상황(자살/자해의 위험, 타살/타해의 위험, 사회의 안전 위험, 감염성이 있는 치명적인 질병 등)으로 판단되거나 법적 정보공개가 요청되는 경우(법원 요청 등) 비밀보장이 제한될 수 있습니다.

5. 자살, 자해 충동이 들면 반드시 사내 핫라인(○○○-○○○-○○○○)이나 자살예방상담전화(1393)에 연락하고 상담자에게도 알립니다.

6. 상담자는 보다 효과적인 상담 제공을 위해 귀하의 신상 정보 공개 없이 상담내용과 관련하여 내부 혹은 상담전문가에게 자문을 받을 수 있습니다. 자문을 받기 전 귀하의 동의를 구할 것이며 원치 않을 경우 거절할 수 있습니다.

나는 안내와 질의문답 과정을 거쳐 상담 동의서 내용에 대해 (들었고 이해하였습니다). 나는 위와 같은 안내에 따라 ○○○ 상담센터에서 제공하는 상담을 받는 것에 (동의합니다).

년   월   일

내담자(본인):   (서명)

상담자: (서명)

○○○ 상담센터
T. ○○○-○○○-○○○○

상담 · 심리검사 신청서

접수번호		사번	
성명		성별	
생년월일		연락처	
소속 부서		직급	(근속:　　)
거주형태	□ 자택　□ 기숙사　□ 자취　□ 친척　□ 기타(　　　　　)		

신청경위	□ 스스로의 필요에 의해서 □ 가족 권유 □ 상사 권유 □ 동료(친구) 권유 □ 상담센터 이용자 권유 □ 홍보물을 보고 □ 기타(　　　　　　)		
신청사유 (중복체크 가능)	• 직장 내 고충 □ 업무스트레스 □ 조직분위기 □ 부서이동 □ 직장 내 대인관계 □ 휴직/복직/이동/퇴직 □ 직장 내 성희롱 □ 직장 내 괴롭힘 □ 평가/승진 □ 경력관리/사내진로탐색		
	• 개인 고충 □ 가족관계 □ 연애관계 □ 친구관계 □ 자기이해/분석 □ 정서조절 □ 습관/중독/강박 □ 경제문제 □ 건강/신체질병 □ 사별/상실/트라우마 □ 경력개발/사외진로탐색		
이전 상담 및 심리검사 경험	• 기간:　　　년　　월　　일~　　　년　　월　　일(　회) • 장소: • 주 호소 문제: • 실시검사: • 이전 상담 만족도: 상(　) 중(　) 하(　)		

기타 상담 주제 및 어려움이 있다면 작성해 주세요.

개인정보 수집·이용 및 제3자 제공 동의서

○○○ 상담센터에서는 구성원의 마음건강을 위하여 심리상담 서비스를 제공하고 있습니다. 이에 본 상담센터에서는 다음의 항목에 대해 개인정보 수집·이용 및 제3자 제공을 하고자 합니다.

○○○ 상담센터는 「개인정보 보호법」에 의거하여 개인정보 수집 및 이용에 관한 정보주체(내담자)의 동의절차를 준수하며, 정보주체의 동의 후 수집된 정보는 동의한 내용 외 다른 목적으로 활용되지 않습니다. 정보주체는 자신의 개인정보에 대한 열람, 정정, 삭제를 개인정보처리자(상담자)를 통해 요구할 수 있습니다.

1. 개인정보 수집·이용에 대한 동의

수집·이용하는 개인정보 항목	성명, 성별, 사번, 생년월일, 연락처, 소속 부서, 직급, 거주 형태
개인정보의 수집·이용 목적	• 심리상담 서비스를 제공하는 데 있어 본인 확인 및 연락 등의 절차에 이용 • 적합하고 효과적인 심리상담 서비스를 진행하기 위함 • 상담센터 이용 현황 파악 및 상담 서비스 개발을 위한 위한 통계 분석에 이용(개별 신상 드러나지 않는 범위에서 활용)
개인정보의 보유 및 이용 기간	최종 심리상담 종료일로부터 ○○년간 보유하며, 이후 차년도 1월을 기준으로 일괄 파기
귀하는 이에 대한 동의를 거부할 권리가 있습니다. 단, 동의가 없을 경우 원활한 상담 및 심리검사 진행에 일부 제한이 있을 수 있음을 알려 드립니다.	

개인정보 수집·이용에 동의하십니까?　　　□ 동의　　　□ 미동의

2. 민감정보 수집·이용에 대한 동의

수집·이용하는 민감정보 항목	신청경위, 신청사유, 이전 상담 및 심리검사 경험, 심리검사 결과, 상담내용
민감정보의 수집·이용 목적	• 심리상담 서비스를 제공하는 데 있어 본인 확인 및 연락 등의 절차에 이용 • 적합하고 효과적인 심리상담 서비스를 진행하기 위함 • 상담센터 이용 현황 파악 및 상담 서비스 개발을 위한 위한 통계 분석에 이용(개별 신상 드러나지 않는 범위에서 활용)
민감정보의 보유 및 이용 기간	최종 심리상담 종료일로부터 ○○년간 보유하며, 이후 차년도 1월을 기준으로 일괄 파기
귀하는 이에 대한 동의를 거부할 권리가 있습니다. 단, 동의가 없을 경우 원활한 상담 및 심리검사 진행에 일부 제한이 있을 수 있음을 알려 드립니다.	

민감정보 수집·이용에 동의하십니까?　　　　□ 동의　　　□ 미동의

3. 개인정보 제3자 제공에 대한 동의

○○○ 상담센터는 이용자의 동의 없이 이용자의 개인정보를 외부 또는 제3자에게 제공하지 않습니다. 그러나 개인정보 제3자 제공에 대한 동의 시 아래 표와 같은 제3자에게는 제공할 수 있습니다.

제공하는 개인정보 항목	성명, 성별, 나이
개인정보 제공 목적	심리검사 채점 및 결과분석
제공받는 자	○○○○ (심리검사 출판 업체명)
제공받는 자의 개인정보 이용 목적	심리검사 채점 및 결과분석
개인정보 제공 기간	최종 심리상담 종료일로부터 ○○년간 보유하며, 이후 차년도 1월을 기준으로 일괄 파기
귀하는 이에 대한 동의를 거부할 권리가 있습니다. 단, 동의가 없을 경우 원활한 상담 및 심리검사 진행에 일부 제한이 있을 수 있음을 알려 드립니다.	

개인정보 제3자 제공에 동의하십니까?   ☐ 동의   ☐ 미동의

나는 안내와 질의문답 과정을 거쳐 ○○○ 상담센터의 개인정보 수집 · 이용 및 제3자 제공 동의서 내용에 대해 (들었고 이해하였습니다). 나는 「개인정보 보호법」 등 관련 법규에 의거하여 개인정보 수집 · 이용 및 제3자 제공에 (동의합니다).

년   월   일

내담자(본인):   (서명)

○○○ 상담센터

T. ○○○-○○○-○○○○

참고문헌

김정희(2015). 기업상담 세 주체 인식 비교를 통한 기업상담 운영활성화 과제 탐색. 경북대학교 대학원 석사학위논문.

류희영(2008). 우리나라 기업상담의 실태 및 활성화 과제: 기업상담자의 인식을 기반으로. 서울대학교 대학원 석사학위논문.

조해연, 이송하, 이동혁(2013). 기업상담자 역할에 대한 인식 및 역할 기대. 상담학연구, 14(4), 2233-2251.

한국상담심리학회(2013). 기업상담 매뉴얼. https://krcpa.or.kr/member/sub06_1.asp (2021. 4. 21. 인출).

한국상담심리학회(2018). 상담심리사 윤리강령. https://krcpa.or.kr/member/sub01_5.asp (2021. 4. 21. 인출.)

한명숙(2004). 기업 내 상담자의 역할과 비전. 한양대학교 학생생활연구소, 대학생활연구, 22, 90-102.

Brown, D., Pryzwansky, W. B., & Schulte, A. C. (2001). *Psychological consultation: Introduction to theory and practice* (5th ed.). Boston, MA: Allyn & Bacon.

Carroll, M. (2010). 기업상담[*Workplace Counseling: A Systematic Appoach to Employee Care*]. (전종국, 왕은자, 심윤정 역). 서울: 학지사 (원저는 1996년 출판).

Dinkmeyer, D., & Carlson, J. (2006). *Consultation: Creating school-based interventions* (3rd ed.). Philadelphia, PA: Brunner-Routledge.

Hepworth, D. H., & Larsen, J. A. (1993). *Direct social work practice: Theory and skills* (4th ed.). Belmont, CA: Wadsworth.

Larrabee, M. J. (1982). Working with reluctant client through affirmation techniques. *Personned and Guidance Journal, 61*, 105-109.

McLeod, J. (2008). Counseling in workplace: the facts. A comprehensive review of the research evidence. Rugby: BACP.

Rooney. R. H. (1992). *Strategies for working with involuntary clients*. New
York: Columbia University Press.

제7장

기업상담 운영하기: 집단적 접근

1. 들어가기

조직 내 상담실에서 이뤄지는 개인적 접근은 외부의 상담기관과 그 운영 방식이 크게 다르지 않지만 집단적 접근의 운영 방식은 조금 다를 수 있다. 집단적 접근이 행해지는 곳이 공동의 영리 추구를 목적으로 조직된 회사이기 때문에 집단적 접근은 개인적 문제를 다루는 것에 그치지 않고, 그러한 개인적 문제들이 조직 내 다른 구성원과 조직문화에 끼칠 영향을 고려해서 폭넓은 관점으로 설계·실행되어야 한다. 또한 집단적 접근의 참여자들이 같은 조직 구성원인 이상 내담자 개개인은 원만한 직장 생활을 고려하여 직급 체계나 인사 평가, 낙인 등을 의식할 수밖에 없다. 이런 이슈가 거의 모든 내담자에게 우선될 수 있으므로 우울증이나 부부 갈등, 자녀 문제 등의 개인적인 어려움을 온전히 개방하여 깊이 있게 다루는 집단적 접근의 설계는 경계해야 한다.

그럼에도 불구하고 다수에게 동시에 메시지를 전달할 수 있고, 타인을 통해 다양한 문제와 관점을 직간접적으로 경험할 수 있으며, 일상생활이나 개인상담에서는 연습하기에 한계가 있는 각종 대화 기법과 대처 방식을 배우고 실습해 볼 수 있기에 집단적 접근은 개인적 접근과 병행되어야 한다. 특히 같은 조직 체계 안에서 그 조직만의 독특한 문화를 공유하는 사람들로 구성된 집단인 만큼 상호 간의 공감과 지지가 수월할 수 있고 조직 생활 적응에 필요한 태도나 행동에 대해 좀 더 안전하게 배울 수 있다. 또한 일부 집단적 접근은 내담자가 찾아올 때까지 기다리는 것이 아니라 상담자가 먼저 찾아가는 상담 서비스를 제공할 수 있다는 점에서 그 의의를 찾을 수 있다. 따라서 조직 내에서 집단적 접근 방식을 잘 활용하되, 운영하고자 할 때 개인적인 주제 외에 조직문화를 개선하거나 선도하기 위한 목표 지향적인 주제 설정, 자기개방의 정도 그리고 여러 사람의 자발적 참여를 이끌 수 있는 동기 부여책이 함께 고민되어야 할 것이다.

이 장에서는 조직 내 상담실에서 행하는 집단적 접근의 종류와 운영 과정 전반을 살펴보고자 한다.

2. 집단적 접근의 종류

1) 집단상담

집단상담이란 한 명 또는 두 명의 상담자와 타인과의 교류가 가능한 비교적 심리적으로 건강한 사람들이 모여 상호 간의 인지적·

정서적·행동적 교류를 통해 자신에 대한 탐색과 이해, 개방, 수용의 과정을 거쳐 성장과 변화를 지향하는 과정이라 할 수 있다(천성문, 함경애, 박명숙, 김미옥, 2017). 기업에서 진행하는 집단상담 또한 이와 같은 과정으로 이루어진다. 다만 사설 상담센터나 대학 상담센터 등 사외 기관과 비교했을 때 회기 시간, 빈도 등의 운영방식과 익명성에서 차이가 날 수 있다. 보통 집단상담은 90~120분을 1회기로 하여 8회기 정도를 진행하거나 4시간을 1회기로 하여 4회기 또는 8시간씩 2~3일을 진행한다. 하지만 기업 내에서는 주로 업무시간이나 점심시간 또는 퇴근 후에 집단상담을 진행하고 있어 그와 같은 시간 배정이 어려울 때가 많다. 또한 집단상담 참여자는 같은 기업 소속의 직원들로 구성되므로 익명성 보장이 어려울 수 있다. 집단상담 신청자들은 참여 예정인 사람들이 누군지 모른 채 집단 참여를 결정하게 되고, 그러다 보니 첫 회기에서 아는 구성원을 마주치는 일이 생길 수 있다. 참여 시점에는 모르던 사이라 할지라도 업무 변경, 부서 이동, 사업장 이동 등으로 언제, 어디서 마주치게 될지 예상할 수 없다.

집단상담은 다른 상담 방법들에 비해 경제적이고 집단원들의 사고나 행동, 생활양식 등을 탐색해 보는 기회를 통해 다양한 자원을 획득할 수 있으며, 성장 환경 제공과 실생활의 축소판 기능, 문제 예방 등의 장점이 있다(강진령, 2009). 따라서 앞서 언급한 것과 같은 한계가 있음에도 조직의 현실적인 상황에 맞게 내용과 구성, 시간 배분을 계획하여 집단상담 방식을 잘 활용할 필요가 있다. 예를 들어, 형식과 틀이 없는 비구조화 집단보다 구조화나 반구조화 집단으로 진행하는 것이 하나의 방법이 될 수 있다. 이는 정해진 절차와 활동이 있는 과정으로, 참여자들은 깊이 있는 자기개방과 순서에 대한 압박을 덜 느낄 수 있고, 목적이 구체적이고 제한되어 있어 비교적 안정감을 느낄 수 있다. 구조화 집단은 비구조화 집단에 비해 깊이의 한계는 있을 수 있지만 상대적으로 높은 응집력을 가질 수 있으며, 집단원의 당면한 어려움을 감소시키는 데 효과적이라는 장점이 있다(이숙영, 2003). 실제로 기업상담 현장을 살펴보면 집단 상담을 실시할 때 구조화된 형식으로 진행하는 경우가 많다.

집단상담의 주제에 따라 일부 차이는 있지만 일반적으로 조직 내 상담실에서 집단상담을 운영할 때 고려할 사항들은 다음과 같다.

(1) 대상

집단원은 보통 전체 구성원을 대상으로 참여 신청을 받아 모집한 후 선별하는데, 집단상담의 주제, 목적 및 목표에 따라 성별이나 직군, 직급, 부서별 등으로 제한을 두고 모집할 수도 있다. 자발적 참여자를 모집할 경우 선착순이나 신청 사유를 기준으로 선별하는 것이 일반적이다. 조직이나 부서의 요구나 필요에 따라 조직 내 상담실에서는 비자발적 참여자를 대상으로 한 집단상담을 진행하기도 한다. 예를 들면, 업무스트레스가 높은 부서나 직군, 관계 갈등이나 의사소통의 어려움 등 반복적인 이슈가 있는 부서나 유관부서의 부서원들을 대상으로 참여를 요구하는 경우가 있다. 다음은 집단상담 대상의 예시이다.

- 성별 대상: 워킹맘, 워킹대디 등
- 직군별 대상: 제조직군, 개발직군, 지원직군 등
- 직급별 대상: 신입사원, 입사 3년차, 과장 진급자, 중간관리자 등
- 부서별 대상: 제조팀, 인사팀, 기술팀, 홍보팀, CS팀 등

(2) 시간 및 빈도

기업에서의 집단상담은 보통 60~120분을 1회기로 하여 주 1회, 총 4~10회기 정도 진행하며, 시간과 빈도, 회기 수는 집단상담의 목적과 목표, 대상, 내용, 조직 환경에 따라 조정할 수 있다. 정기적·반복적인 참여가 어려운 사람들이 대상인 경우 하루 8시간씩 1~2일 진행하기도 하는데, 관리자나 주재원, 교대 근무자, 부부 대상 집단상담이 그 예이다.

업무 시간 또는 업무 외 시간에 진행하는 집단상담 참여 시간을 근무 시간으로 인정할 것인지 여부는 미리 논의되어야 한다. 업무상 필요한 내용이거나 조직의 필요에 의해 진행하는 집단이라면 근무 시간으로 인정될 수 있다. 특히 교대 근무자를 대상으로 할 경우 근무 시간 인정에 대한 사전 논의는 필수이다.

(3) 인원

매주 진행하는 성인 집단의 경우 그 인원은 약 8명 정도가 이상적이다(Corey, Corey, & Corey, 2019). 하지만 집단의 목적과 목표, 주제, 유형에 따라 인원은 더 늘어날 수 있으며, 실제로 기업상담 현장에서는 10~15명의 규모로 진행하는 경우가 많다. 부서나 파트별로 집단상담을 진행하고자 할 경우 그 인원이 집단상담을 하기에 적절하지 않을 수 있다. 인원이 5명 내외인 경우 업무 연관성이 있는 다른 파트와 함께 묶어서 진행하기도 하고, 인원이 20명 이상인 경우에는 집단을 둘로 나눠서 진행하기도 한다. 만약 인원이 40~50명 이상인 경우라면 교육으로 운영 형태를 바꾸어서 진행하는 것을 고려해 볼 수 있다.

(4) 장소

최근 집단상담실이나 명상실을 갖춘 기업들이 점차 늘어나고 있지만 아직 회사 내부에 집단상담을 할 수 있는 공간이 별도로 마련되어 있는 경우는 많지 않다. 그래서 집단상담 진행 시 보통 회의실이나 강의실을 이용한다. 원활한 상호작용을 위해 서로 마주 볼 수 있도록 자리를 둥글게 배치하는 것이 좋은데, 그러기 위해서는 책상과 의자 이동이 가능한 장소로 정해야 한다. 회사 내 공간이지만 업무 공간과는 구분이 되면서 대화 내용이 외부에 들리지 않고 타 구성원들의 출입이 제한될 수 있는 곳으로 장소를 선택하는 것을 추천한다. 만약 타 구성원의 출입을 강제로 막는 것이 어렵다면 출입문에 집단상담 중임을 알리는 안내문을 붙이고 출입을 제한하여 집단원들이 안전감을 갖고 집중할 수 있도록 한다. 회사 내부에 적합한 공간이 없다면 회사 인근의 적절한 장소를 대여하는 것도 고려해 볼 수 있다.

(5) 주요 주제

기업 내에서 진행하는 집단상담의 주제는 직장 내 이슈뿐만 아니라 개인사/가정사 관련 이슈도 포함하여 다양하게 정할 수 있다. 주로 진행하는 집단상담의 주제 예시는 다음과 같다.

① 직장 내 고충 관련 주제

직장 내 고충과 관련된 집단상담은 스트레스 관리 집단상담, 성격 이해 집단상담, 갈등 해결 집단상담, 의사소통 스킬 향상 집단상담 등이 있다. 이 외에도 조직과 구성원들의 필요와 요청에 따라 다양한 주제로 진행할 수 있다. 이때 직무와 직군의 특수성을 고려하여 세부 내용을 정할 수 있다.

- 스트레스 관리 집단상담: 자신의 스트레스 정도와 대처 방식을 이해하고 건강한 대처 방식을 습득하는 집단상담
- 성격 이해 집단상담: MBTI, 에니어그램 등 심리검사를 활용한 활동들을 통해 자신과 부서원들의 성격을 이해하고 건강한 의사소통 방식 및 업무 효율성을 높이는 방법을 찾는 집단상담
- 갈등 해결 집단상담: 부서 내 또는 부서 간 갈등의 원인을 이해하고 함께 해결 방법을 찾는 집단상담
- 의사소통 기술 향상 집단상담: 기본적인 직장 내 의사소통 방식을 포함하여 업무 보고, 성과 평가 피드백, 관리자 면담 등 회사 내에서 발생하는 다양한 상황에서 이루어지는 의사소통 방식을 점검하고 담당 업무나 상황, 직급에 맞는 소통 목적을 이해하며 적절한 방식을 연습해 보는 집단상담
- 적응력 향상 집단상담: 신입사원, 근무지 이동자, 휴직자, 승급자, 신임 관리자, 주재원 등의 신상 변화자를 대상으로 하여 새로운 환경과 업무들에 대해 이해하고, 예상되는 어려움과 대처 방법 등을 다루는 집단상담
- 연대감 증진 집단상담: 부서원 또는 조직 구성원들의 소속감, 동료의식, 신뢰감 등을 향상시키고 새로운 대인관계 경험의 장이 될 수 있는 집단상담
- 회복을 위한 집단상담[1]: 주변 구성원이나 협력사 직원의 안전

---

[1] 회복탄력성, 애도, 외상후스트레스, 인지적 정서조절 전략 등을 다루는 집단상담 내용을 참고하여 프로그램을 구성할 수 있다.

사고를 직접 목격하거나 간접적으로 경험한 사람들, 동료의
자살과 같은 충격적인 사건을 경험한 사람들의 심리 회복을
돕고 건강하게 일상생활을 이어 갈 수 있도록 돕는 집단상담

② 개인 고충 관련 주제

개인 고충을 다루는 집단상담에는 가족 관계 주제의 집단상담,
연애 관계 집단상담, 정서 조절 집단상담, 습관/중독 집단상담 등
이 있다.

- 가족 관계 집단상담: 자녀와의 대화법, 부부 대화법, 육아휴직
  복직자 및 일하는 부모의 일-가정 균형 등 가족 내 갈등을 다루
  고 더 나은 관계를 맺을 수 있는 방법을 연습해 보는 집단상담
- 연애 관계 집단상담: 자신의 연애 관계 양상, 대화 및 대처 방
  식을 알아보고 건강한 연애 관계를 맺을 수 있도록 돕는 집단
  상담
- 정서조절 집단상담: 우울, 불안, 분노 등의 다양한 정서를 인
  식, 명명, 조절하여 적절하게 표현할 수 있도록 그 과정을 배우
  고 연습하는 집단상담
- 습관/중독 집단상담: 미루는 습관, 알코올 중독, 게임 중독, 스
  마트폰 중독 등을 주제로 자신의 상태를 객관적으로 점검하고
  변화 동기를 강화시킬 수 있도록 돕는 집단상담
- 시즌별 주제 집단상담: 명절 전후, 연말연시, 새해 등을 맞아
  위로와 감사, 목표와 다짐을 나누는 집단상담

2) 교육

특정 주제에 대한 학습과 이해, 정보 전달이 필요한 경우 상담자가 직접 교육을 진행하기도 한다. 예를 들어, 우울증, 불안장애와 같은 정신병리나 직무스트레스, 직장 내 성희롱, 직장 내 괴롭힘 등은 조직 내에서 어떤 방식으로든 다룰 필요가 있는 중요한 주제들이다. 하지만 이는 사내에서 진행하는 집단상담이나 워크숍 주제로 다루기에 조심스럽고 민감할 수 있다. 집단 프로그램의 참여자는 같은 조직 구성원들이 함께하는 집단에서 자기노출을 하는 것에 대한 두려움과 불안이 높을 수 있고, 이 주제와 관련된 자신의 경험을 개방하고 나누기에 안전하지 못한 환경이라고 인식할 수 있다. 이때 활용할 수 있는 형식이 바로 교육이다. 교육 과정은 처음부터 끝까지 강사인 상담자의 주도하에 진행되며, 질의응답이나 간단한 소감을 말하는 것 외에 교육 수강생으로 참석한 구성원에게 요구되는 활동은 없다. 즉, 교육은 다른 집단적 접근에 비해 더 다양한 주제를 안전하게 다룰 수 있는 방식이다.

강의 교안은 사외 공공기관이나 연구기관, 사내 교육팀, TF팀 등에서 제작한 것을 활용할 수 있으나, 보통 상담자가 조직 내 상황에 맞게 직접 만들어 사용한다. 집단상담이나 워크숍으로 진행하기에 무리가 없는 주제라도 시간과 시기, 인원과 비용 등을 고려하여 교육 형식으로 진행할 수 있다. 필요에 따라 외부 강사나 전문가를 초빙하여 특강 형식으로 진행하기도 한다.

(1) 대상

자발적 참여자가 대상인 교육도 있지만, 비자발적 참여자를 대상으로 의뢰된 교육이 더 빈번하다. 자발적 신청은 개인별 또는 부서별로 이루어지며, 상담실 주관으로 교육을 기획하고 신청자를 모집하는 경우가 해당된다. 신입 및 경력 입사자 대상 입문 교육이나 승진자, 리더 대상 교육과 같이 인사팀이나 교육팀의 의뢰로 진행하는 교육, 직장 내 성희롱 예방 교육과 같이 전 구성원을 대상으로 하는 법적 의무 교육 등이 비자발적 참여자를 대상으로 하는 교육의 예이다.

(2) 시간 및 빈도

교육 시간은 대상과 목적, 내용에 따라 정할 수 있지만 자발적 참여자를 대상으로 하는 경우와 의뢰가 들어온 경우에 따라 달라질 수 있다. 상담실 주관으로 신청자를 모집하는 경우 1~2시간으로 하여 1회 이상 진행한다. 보통 이 시간은 근무 시간이나 교육시간으로 인정되지 않기 때문에 점심시간이나 퇴근 이후 시간에 일회성으로 진행한다. 부서별로 신청하는 경우 기존에 운영되고 있는 월간 모임이나 회의 시간을 활용하여 진행할 수 있다. 이때 교육 시간은 보통 30분~1시간 정도가 되며, 이는 근무시간으로 인정되나 교육시간으로는 인정되지 않는다. 특정 집단을 대상으로 하여 인사팀이나 교육팀의 의뢰로 진행하는 경우, 교육 주제 및 주관부서의 일정 계획에 따라 차이는 있지만, 보통 4~8시간으로 1회 진행한다. 이렇게 의뢰된 교육은 조직에서 주관하는 공식적인 과정으로 분류되어 근무 시간과 교육 시간으로 인정된다. 대부분의 교육은 일회성으로 진행되지만 주제, 목적과 목표, 신청 이유에 따라 정기적으로 진행하기도 한다.

(3) 인원

집단상담과 달리 교육의 인원은 10명 이하의 소규모부터 100명 이상의 대규모까지 제한 없이 진행 가능하다. 의뢰된 교육이라면 인원이 이미 정해져 있는 경우가 대부분이다. 자발적 참여자를 대상으로 할 때는 20~30명 이하로 제한을 두기도 하지만, 교육 목적과 기대 효과에 따라 인원을 조정할 수 있다.

(4) 장소

교육 장소를 선택할 수 있는 상황이라면 인원에 맞게 정하는 것이 좋다. 소규모 교육이라면 집중도를 높이기 위해 집단상담실이나 작은 강의실, 부서 내 회의실을 이용한다. 대규모 교육의 경우, 대강당이나 식당 등을 활용할 수 있다. 인사팀이나 교육팀에서 주관하는 승격 교육, 리더 교육 등은 외부 수련관이나 연수원에서 진행하기도 한다.

(5) 주요 주제

상담실에서 진행할 수 있는 교육 주제는 한정되어 있지 않으며, 상담자의 역량에 따라 다를 수 있다. 또한 같은 주제라도 대상에 따라 세부 내용과 구성이 조금씩 다를 수 있다. 주요 주제로 자살예방 교육, 마음 건강 교육, 면담 스킬 교육, 성격 이해 교육 등이 있으며 구체적인 내용과 대상은 〈표 7-1〉과 같다.

이 외에도 조직 내 주요 이슈와 의뢰자의 요구에 따라 주제와 내용을 다양하게 구성할 수 있다. 직장 내 성희롱 예방 교육은 상담자가 진행하지 않는 경우도 있으나 종종 발생할 수 있는 상담 주제이므로 관련 내용을 알아 두는 것이 필요하다.

표 7-1   조직 내 상담실에서 진행하는 교육

주제	내용	대상
자살예방 교육	게이트키퍼 교육	전 구성원, 관리자, 사원 대표
직장 내 성희롱 예방 교육	성희롱의 법적 개념, 사례, 대처 방법, 신고절차 등	전 구성원, 관리자, 신입/경력 입문자
정신건강 · 마음 건강 교육	스트레스 관리, 트라우마, 도박 · 알코올 · 게임 중독, 정신병리 등	전 구성원, 개별 신청자, 신청 부서, 승격자, 주재원, 신입/경력 입문자, 신상 변동자
면담 스킬 교육	효과적인 면담 기법, 비폭력 대화 등	관리자, 승격자
리더십 교육	감성 리더십, 갈등관리법, 부서원 마음건강 관리, 번아웃 증후군 등	관리자, 승격자
대화법 교육	부부/부모-자녀 대화법, 교류분석 등	개별 신청자, 신청 부서
성격 이해 교육	성격 5요인, 도식치료, 에고그램 등	개별 신청자, 신청 부서, 승격자, 신입/경력 입문자
자기성장 교육	자아개념, 동기강화, 자아존중감, 자아효능감 등	개별 신청자, 신청 부서, 승격자

3) 그 외 집단적 접근

조직 내 상담실에서는 집단상담과 교육 외에도 워크숍, 이벤트 및 캠페인, 메일링 서비스를 진행한다.

(1) 워크숍

워크숍은 교육과 같이 미리 준비된 내용을 상담자가 전달하는 방식으로 진행된다. 교육과 차이점이 있다면 참여자들의 체험과 실습, 훈련 과정이 있다는 것이고, 집단상담과 비교해 본다면 덜 자기개방적이고 덜 상호작용적인 과정이라고 할 수 있다.

주로 신청자나 신청 부서를 대상으로 하며, 신청 일정을 공지하거나 상시 신청을 받아 진행한다. 조직 활성화 목적으로도 활용할 수 있어서 부서 단위의 자발적 신청이 빈번한 편이다. 또한 스트레스가 높은 부서나 직군 등 집단을 선정하여 실시하기도 한다. 주요 주제로 부서별 연대감 및 팀워크 향상 워크숍, 성격 이해 워크숍, 대화 기법 실습 워크숍, 부부 워크숍, 명상 프로그램, 자녀 학습·진로 프로그램 등이 있다. 미술 및 색채, 영화, 음악 등을 활용한 힐링 프로그램을 진행하기도 하며, 특수 분야 진행 시 필요하다면 외부 전문가를 초빙하여 진행한다.

회기 수와 회기당 소요 시간은 워크숍의 목적과 내용, 대상에 따라 다를 수 있다. 예를 들어, 명상이라는 같은 주제를 다루더라도 일회성의 체험반과 4~8차수의 지속반으로 나눠 진행할 수 있다. 보통 명상은 1시간 내외, 그 외 다른 프로그램은 2시간 내외로 진행하며 부부 워크숍이나 대화 기법 실습 프로그램의 경우 1일 8시간으로 진행하기도 한다. 대부분 사내에서 진행하며 교육실이나 집단상담실, 명상실을 장소로 활용할 수 있다. 실습과 훈련 과정이 있어서 인원 제한을 두고 신청을 받는데, 부서별로 신청할 때 그 인원수가 많다면 두 팀으로 나눠서 진행하거나 교육으로 형식을 변경하는 것을 고려해야 한다. 개별 신청자를 대상으로 진행할 때는 15~20명 이하로 모집하는 경우가 많다.

(2) 이벤트 및 캠페인

조직 내 상담실에서는 상담실 홍보 및 문턱 낮추기, 정신건강 관리 문화 전파의 일환으로 일회성 또는 연속 기획성의 이벤트와 캠페인을 진행한다. 이벤트란 정해진 목적을 실행하기 위해 사람들이 모일 수 있도록 모임을 개최하는 행사를 말하며(이경모, 2003), 캠페인은 어떤 결과나 효과를 얻기 위해 정해진 기간 내에 비교적 많은 수용자를 대상으로 벌이는 조직적인 커뮤니케이션 방법이라 할 수 있다(권중록, 1995). 이벤트와 캠페인은 진행 과정에 차이가 있을 뿐, 두 방식 모두 구성원을 대상으로 하여 이루고자 하는 목적과 전달하려는 의미를 경험하도록 하는 커뮤니케이션 채널이라고 볼 수 있다.

이벤트와 캠페인의 주제는 겹치는 경우가 많고, 캠페인의 일환으로 이벤트를 진행하기도 한다. 그러나 조직 내 상담실에서 실제 진행하고 있는 사례들을 통해 구분해 보면 이벤트는 주로 시기별 또는 이슈별 내용을 주제로 하고 캠페인은 한 해 동안 상담실에서 강조하려 하거나 중요하게 다루려는 핵심 메시지를 주제로 하여 진행한다. 예를 들면, 이벤트의 시기별 주제로 연말연시(연말맞이 감사 인사 전하기), 명절 전후(나의 명절 스트레스 관리법), 가정의 달(우리 가족 사랑의 언어 찾기) 등이 있고, 이슈별 주제로는 상담실 오픈 기념 및 붐업(상담실 이름 공모), 정신건강과 관련된 사회적 · 조직적 관심사(소진증후군 간이 검사) 등이 있다. 특정 주제에 대한 개인의 수기를 받거나 동료 구성원에게 감사를 전하고, 창작을 하거나 부서별 대항을 하는 등 주제와 목적에 따라 여러 방식을 활용할 수 있다. 캠페인의 주제는 생명존중, 정신건강, 도박 · 알코올 · 게임 중독예방, 직장 내 성희롱 · 괴롭힘 근절 등이 있다.

두 방식은 모두 주제와 목적에 따라 전 구성원을 대상으로 하거나 특정 집단을 대상으로 선정하여 진행할 수 있다. 온라인과 오프라인 진행이 모두 가능하며, 이는 주제, 대상, 목적을 고려하여 선택할 수 있다.

이벤트와 캠페인의 빈도는 연간 업무 계획과 가용 인력, 예산에 맞춰 결정한다. 보통 캠페인은 일 년에 1~2회 정도 진행하고 이벤트는 캠페인보다 규모가 작아 준비와 실행이 비교적 간단하여 좀 더 자주 진행한다. 일회성이라 할지라도 전 구성원에게 정신건강의 중요성을 알리고 마음건강 관리 문화를 전파할 수 있는 기회이므로 미리 계획을 세워 정기적으로 진행할 필요가 있다.

(3) 메일링 서비스

메일링 서비스란 상담자가 상담실 소식 및 심리 정보 등을 사내 개별 메일을 통해 정기적 또는 비정기적으로 구성원에게 전송하는 활동을 말한다. 이 방식을 통해 구성원들은 이용 가능한 상담 서비스의 종류와 내용, 신청 방법 그리고 마음건강 관련 정보를 보다 쉽게 접할 수 있다. 실제 메일링 서비스는 홍보, 안내, 정보제공, 교육, 예방 등 다양한 목적으로 활용되고 있다.

메일링 서비스는 주로 전사 소식지와 맞춤형 소식지의 형태로 제공된다. 전사 소식지는 전 구성원을 대상으로 주기를 정하여 발송하는 정기 간행물이다. 보통 월 1회를 주기로 하며 일반적인 심리 정보나 상담 사례를 주요 내용으로 다룬다. 그에 비해 맞춤형 소식지는 대상을 선정하거나 신청을 받아 대상 맞춤형 주제로 내용을 구성하여 진행하며, 주로 단발성이나 비정기적으로 발행한다. 예를 들면, 중간관리자를 대상으로 의사소통 기법에 대한 내용을 보낼 수 있고 초등학생 자녀를 둔 부모를 대상으로 자녀 양육 관련 내용을, 그리고 스트레스가 많은 부서를 대상으로 마음건강 관리법에 대한 내용을 제공할 수 있다.

상담실에서 제공한 메일들은 시간이 지나도 열람이 가능하도록 상담실 홈페이지나 전용 게시판에 모아 놓는 것이 필요하다. 한편, 상담실의 SNS 채널을 통해서 소식지 내용을 전달하는 경우도 있다. SNS는 사내 인트라넷에 접속하지 않아도 본인이 원할 때 내용을 볼 수 있다는 장점은 있지만 동의를 한 사람에게만 정보를 전달할 수 있어 보조적인 방법으로 사용하는 것이 좋다.

3. 집단적 접근의 진행 과정

집단적 접근을 실행하게 되는 경로는 크게 상담실 주관으로 신청자를 모집하는 것과 의뢰가 들어오는 것으로 나눌 수 있다. 개인 상담과 심리검사, 자문과 같은 개인적 접근은 내담자나 피자문자가 시기와 주제, 목표를 정한다. 이와 달리 집단적 접근은 대부분 상담자가 실시 계획을 세우고 주제와 목표를 정하여 참여자를 모집하거나 선정하는 과정을 거쳐 진행된다. 즉, 개인적 접근에서 상담자는 형태만 제시하고 있다면, 집단적 접근에서는 형태와 내용을 함께 제시하고 있다. 따라서 집단적 접근은 운영과 진행 절차에 대한 구체적인 지침뿐만 아니라 집단의 주제와 목표, 활동에 대해 명확하게 알리는 것이 중요하며, 그 내용이 적절한지 지속적으로 점검하는 과정이 필요하다. 특히 다수를 대상으로 진행하여 그 내용이 개인적 접근에 비해 많은 구성원에게 노출되므로 실시 시점

의 조직 분위기나 조직 내 이슈들을 고려해야 한다. 상담실 주관의
집단적 개입들은 대부분 연간 업무 계획을 세울 때 일정과 횟수, 비
용 등에 대한 큰 틀을 정한다. 하지만 계획으로 반영되어 있더라도
실시하기 전에 주제와 대상, 시기가 적절한지 조직과 논의하여 점
검해야 한다.

한편, 의뢰는 계획에 없는 경우가 대부분이어서 기존의 일정과
업무량을 고려하여 실행 여부를 결정해야 한다. 의뢰의 과정은 일
정과 비용, 형평성, 거절 등 조직적으로 고려해야 할 것이 많아서
상담자가 단독으로 의사결정을 하기 어려울 수 있다. 그러므로 상
담실 담당 관리자를 결재나 합의, 통보로 넣은 의뢰 절차를 만들어
놓는 것이 필요하다.

이 절에서는 조직 내 상담실에서 실시하는 집단적 접근의 진행
과정을 살펴 보고자 한다. 전체적인 과정은 [그림 7-1]과 같다.

그림 7-1 집단적 접근의 진행 과정

1) 주제와 대상 정하기

상담실 주관으로 집단적 접근을 기획하여 진행하는 경우 가장
먼저 고려할 것은 주제와 대상이다. 모든 구성원에게 적용할 수 있

는 주제로 진행할 것인지, 특정 대상에만 해당하는 주제로 진행할 것인지 정하는 과정이 첫 단계에서 필요하다.

이때 많은 사람이 신청하는 개인상담 주제를 참고하여 집단적 접근의 주제를 선정할 수 있다. 하지만 개인상담의 주제들이 구성원들과 함께하는 집단적 접근의 주제로 적절하지 않을 수 있고, 두 접근의 형식과 진행 과정의 차이로 인해 개인상담으로 다루고 싶어 하는 주제와 집단적 접근으로 원하는 주제는 다를 수 있다. 따라서 주제를 정하는 가장 좋은 방법은 사전에 구성원들을 대상으로 요구 조사를 하는 것이다.

집단적 접근은 상담자가 주도하여 주제와 대상, 시기를 정하게 되므로 프로그램의 필요성과 예상 효과에 대해 제안서나 기안서를 작성하여 조직에 설명하고 설득할 수 있어야 한다. 이를 위해 상담자는 이 과정에서 스스로에게 다음과 같은 질문을 던지고 답할 수 있어야 한다.

- 왜 이 대상으로 선정하였는가?
- 왜 이 주제를 다루려고 하는가?
- 이론적 근거와 선행 연구를 통해 검증된 내용이 있는 주제인가?
- 이 시점에서 다루기에 적절한 주제/대상인가?

한편, 원활한 진행을 위해 운영 형태를 먼저 정한 후 그에 따라 주제와 대상을 정하기도 한다. 예를 들어, 이벤트와 캠페인, 메일링의 경우 일 년 동안 진행할 주제와 대상을 미리 계획해 두는 것이 좋다. 이 집단적 접근은 조직이나 상담실에서 구성원에게 전달하고 싶은 메시지가 주요 주제가 되기 때문에 한 해 동안 누구를 대상으로 어떤 메시지를 강조하고 싶은지 연간 업무 계획을 세울 때 정할 수 있다. 정기적인 메일링을 계획하고 있다면 각 주제와 대상, 보내려는 시기가 잘 맞는지, 중복되는 내용은 없는지 등을 고려하여 주제를 선택한다. 다만, 미리 운영 형태를 정하였다고 하더라도 목적과 목표를 설정한 후에 그 형태가 목적과 목표를 이루기에 적절한지, 시기나 가용 인력 등을 고려했을 때 실행 가능한지 등을 재검토할 필요가 있다.

의뢰가 들어온 경우라면 대부분 대상은 이미 정해져 있고, 주제와 목적, 목표는 정해져 있기도 하고 의뢰자와 함께 논의하여 정하기도 한다. 주제를 정해서 의뢰를 했을지라도 대상에게 더 적합한 주제가 있다면 전문가로서 제안을 할 수 있어야 한다.

2) 목적과 목표 정하기

대상과 주제를 정했다면 그 다음으로 목적과 목표를 정해야 한다. 목적과 목표는 프로그램의 세부 내용과 진행 방법, 효과 평가의 기준점이 될 수 있으므로 명확하고 구체적으로 정하는 것이 좋다. 목적과 목표는 분명하게 구분되어야 하며 목표는 구체적이고 측정 가능한 내용으로 서술되어야 한다. 또한 구성원들이 참여를 결정할 때 도움이 될 수 있도록 이해하기 쉬운 표현을 써야 한다. 관리자를 대상으로 하는 워크숍을 예로 든다면, 리더십 향상이 목적이 되고 자기조절 및 의사소통 능력 향상이 목표가 될 수 있다.

3) 운영 형태 정하기

같은 주제와 대상이라도 목적과 목표에 따라 운영 형태가 달라질 수 있다. 예를 들어, 관리자를 대상으로 리더십의 정의와 종류, 필요성 등 이론적 내용을 전달·학습시키는 것이 목표라면 교육의 형태로 진행할 수 있다. 관리자 의사소통 능력 향상이 목표라면 워크숍의 형태로 진행할 수 있고, 관리자로서 겪는 고충을 나누며 부정적 감정을 해소하고 자기이해와 리더로서의 성장을 도모하는 것이 목표라면 집단상담의 형태로 진행할 수 있다. 또한 건강하게 소통하는 관리자의 역할을 독려하기 위해 관리자 본인의 소통 경험을 사연으로 보내는 이벤트를 진행할 수도 있으며 명절 전후로 부서원 마음건강 관리 방법을 주제로 한 관리자 대상 메일링을 진행할 수 있다. 운영 형태를 정할 때 시간과 빈도, 인원, 장소 등도 함께 고려한다.

미리 운영 형태를 정하였다면 이 단계에서 목표에 적합한 방식인지 재점검하고 실행하기에 적절한지 담당자와 논의한다.

4) 세부 내용 정하기

회기별 계획과 내용, 교안, 시간 배분 및 진행 순서, 구성 등이 세부 내용에 해당된다. 주제를 정할 때와 마찬가지로 세부 내용 또한 이론적 근거와 검증된 프로그램을 바탕으로 정하는 것이 좋다. 하지만 검증된 프로그램이 있다고 해도 대상과 인원, 사용 가능한 시간, 장소 등이 변경되었을 때 똑같은 효과가 있을 것이라고 장담하기 어렵다. 그리고 이론적 근거를 바탕으로 내용을 정하는 것만큼 현실적으로 실시 가능한 프로그램을 구성하는 것 또한 매우 중요한 사항이다. 따라서 현실 가능성을 고려하여 기존의 검증된 프로그램을 조직 환경에 맞게 변형하여 진행할 필요가 있는 상황들이 발생할 수 있다. 프로그램을 변형 · 재구성할 때 중요한 점은 목적과 목표를 명확히 하고 그것을 달성할 수 있는 활동으로 구성해야 한다는 것이다. 또한 참여자의 연령, 심리적 변인, 활동 내용에 맞는 재구성 준거를 조사하여 반영하도록 한다(천성문 외, 2017). 가능하다면 변형된 프로그램에 대해서 전문가 타당도 평가를 받는 것을 추천한다.

이벤트와 캠페인의 세부 내용은 다양할 수 있으며, 온라인 방식과 오프라인 방식 모두 활용 가능하다. 또한 캠페인의 구성 내용 중 하나로 이벤트를 넣을 수 있다. 예를 들어, 마음건강의 중요성을 알리고 관리 문화를 전파하기 위한 마음건강 캠페인을 진행할 경우 간이 마음건강 진단검사, OX 퀴즈, 리플릿 및 기념물 배포 등이 세부 내용이 될 수 있는데, 캠페인의 일환으로 자신만의 마음건강 관리 방법을 적어 응모하는 온라인 이벤트도 함께 진행할 수 있다.

메일링의 경우 주제와 대상, 목표에 맞는 적절한 예시와 사례를 찾아 내용을 구성하고 메일의 제목을 정하는 것이 이 단계의 과정이다. 메일 본문의 내용도 중요하지만 제목이 먼저 대상자에게 노출되기 때문에 내용을 잘 대표할 수 있고 흥미를 유발할 수 있는 것으로 정하는 것이 좋다.

상담실 주관으로 진행하는 집단적 접근이라면 세부 내용까지 정하고 난 뒤 기안서를 작성하여 결재를 받는다. 결재를 받은 후 필요한 물품을 구매하며, 의뢰된 경우라면 의뢰한 곳에 필요한 물품을 알려 줘서 준비할 수 있도록 한다.

5) 홍보 및 모집

세부 내용까지 준비가 되면 참여자 모집을 위해 홍보를 진행한다. 홍보의 목적은 단지 더 많은 신청을 유도하기 위한 것만은 아니다. 프로그램의 목적과 목표, 진행 방식과 구성 내용, 참여 시간, 장소 등 프로그램 전반에 대한 정보를 제공하는 것 또한 홍보의 중요한 목적이다. 이 내용을 통해 구성원들은 이 프로그램이 나에게 도움이 될 만한 것인지 스스로 판단할 수 있고 신청 여부를 직접 결정할 수 있게 된다. 프로그램에 대한 전반적인 정보를 신청 전에 알 수 있는 권리가 구성원들에게 있는 것이다.

홍보 방법은 크게 온라인과 오프라인으로 나눠진다. 온라인 홍보 방법으로는 사내 인트라넷 게시판과 상담실 홈페이지, SNS 채널 게시, 개별 메일 전송 등이 있다. 이때 부서별 관리자와 사원 대표에게 별도로 안내 메일을 보내서 주위에 알릴 수 있도록 독려한다. 사내 방송이 있는 경우 방송을 통해 안내하기도 한다. 오프라인 방법으로는 포스터 및 리플릿, 배너를 제작하여 건물 입구, 휴게실, 사무실에 비치하거나 식당이나 화장실처럼 사람들이 많이 다니는 곳에 홍보물을 부착하는 방법들이 있다.

신청은 대부분 온라인으로 받으며, 온라인 홍보를 할 때 신청서 양식을 첨부하여 신청할 때 함께 제출하도록 안내한다. 신청서에는 이름, 부서, 신청 이유 및 참여 동기, 바라는 점, 기대 등의 항목이 들어간다. 프로그램에 대한 정보를 미리 접하고 신청서를 작성해 보는 과정은 프로그램에 대한 신뢰와 참여 동기를 높이는 데 도움이 되므로 생략하지 않고 진행하는 것이 좋다.

이벤트의 경우 주로 주제에 맞는 개인의 수기나 창작물을 제출하는 형식으로 진행한다. 만약 이벤트를 진행한 후 그 결과물을 게시판에 게시하거나 전 구성원 대상 메일링을 할 계획이라면 익명을 보장해도 홍보 및 모집 단계에서 확실하게 알리는 것이 필요하다.

메일링은 일반적으로 전 사원 대상으로 진행하지만 신청한 사람만을 대상으로 진행할 수 있다. 일부 구성원들은 업무 메일이 쌓이는 것을 보며 그 어떤 메일이든 오는 자체로 피로감을 느낀다고 호소한다. 그래서 정기적인 상담실 메일 외에 특수 주제에 대한 메일링은 구독 신청을 받아 진행하기도 한다. 이때 구독 신청을 할 수 있도록 홍보와 모집을 진행하며, 그 방식은 다른 집단적 접근들과 같다.

의뢰된 경우에는 앞서 제시한 것과 같은 홍보 과정이 생략되지만, 실행 단계에서 프로그램에 대한 사전 정보를 전달할 수 있다.

6) 실행

참여자 선발 과정이 있는 집단적 접근의 경우 실행의 첫 단계는 참여 예정자에게 선발되었음을 알리는 사전 안내 메일을 전송하는 것이다. 이때 개인상담과 마찬가지로 사전 동의를 받는다. 선발된 사람들을 대상으로 참여하고자 하는 집단 프로그램의 목적과 목표, 활동, 일정을 안내하고 권리와 책임, 비밀보장과 그 한계 등에 대해 설명하며 자율적으로 참여 여부를 결정할 수 있음을 알리는 내용의 메일을 보낸다. 시작 전날 리마인더 메일을 보내 참여를 상기시키고 변동사항이 있는지 확인한다.

시작 당일에는 본 내용에 들어가기 전에 사전 동의 내용과 집단의 규칙을 함께 확인하고 이에 대해 서로의 생각을 나누는 시간을 갖는다. 이는 집단상담이나 워크숍에만 해당되는 것은 아니다. 교육과정에도 그라운드 룰이 필요하므로 상담자가 미리 준비를 하거나 본 내용의 시작 전에 간단하게 정하는 시간을 갖는다. 만약 여러 회기의 프로그램이라면 매 회기 시작 전후에 전체 진행 단계를 안내하여 연결성을 잃지 않도록 하며, 평가 계획에 따라 필요하다면 첫 회기 시작 전에 사전 검사를 실시한다.

이벤트의 경우 선정된 결과물을 각종 게시판에 게시하거나 전 구성원 또는 특정 집단에게 메일로 보내는 것까지 실행 단계의 활동으로 볼 수 있다. 참여자를 모집하고 선물을 주는 것보다 이벤트의 주제가 되었던 내용들을 강조하고 널리 알리는 데 더 큰 목적이 있기 때문이다.

메일링 진행 후에는 메일이 지워져도 필요할 때 언제든 내용을 볼 수 있도록 전송한 내용을 사내 인트라넷 게시판과 상담실 홈페이지, SNS 채널 내에 게시하고, 온라인 접속이 어려운 사람들의 접근성을 높이기 위해 내용을 인쇄하여 휴게실, 건물 입구 등에 비치한다.

7) 평가

다양한 집단상담 프로그램들이 국내의 각종 기관에서 진행되고 있지만 성과 측정도구 개발 연구는 부족한 실정이다(서미나, 2011). 프로그램 목적에 따라 일부 차이는 있지만 실제 기업 현장에서 가장 많이 진행하는 평가 방식은 참여 소감 및 만족도 조사이다. 평가 대상은 주로 상담자에 대한 평가, 진행 과정에 대한 평가, 프로그램 내용에 대한 평가로 나눌 수 있다. 다회기 프로그램의 경우 프로그램 실시 전과 실시 후에 평가를 진행하여 결과를 비교하는 사전-사후 평가를 통해 효과를 확인할 수 있다. 집단적 접근의 평가와 관련된 내용은 제8장에서 보다 자세히 살펴보도록 하겠다.

4. 결론

지금까지 조직 내 상담실에서 진행하는 집단적 접근의 종류와 진행 과정에 대해 알아보았다. 집단적 접근을 집단상담과 교육, 워크숍, 이벤트와 캠페인, 메일링으로 구분하여 실제 현장에서 어떻게 진행되고 있는지 전체적인 흐름과 일부 예시에 대해 살펴보았다. 개인상담의 경우 주제가 다양해도 진행 형태는 동일한 데 비해 집단적 접근은 같은 주제라도 진행 형태가 다양할 수 있다. 따라서 목적과 목표를 명확히 하여 그것을 이룰 수 있는 적절한 진행 형태를 선택하는 것이 매우 중요하다. 뿐만 아니라 인원과 장소, 가용할 수 있는 시간과 비용, 인력들을 고려하여 현실적으로 실행 가능한지 여부를 따지는 것 또한 중요하게 고려해야 할 사항이다. 중요한 주제일수록 다양한 형태를 활용하여 반복적으로 진행할 수 있다. 이때 유연성과 창의성을 가지고 어떻게 하면 더 효과적으로 구성원들에게 주요 메시지를 전달할 수 있을지 끊임없이 고민해야 한다. 또한 모든 집단적 접근에는 이론적 배경이 있어야 한다는 것도 잊지 말아야 할 것이다. 최근 들어 비대면 방식을 활용한 집단적 접근의 필요성과 효과에 대한 논의가 이뤄지고 있는데 이것은 추후 과제로 다룰 필요가 있다.

참고문헌

강진령(2009). 집단 상담의 실제. 서울: 학지사.

권중록(1995). 매스 미디어를 통한 공공캠페인의 효과. 한국언론학보, 33, 5-31.

서미나(2011). 집단상담 과정-성과준거에 관한 델파이 연구. 광운대학교 상담복지정책대학원 석사학위논문.

이경모(2003). 이벤트프로그램 참가동기에 따른 만족도에 관한 연구. 여가관광연구, 7, 79-98.

이숙영(2003). 국내 집단상담 프로그램 개발의 현황 및 효과적인 프로그램 개발 관련요인. 상담학 연구, 4(1), 53-77.

천성문, 함경애, 박명숙, 김미옥(2017). 집단상담 이론과 실제. 서울: 학지사.

Corey, M. S., Corey, G., & Corey, C. (2019). 집단상담 과정과 실제[*Groups: Process and Practice* (10th ed.)]. (김진숙, 유동수, 전종국, 한기백, 이동훈, 권경인 역). 서울: 센게이지러닝코리아 (원저는 2018년 출판).

제8장

기업상담 평가하기

1. 들어가기

이 장에서 다루고자 하는 내용은 기업상담 평가하기로, 기업 내 상담실이 잘 운영되고 있는지, 이뤄지는 활동들의 효과와 성과는 어떠한지 점검하고 살펴보는 것을 의미한다. 기업은 외부 사설 상담기관이나 공공기관, 학교와 달리 영리 추구와 생산성 향상이 주요 목적인 곳으로, 상담실을 운영하는 데 드는 비용만큼 그 활동들이 가치 있는 성과를 내고 있는지 점검하려 한다. 실제로 기업상담 효과를 입증할 수 있는 정보에 대한 요구가 증가하고 있는데(왕은자, 김선경, 박경희, 김계현, 2014; Highley & Cooper, 1994), 기업상담의 고객은 내담자와 조직이므로 상담의 성과를 내담자와 조직의 수준에서 보여 줘야 할 책무가 상담자에게 있다고 할 수 있다. 즉, 상담이 구성원 개인의 마음건강뿐만 아니라 조직 문화나 생산성 향상에도 긍정적인 영향을 미친다는 것을 보여 줄 필요가 있는 것이다.

그러나 기업상담 효과 평가를 연구한 국내 연구는 드물고(김정희, 2015; 왕은자, 2009) 평가 기준이나 평가를 할 수 있는 표준화된 도구에 대한 연구도 미흡한 실정이다(이승미, 고은혜, 이민아, 양햇살, 김봉환, 2016). 이처럼 기업상담의 효과 연구가 많지 않은 이유는 다음과 같다. 첫째, 통제집단을 만드는 것이 현실적으로 불가능하여 비교연구를 하기 어렵다. 실제로 연구를 위해 특정 대상들을 비교집단에 배정하여 아무 개입도 하지 않는다는 것은 윤리적으로 문제가 되고 기업에서도 허용되지 않을 방법이다. 예를 들어, 직장 내 성희롱 피해자 일부를 상담 개입 없이 대기자 집단으로 두는 것은 윤리적으로 문제가 될 수 있다. 둘째, 비밀보장 및 보안의 이유로 상담 및 인사 자료를 연구에 활용하는 데 어려움이 있다. 상담 내용뿐만 아니라 고과나 신상 변동과 같은 인사 정보는 모두 개인 정보에 해당하는 것으로, 공개와 연구 자료 활용에 대해 내담자와 조직의 동의를 받기가 쉽지 않다. 실제로 조직 내에서 인사 정보에 접근할 수 있는 권한을 가진 구성원은 매우 한정되어 있고, 정보 요청 시 어떤 업무 수행에 필요한지 합당한 이유를 제시해야 한다. 셋째, 성과 연구에는 많은 시간과 비용이 든다. 상담은 행동 변화를 목적으로 하는 활동으로 그 변화는 단기간 내에 나타날 수도 있지만 중장기적으로 나타나기도 한다. 정해진 업무 시간 동안 한정된 예산으로 상담실을 운영하면서 중장기적인 추적 평가를 진행하는 것은 한계가 있을 수 있다. 넷째, 공통으로 적용할 수 있는 성과 지표나 표준화된 효과 측정 방법을 개발하는 것이 어렵다. 기업상담은 맥락에 민감하게 반응하는 특성이 있어 상담의 효과도 각 조직의 맥락 안에서 이해하는 것이 필요하며(왕은자, 2009; 최보라, 2016;

McLeod, 2008), 각 조직의 문화나 배경, 요구에 따라 성과 지표나 효과로 인식하는 것이 다를 수 있다.

이와 같이 효과 연구의 어려움이 있다 할지라도 기업상담의 효과를 보여 주는 것은 내담자와 기업에 대한 상담자의 책무이자 기업 내 상담실 운영의 지속과 전문성 향상에 도움이 되므로 효과 평가에 대해 끊임없이 고민할 필요가 있다. 이런 맥락에서 기업상담 성과를 측정하는 평가 기준이나 도구 개발에 앞서 현재 조직 내 상담실에서 진행하고 있는 평가 전반에 대해 정리할 필요가 있다. 따라서 이 장에서는 기업상담 평가 전 논의할 사항들을 알아보고 실제 조직 내 상담실에서 진행하는 평가 방식들을 살펴보고자 한다.

2. 기업상담 평가 전 논의사항

1) 기업상담의 목적과 역할

기업상담의 운영 및 성과를 평가하려면 우선 상담실 도입 배경과 목적을 명확히 하고 그 내용에 대해 기업과 상담자 간 합의하는 과정이 필요하다. 기업마다 상담실 도입 배경과 목적이 다를 수 있고, 그에 따라 상담실 및 상담자의 역할과 책임, 업무와 성과로 인식되는 것들이 달라질 수 있다. 기업상담자는 조직 내에서 상담 외에 훈련과 교육, 위기 개입, 관리자 자문, 조직 변화 선도, 중재, 의뢰, 연구, 홍보, 행정 등을 담당하고 있으며(Carroll, 1994), 더 나아가 평가와 위험 관리, 예산 수립, 법적 자료 마련 등의 역할을 하기도 한다(Schwenk, 2006). 국내 연구에서도 기업상담자는 상담뿐만 아니라 교육, 훈련, 자문, 중재의 역할을 하며(한명숙, 2004) 이 외에도 고충 접수, 사고 처리 개입, 각종 정신건강 이슈에 대한 해결사 역할을 하고 있다고 보았다(심윤정, 2012). 운영 목적에 따라 앞서 언급한 역할을 다 하고 있는 상담실이 있는가 하면 일부만 하는 상담실도 있다. 역할의 우선순위와 업무의 가중치도 상담실의 운영 목적에 따라 다를 수 있으며, 우선순위와 가중치는 상담자 평가와 직결된 사항이라고 할 수 있다.

제5장에서 언급하였듯이 기업별로 상담실 도입 배경과 목적은 다를 수 있고, 그에 따라 상담실 역할과 상담자 업무 그리고 그 비중을 정할 수 있다. 예를 들어, '직원들의 자살에 대한 적극적인 예방과 사후 관리'가 도입 목적이라면 상담실의 주요 역할은 자살예방이 될 것이고 교육 및 이벤트, 캠페인 등을 활용한 자살예방 활동과 전 구성원 심리검사 실시를 통한 자살 고위험자 발굴, 관리, 위기 개입이 주요 업무가 될 것이다. 그리고 이것을 얼마나 잘 해냈는지가 평가 기준이 될 것이고, 평가 시 다른 업무들보다 높은 가중치를 두게 될 것이다. 보통 자살예방과 위기 개입이 상담실의 주요 업무 중 하나인 것은 맞지만, 이를 기업 내 상담실의 '목적'으로 명시하면 역할과 업무, 책임이 좀 더 명확해진다. 이에 따라 해당 업무들의 성과를 측정하기 위한 지표를 구체적으로 설정할 수 있고 기업 내 상담실의 업무 평가 기준이 마련될 수 있다.

실제로 우리나라의 기업 내 상담실들을 살펴보면 개인상담 위주로 운영되는 곳이 있는가 하면 교육, 워크숍 등의 각종 프로그램을 더 중요한 성과로 인정하는 곳도 있다. 어떤 기업은 상담자가 직접 성희롱 예방 교육을 진행하며 정해진 내부 프로세스에 따라 징계 피해자를 상담하기도 하는데, 성희롱 예방 교육은 직접 하지 않고 신청이나 의뢰가 들어올 때 한하여 피해자 상담만 진행하는 기업도 있다. 구성원 가족에게 제공하는 상담 서비스를 업무 성과로 인정하는 기업이 있는 반면, 성과로 인정하지는 않지만 제공은 허가하는 기업과 제공 자체를 허가하지 않는 기업도 있다. 이렇듯 조직의 목적에 따라 상담실의 역할과 업무는 달라질 수 있고, 이는 평가 기준에도 영향을 미치게 된다. 그러므로 기업과 상담자는 상담실 운영 목적에 대해 논의하고 합의해야 하며 구체적으로 역할과 업무를 정할 필요가 있다.

세부적인 목적과 역할을 별도로 정하지 않고 구성원 복리후생 차원에서 상담실을 도입하고 운영하는 기업들도 있다. 이것은 직원의 복지에 대한 기업의 책임과 역할을 수행하는 것으로, 그 자체로도 운영 목적이 될 수 있다. 하지만 이런 경우 평가 기준이 모호해지고 상담 성과와 상담실 운영 효과에 대한 의구심은 계속 생길 수밖에 없다. 이런 의구심은 기업 내 상담실의 지속적인 운영과 활성화, 예산과 서비스 영역 확장, 인력 증원 등에 부정적인 영향을 줄 수 있다. 심리상담은 통계적으로 유의미한 효과가 있다는 연구가 많이 있다(Lambert & Bergin, 1994). 그리고 기업상담이 내담자의 심리적 증상 감소뿐만 아니라 직무 관련 태도와 행동에 긍정적인 효과가 있다는 연구 결과도 찾아볼 수 있다(McLeod, 2008). 이로 볼 때 상담실의 안정적인 운영과 확대는 결국 구성원과 조직에 도움이 될 것이라 예상할 수 있다. 상담실 운영 목적을 명확하게 합의하여 역할과 업무, 우선순위를 정하고 이에 따라 평가 기준을 만들어 나가는 것은 결국 기업과 상담자, 구성원 모두에게 도움이 되는 과정인 것이다.

한편, 역할을 명확히 하는 것은 기업상담자의 소진 예방을 위해서도 필요하다. 기업상담자는 조직 내에서 다양한 역할을 담당하며 역할 갈등과 역할 모호성을 경험한다(심윤정, 2012; 조해연, 이송하, 이동혁, 2013). 특히 내부 모형의 기업상담자는 상담자의 역할과 동시에 조직 구성원의 역할도 요구 받고 있어서 더 혼란을 경험할 수 있다. 상담 외 주어지는 다양한 역할과 업무, 상담자이자 조직 구성원 역할을 수행하며 겪는 정체감 혼란은 기업상담자 소진의 원인이 되며 소진의 결과 상담을 비롯한 그 외 업무에 대한 동기와 의욕 저하가 나타날 수 있고, 이직이나 퇴사에 대한 고민을 경험하게 된다(남현주, 송연주, 2016). 다양한 역할을 요구받을 수 있는 조직 내 상담실이기에 역할을 명확히 하지 않으면 이는 결국 상담자 소진으로 이어져 구성원들에게 적절한 서비스를 제공하지 못하게 되거나 상담자라는 전문 인력을 효율적으로 활용하지 못하는 상황이 발생할 수 있는 것이다.

2) 기업상담의 성과

기업상담을 평가하려면 상담실 운영 목적과 역할을 명확히 하는 것과 동시에 무엇을 기업상담의 성과로 볼 것인지 검토해야 한다. 실제 기업상담 현장에서 가장 보편적으로 쓰이는 성과 지표는 상담 서비스 이용자 수, 개인상담 회기 수, 집단적 접근 건수, 이용 만족도 정도로, 주로 간접적인 방식으로 그 성과를 제시하고 있다(김하나, 2010; 왕은자, 2016). 각 지표의 변화 추이를 살펴보며 상담 서비스 이용률이 늘어나거나 개인과 집단의 의뢰 건수가 많아지고 만족도가 높으면 상담실이 잘 운영되고 있다고 보는 것이다. 연간 계획을 세울 때 이용자 수에 대한 목표 증가율과 집단적 접근의 목표 건수를 설정하여 목표 달성 정도에 따라 평가를 하기도 한다. 이는 객관적인 수치로 나타낼 수 있는 지표이기 때문에 기업상담의 성과를 판단하는 정보 중 하나로 활용할 수 있는 것이다. 만약 기업의 상담실 운영 목적이 복지 서비스 제공에만 국한되어 있다면 상담실을 도입하여 구성원들에게 지속적·안정적으로 상담 서비스를 제공하고 있는 그 자체를 성과라고 볼 수 있다.

이와 같은 실적과 운영 현황에 대한 수치는 현실적으로 많이 사용하고 있는 지표이지만 이것만으로는 상담 서비스 제공이 개인과 조직에게 어떤 영향을 주고 있는지, 어떤 점에서 효과적인지 알기 어렵다. 하지만 기업상담 성과에 대한 평가 기준을 제시하는 연구나 성과 측정도구 개발 연구는 미흡한 실정이며(이승미 외, 2016), 이해관계자나 조직에 따라 효과로 인식하는 지표가 다를 수 있어 상담 서비스가 미치는 영향에 대한 직접적인 근거를 제시하는 것은 어려운 일이다. 내담자, 상담자, 관리자별로 기업상담 효과에 대한 인식이 다를 수 있고(김하나, 2010; 왕은자. 2009), 기업이나 소속 부서에 따라 상담에 대한 기대는 달라질 수 있다. 표면적으로는 정신건강 관리를 상담 서비스의 도입 목적으로 홍보하고 있지만, 이면적으로는 조직의 잠재적 문제 진단, 문제 사원 관리 및 계도, 위기나 사고의 조기 발견 및 예방, 노사 갈등 해결책의 일환 등 상담에 대한 다른 목적과 도입 배경을 지니고 있는 경우가 있을 수 있다(심윤정, 2012). 실제로 조직문화나 제도의 문제점 등에 대한 제언과 직장 내 성희롱, 직장 내 괴롭힘과 같은 법적인 이슈를 다루는 것을 조직 내 상담실의 기능이자 중요한 성과로 보는 기업도 있다. 따라서 각 기업의 특수성을 고려하여 기업상담 성과 요인과 지표를 정해야 할 것이다.

지금까지 기업상담 평가 전 논의할 사항을 살펴보았다. 이제 실제 기업상담에서 평가를 어떻게 하고 있는지 상담실 실무와 운영으로 나누어 살펴보도록 하겠다.

3. 기업상담 평가의 실제: 실무 평가하기

실무에 대한 평가는 주로 상담 처치의 효과가 어떠한지 확인하는 것으로, 외부 상담실에서 진행하는 평가 방식과 동일하다. 실무 평가도 기업상담자 업무의 일부분으로, 그 실제를 확인하는 데 의의를 두고 과정과 내용들을 살펴보도록 하겠다.

1) 개인적 접근

상담의 효과는 상담의 성과를 측정함으로써 파악할 수 있다(김계현, 2000). 보통 상담 종결 시기에 상담 목표의 달성 정도를 내담자에게 구두로 평가하도록 하여 상담 성과를 파악한다. 자주 사용하는 또 다른 방법은 문제나 증상의 정도를 측정하는 척도를 사용하는 것이다(김계현, 2000). 기업상담 현장에서도 이와 같은 방식으로 진행된다. 측정도구를 활용할 때는 주 호소문제 또는 상담 목표와 관련된 측정도구를 선택하여 통제집단이나 비교집단 없이 내담자만을 대상으로 사전-사후 검사를 진행한다. 또한 상담 만족도 평가를 하는 경우도 있으며, 이때 측정도구를 활용하거나 내담자에게 직접 질문하는 방식으로 진행한다. 개인상담 성과를 측정하거나 평가할 때 활용할 수 있는 도구의 예시는 〈표 8-1〉과 같다.

표 8-1   개인상담 성과 측정 도구

검사명	저자	한국판 저자 및 번안자	내용	문항수
SEQ 회기평가 질문지	Stiles, W. B. (1989)	이상희, 김계현 (1993)	• 회기에 대한 평가: 순조로움, 깊이 • 상담 직후 정서 상태: 긍정적 정서, 각성도	19
CSQ 상담만족도 질문지	Larsen, D. L., Attkisson, C. C., Hargreaves, W. A., Nguyen, T. D. (1979)	김원중 (1993)	• 상담 만족 수준에 대한 단일 요인	8
상담성과 질문지	정남운(1998)		• 전반적인 상담에 대한 만족 정도, 문제해결에 기여한 정도, 대인관계에서 자신과 타인에 대한 자각의 증가, 문제 발생 원인에 대한 이해, 정서적 안정의 정도 및 상담으로 인한 개선 여부	9
OQ-30 상담성과척도	Vermeersch, D. A., Lambert, M. J., Burlingame, G. M. (2000)	손난희, 유성경 (2012)	• 주관적 불편감, 대인관계, 사회적 역할수행	30
CORE-OM 핵심상담 성과도구	Barkham, M., Evans, C., Margison, F., Mcgrath, G., Mellor-Clark, J., Milne, D., Connell, J. (1998)	김선경, 왕은자 (2016)	• 주관적 안녕감 • 심리 문제 • 삶의 기능: 일반, 친밀관계, 대인관계 • 위기	34
MMPI-2 다면적 인성검사 II	Butcher, J. N., Graham, J. R., Ben-Porath, Y. S., Tellegen, A., Dahlstrom, W. G., Kaemmer, B. (1989)	한경희, 김중술, 임지영, 이정흠, 민병배, 문경주 (2005)	• 타당도 척도: 무응답, VRIN, TRIN, F, F(B), F(P), FBS, L, K, S • 임상 척도: Hs, D, Hy, Pd, Mf, Pa, Pt, Sc, Ma, Si	567

K-BDI-II 한국판 벡 우울 척도 2판	Beck, A. T., Steer, R. A., Brown, G. K. (1996)	김지혜, 이은호, 황순택, 홍상황 (2015)	• 우울의 정서적, 인지적, 동 기적, 생리적 영역을 포괄 한 우울증상 측정	21
K-BAI 한국판 벡 불안척도	Beck, A. T., Epstein, N., Brown, G., Steer, R. A. (1988)	김지혜, 이은호, 황순택, 홍상황 (2015)	• 우울 증상과 구별되는 불안 과 관련된 증상의 심각도 측정	21

한편, 상담실에서 직접 상담 및 상담실 이용 평가 질문지를 만들어서 사용할 수 있다. 질문지에는 상담 경험에 대한 질문, 상담자에 대한 질문, 상담실의 물리적 환경에 대한 질문, 전반적인 만족도에 대한 질문들이 객관식으로 들어갈 수 있으며, 상담 경험 후기를 묻는 주관식 질문이 포함될 수 있다. 솔직하게 응답할 수 있도록 무기명으로 진행하며, 별도의 제출함을 마련하여 자유롭게 제출할 수 있도록 한다. 이 중 상담실의 물리적 환경이나 만족도 평가와 같은 일부 내용은 상담실 운영 평가 시 활용할 수 있다.

2) 집단적 접근

집단 프로그램의 평가는 무엇을, 언제, 어떻게 평가할 것인가로 나눠 생각해 볼 수 있다. 보통 참여자에 대한 평가, 상담자에 대한 평가, 전체 과정에 대한 평가를 진행하며, 이 중 참여자에 대한 평가는 참여자가 자신에 대해 스스로 평가하는 방식과 다른 참여자를 평가하는 방식, 상담자가 참여자를 평가하는 방식이 있다.

　운영 형태와 목적 및 목표에 따라 평가 대상은 다를 수 있다. 예를 들어, 집단상담이나 워크숍의 경우 상담자와 전체 과정에 대한 평가는 진행하고 참여자에 대한 평가는 생략할 수 있다. 익명이라 할지라도 참여자가 같은 조직에 속한 사람들로 구성되어 있어 솔직한 피드백이 어려울 수 있고 평가 내용에 민감할 수 있기 때문이다. 교육의 경우 참여자에 의해 상담자와 전체 과정에 대한 평가가 진행된다. 의뢰가 된 교육이라면 교육 내용 이해 정도를 확인하기 위해 의뢰한 곳에서 참여자 평가를 추가하여 진행할 수 있다.

　단회로 진행하는 경우 과정이 끝나고 바로 평가를 실시하며, 2회기 이상 진행하는 경우에는 한 회기가 끝날 때마다 회기별 평가를 하고 모든 과정이 끝난 후 최종 평가인 사후 평가를 진행한다. 긴 회기의 프로그램이라면 사전-사후 검사를 실시하여 효과를 검증해 볼

표 8-2 마음챙김 명상 프로그램 평가계획 예시

구분	종류	대상	시기
사전 평가	우울(BDI), 불안(STAI), 정적-부적 정서(PANAS), 마음챙김 주의 알아차림(K-MAAS)	참여자	프로그램 시작 전
회기별 평가	소감 나누기, 경험보고서 작성	진행자 참여자	매 회기 종료 후
사후 평가	우울(BDI), 불안(STAI), 정적-부적 정서(PANAS), 마음챙김 주의 알아차림(K-MAAS)	참여자	전체 프로그램 종료 후
	소감 나누기, 경험보고서 작성	진행자 참여자	
	리커트 척도로 된 프로그램 만족도 조사	참여자	

수 있다. 평가를 하는 방법은 공개 토의 방식으로 소감 나누기, 경험보고서 작성, 리커트 척도로 된 설문 조사, 측정도구 활용 등이 있으며, 소감 나누기와 경험보고서는 상담자도 함께 실시할 수 있다. 이중 한 가지 방법만 활용할 수도 있지만, 효과적인 평가를 위해 여러 방법을 적절하게 섞어서 활용하는 것이 좋다. 예를 들어, 8회기의 마음챙김 명상 프로그램을 진행할 경우 〈표 8-2〉와 같은 평가 계획을 세울 수 있다.

이벤트와 캠페인은 진행 후 상담실 방문 및 문의, 상담 신청 빈도 분석과 인식 개선 조사 등을 통해 결과 평가를 할 수도 있지만 실제로는 참여 인원수를 기준으로 잘 진행되었는지 평가하는 경우가 더 많다. 메일링은 수신 확인 비율을 분석하여 효과를 평가할 수 있다. 상담실에서 진행한 집단적 접근들의 주제와 시기, 빈도, 동기부여책 등의 적절성을 질문하는 항목을 만들어 만족도 조사를 진행하고 그 결과를 다음 연도 계획에 반영할 수 있다.

개인상담의 경우 사례 종결 후 별도의 결과보고서를 작성하지 않지만 집단적 접근은 한 건의 집단 프로그램, 이벤트, 워크숍 등을 진행한 후 개인에 대한 정보가 드러나지 않는 항목들로 결과보고서를 작성할 수 있다. 평소 상담실의 업무 중 실시간으로 보고할 수 있는 것이 많지 않아서 상담실이 무슨 일을 하는지 모르겠다는 의견들이 조직 내에서 나올 수 있다. 그래서 프로그램 실시 후 즉시 결과보고서를 작성하여 임원과 상담실 관리자, 현업 관리자 등의 조직 내 이해관계자들에게 공유하는 것이 좋다. 결과보고서에 들어가는 항목의 예시는 다음과 같으며, 문서는 1~2장으로 간략하게 정리하는 것이 좋다.

- 운영 목적: 실시 배경, 목적, 목표
- 운영 개요: 운영 일시, 소요 시간, 장소, 대상, 참여 인원
- 진행 내용: 프로그램 및 교육 내용, 진행 순서, 각 단계별 소요 시간, 진행 사진
- 운영 결과: 성과 및 효과, 의의, 참여자 반응 및 소감
- 기타: 보완점, 추후 계획

4. 기업상담 평가의 실제: 상담실 운영 평가하기

1) 상담실 운영 평가

기업상담을 평가하고자 할 때 개인상담이나 집단 프로그램과 같은 상담실 주요 업무에 대한 평가뿐만 아니라 상담실이 기업 내에서 잘 운영되고 있는지 평가하는 것도 매우 중요하다. 현재 상담 서비스를 도입하는 기업들은 늘어나는 추세지만 주로 대기업을 중심으로 운영되고 있고, 일부 대기업을 제외하면 상담실 활성화를 위한 제도나 인프라 개선 활동이 미흡한 실정이다. 아직 기업상담이 정착되었다고 보기 어려운 국내 기업상담의 발전 단계에 비추어 보면 기업상담이 충분한 효과를 발휘할 수 있는 적절한 인프라 구축은 기업상담의 효과가 될 수 있다(왕은자, 2009). 따라서 상담실 운영에 대한 평가 기준을 마련하여 그에 따라 정기적으로 점검을 하는 과정이 필요하다. 상담실 운영 평가는 상담 서비스의 질적 향상과 운영 시스템 개선에 영향을 줄 수 있으므로 기업의 상황에 맞게 평가 매뉴얼을 만들어 진행할 것을 권한다. 운영에 대한 평가는

상담자만의 몫이 아니다. 이는 상담실 운영 목적을 효과적으로 달성하고 사내 상담실을 안정적으로 운영하기 위한 과정으로, 상담실 관리자도 함께 수행해야 하는 업무이다. 더 나아가 상담실을 도입한 기업 차원에서 책임감을 갖고 운영 평가가 잘 진행될 수 있도록 지원해야 한다.

평가는 상담실 관리 부서에서 자체적으로 진행할 수 있고 타 부서 또는 타 사업장, 계열사를 통한 외부인 평가로 진행할 수도 있다. 평가 주기는 내부 상황에 맞게 정할 수 있으나 보통 1년 주기로 실시한다. 체크리스트를 만들거나 등급을 나눠서 평가할 수 있으며, 평가 후에는 평가 결과를 활용하고 적용할 수 있는 방안을 모색해야 한다. 주요 평가 항목의 예시는 〈표 8-3〉과 같다.

표 8-3　상담실 운영 평가 항목 예시

영역	평가 항목	세부 내용
운영	연간 운영 계획이 있는가	• 상담실 운영 전략 및 업무 목표 • 연간 운영 계획과 실제 수행 정도
	주요 업무 운영 절차와 매뉴얼이 있는가	• 각종 상담 서비스 신청 절차 • 고위험자 개입 및 위기 대응 절차 • 직장 내 성희롱, 직장 내 괴롭힘 피해자 상담 절차 • 심리적 어려움으로 인한 병가/휴직 절차
	정기적인 회의체가 있는가	• 임원, 관리자 등 기업 내 이해관계자가 참여하는 정기 회의 종류와 빈도
	업무 보고 절차가 있는가	• 업무 보고 주기 및 방식 • 상담실 운영 실적 통계 및 보고 문서 양식

인력	상담실 담당 관리자와 직원이 있는가	• 관리 책임자, 담당 직원, 행정 직원 • 담당자 교체 주기와 빈도
	상담자의 전문성은 적절한가	• 상담자 자격증, 경력, 교육 이수 내역 등
	상담자 인원은 적절한가	• 적정 인원 판단 기준
	상담자 역량 강화를 위한 계획과 지원이 있는가	• 지원 계획 및 지원 내역
	상담자 평가 기준이 있는가	• 평가 기준 및 절차
환경	상담실의 위치와 공간은 적절한가	• 상담실 위치 • 개인상담실, 집단상담실, 심리검사실, 사무 공간 • 상담실 내부 환경 조성
	온라인 상담 환경이 조성되어 있는가	• 홈페이지, 비대면 상담 환경 지원 등
	물품 지원은 적절한가	• 필요 물품 구비 여부 • 물품 구매 방법 및 주기
실적	1년간 상담실 운영 실적은 어떠한가	• 개인상담 및 심리검사 인원수와 회기 수 • 집단 프로그램 참여 인원수와 진행 건수 • 자문 및 의뢰 건수
	홍보 활동을 진행하는가	• 홍보 활동 횟수 및 방법
	메일링 서비스를 제공하는가	• 메일링 서비스 제공 횟수 • 정기적 서비스 진행 여부
	만족도 평가를 실시하는가	• 각종 서비스 및 상담실 이용자 만족도 평가 실시 여부 및 결과
	연계 가능한 외부 기관이 있는가	• 연계 가능한 외부 기관 목록 • 연계 기관 종류와 수

한편, 조직 내 상담실에서는 정기적으로 상담실 운영 현황에 대한 보고를 진행한다. 이를 통해 조직과 상담자는 상담실 운영 추이와 성과, 보완점을 분석하고 추후 계획을 세울 수 있다. 보고서 작성을 위해 운영 실적 통계 양식과 운영 보고서 양식이 필요하며, 양식의 세부 내용은 조직의 상황에 맞게 구성한다. 일반적으로 운영 실적 통계 양식에는 개인상담 이용자의 성별, 연령, 직군, 직급, 상담 주제가 항목으로 들어가며, 심리검사 실시 건수와 종류, 집단적 접근의 횟수와 참여 인원도 함께 기록한다. 운영 보고서는 '1. 전체 요약, 2. 상담 실적, 3. 이용 추이, 4. 주요 상담 주제, 5. 주요 이슈 및 특이사항, 6. 조직에 대한 제언, 7. 추후 계획' 순으로 작성할 수 있다. 보고 주기는 조직과 논의하여 정할 수 있으나 보통 월별이나 분기별로 보고를 하고 연 1회 연간 보고를 진행한다.

2) 상담자 평가

기업 내 구성원들이 연 1~2회 인사 평가를 받는 것처럼 조직 내 상담자도 평가를 받는다. 국내 기업들은 직무 수행 과정에서 보이는 태도 및 의욕을 평가하는 태도 평가, 직무별로 요구되는 능력을 평가하는 역량 평가, 업무 목표의 달성 여부를 평가하는 성과 평가로 구분하여 평가하는 것이 일반적이다(정호영, 2016). 이 중 태도 평가를 제외한 역량 평가와 성과 평가만 진행하기도 하고 태도 평가를 역량 평가에 포함시키는 경우도 있다.

내부 모형의 기업상담자는 상담자의 역할뿐만 아니라 조직 구성원의 역할도 요구받고 있어 상담자로서 평가를 받는 것과 동시에 구성원으로서 평가를 받는다. 하지만 기업에서 가지고 있는 상담자 평가 기준은 대부분 모호하며 상담자 스스로도 어떤 요소로 평가를 받고 있는지 모르고 있는 경우가 많다. 상담실의 연간 운영 계획을 세우고 합의하에 정한 세부 업무 목표가 있다면 그 목표의 달성 수준을 성과 평가의 기준으로 삼을 수 있다. 이것은 목표관리(Management By Objectives: MBO)에 의해 업무 목표를 설정하고 정해진 기간 동안의 목표 달성 정도에 따라 평가하는 방법으로, 기업에서 일반적으로 많이 쓰는 평가 방식이다(손일상, 2005). 이 과정은 상담자의 업무를 하면서 구성원처럼 성과 평가를 받는 것이라 할 수 있는데, 무엇을 상담자의 업무와 성과로 볼 것인지에 대한 이해와 설정, 합의가 있어야 가능한 것이다.

그러나 기업상담자의 태도와 역량에 관해서는 아직 이해와 합의가 부족한 실정이다. 예를 들어, 구성원 태도 평가 항목으로 많이 언급되는 팀워크는 조직 생활에 중요한 요소이지만 상담자에게도 적용할 수 있는 기준인지 논의해 볼 필요가 있다. 상담자는 내담자와의 이중관계를 경계해야 하는데, 기업 내 구성원들은 모두 잠재적인 내담자라고 볼 수 있으며, 소속된 부서 사람들과 가깝게 지낼수록 비밀보장에 대한 오해를 불러일으킬 수 있기 때문이다. 역량 평가 또한 기업상담자의 전문적인 역량을 직접적으로 평가할 수 있는 방법과 기준이 없어 학회나 외부 전문 교육, 벤치마킹 등의 역량을 높이기 위한 활동 참여 여부 또는 횟수를 기준으로 평가하기도 한다. 참고로 수퍼비전을 받거나 실시하는 것도 역량을 높이는 활동에 해당될 수 있으나 보안과 부업 금지 등의 이슈로 기업 차원에서 공식적으로 수퍼비전을 지원하거나 허가하는 경우는 드물다.

기업상담자에게 필요한 태도와 역량이 무엇인지에 대한 고민은 상담 서비스를 도입하여 운영하고 있는 기업과 도입할 예정이 있는 기업 모두의 과제가 될 것이다. 이와 관련하여 국내의 한 연구(남현주, 2014)에서 기업상담의 독특한 구조와 다양한 역할 요구로 인해 기업상담자는 다른 상담과는 구별되는 역량을 갖추어야 한다고 언급하며, 세 개의 역량군과 열세 개의 역량요소, 마흔아홉 개의 역량지표로 이루어진 기업상담자 역량 모형을 개발하였다.

첫 번째 역량군은 이론지식 역량군으로, 기업상담을 수행하는 데 필요한 핵심적인 이론적 지식을 의미한다. 이론지식 역량군의 역량요소는 상담기초지식, 기업상담 실제 관련 지식, 조직에 대한 이해로 구성된다. 두 번째는 태도 · 개인자질 역량군으로, 기업상담자의 과업을 수행하는 데 필요한 인성, 윤리, 가치, 태도 등의 능력을 의미한다. 이 역량군의 역량요소로는 개인 인성, 기업상담자 특수 자질, 상담전문가 윤리 준수 책임, 성찰 및 자기계발이 있다. 세 번째 역량군은 기업상담자로서 직무 관련 과제를 수행하는 데 요구되는 실천적 지식과 능력을 의미하는 직무 수행 역량군으로, 역량요소는 상담수행, 심리측정 및 평가 수행, 교육 및 프로그램 관련 업무 수행, 조직 관련 업무 수행, 자문 및 연계, 홍보 및 정보제공으로 구성되어 있다.

이 역량 모형을 통해 기업상담자에게 필요한 역량들을 파악할 수 있으며, 이 내용은 기업상담자의 역량을 진단하고 평가할 수 있는 기준을 마련하는 데 기초 자료로 활용할 수 있다. 역량 모형의 전체 내용은 이 장 끝의 부록에 제시되어 있다.

5. 결론

　지금까지 기업상담 평가의 실제에 대해 살펴보았다. 평가를 하기 전에 먼저 기업상담의 운영 목적과 역할, 성과지표에 대한 논의와 합의가 필요하다. 또한 상담실의 주요 업무에 대한 평가뿐만 아니라 상담실 운영 현황에 대한 평가도 함께 진행해야 한다. 기업은 필요한 인력들이 크고 작은 단위의 조직으로 구성되어 있다. 조직의 운영을 위해 각 부서와 인력들에 대한 평가는 반드시 필요한 과정이며, 기업 내 상담실과 상담자 역시 예외가 되지 않는다. 국내 기업상담은 상담 서비스의 필요성에 대한 공감대 형성과 더 많은 기업으로의 확대 운영이 필요한 상황이지만, 검증 가능한 효과는 상담 서비스의 필요성과 확대의 전제가 될 수 있으므로 기업상담의 성과 측정과 평가에 대한 논의도 함께 활발히 진행되어야 한다. 다만, 상담 서비스 영역의 특성상 해당 영역을 단기적 관점의 가시적 성과 여부로 평가하려는 시도는 신중을 기해야하며, 상담실과 상담자에 대한 평가도 같은 맥락에서 기준과 방법에 대한 논의가 진행되어야 한다.

부록   기업상담자 역량 모형의 역량지표 및 정의

역량군	역량요소	역량지표	정의
I. 이론지식 역량군	1. 상담기초 지식	1) 주요 상담이론 및 실제에 대한 이해	개인상담 및 집단상담의 주요 상담이론과 실제에 대하여 이해한다.
		2) 심리측정과 평가에 대한 이해	개인의 심리적 특성을 측정하고 평가하는 원리에 대하여 이해한다.
		3) 성격과 이상심리에 대한 이해	개인의 성격 특성에 따른 개인차와 부적응행동의 원인이 되는 이상 심리에 대해 이해한다.
		4) 인간발달이론 및 생애 역할에 관한 이해	인간발달이론과 발달과업, 다양한 생애 역할에 대하여 이해한다.
		5) 기업상담 이론 및 실제에 대한 이해	기업상담 유형, 기업상담 모델, 기업상담자 훈련, 기업상담의 윤리 적 고려사항 등 기업상담이론과 실제에 대하여 이해한다.
	2. 기업상담 실제 관련 지식	6) 인간관계, 의사소통훈련 관련 지식	조직 내 관계, 관계 심리, 관계 증진 기법, 의사소통 훈련 관련 이론 과 실제에 대하여 이해한다.
		7) 단기상담 및 문제 해결 상담에 대한 지식	기업 상황에서 요구되는 단기상담 및 문제해결 상담이론과 실제를 이해한다.
		8) 직무스트레스 관련 지식	조직 내 스트레스의 다양한 원인과 증상, 진단, 대처 방식에 대하여 이해한다.
		9) 자살예방 및 위기 개입	자살예방, 위기 상황 감지, 사전 개입과 관련된 실제적인 위기 개입 방법에 대해 이해한다.

		10) 직장 내 성희롱 예방 관련 지식	직장 내 성희롱 관련 법규, 정의, 사례, 대처 방안, 처리 절차, 피해자, 가해자 상담 등에 대하여 이해한다.
I. 이론지식 역량군	2. 기업상담 실제 관련 지식	11) 가족상담이론 및 실제에 대한 지식	부부관계, 인가족 갈등, 자녀 양육, 가족관계 등을 건강하게 조력할 수 있는 가족상담의 이론 및 실제에 대하여 이해한다.
		12) 기타 기업상담 특수문제 영역에 대한 지식	기업 내 성인 내담자에게 자주 나타나는 특수 정신건강 관련 문제 영역별(예: 도박, 알코올, 물질남용, 우울, 수면장애, 공황장애 등)로 요구되는 기본적인 이론적 지식과 실제적인 조력방법, 연계방법에 대해 이해한다.
	3. 조직에 대한 이해	13) 조직에 대한 이해	일반적인 기업조직 문화, 조직의 흐름 및 생리, 기업 내 여러 이해관계자 집단 및 집단 역동, 우리나라 기업조직의 특성과 조직문화에 대하여 이해한다.
II. 태도, 개인 자질 역량군	4. 개인 인성	14) 인간권리와 존엄성에 대한 존중	기본적인 인간권리와 존엄성에 대하여 존중하며 내담자의 복지증진을 위해 노력한다.
		15) 인내심	어려운 상황하에서도 끈기 있게 목표를 지속적으로 추구해 가며, 실패나 좌절을 성장의 기회로 삼고자 한다.
		16) 긍정적 태도	모든 일의 부정적 측면보다는 긍정적이고 기능적인 측면을 살펴보며 문제 해결에 접근하고자 한다.

4. 개인 인성	17) 수용적인 태도	낯설고 익숙하지 않은 상황이나 사람에 대하여 선입견을 갖지 않고 열린 자세로 대한다.
	18) 이타심	인간에 대한 신뢰와 열정으로 남을 존중하고 배려하며 돕고자 한다.
	19) 유연성(융통성)	기업상담자로서 다양한 역할을 수행하거나 상담원칙을 적용하는 것에 있어 상황에 적절하게 유연성을 갖고 대처한다.
	20) 적극성	경영진, 임직원들에게 상담이 무엇인지와 그 필요성 및 효과를 인식시키고 '찾아가는 상담'을 제공하는 등의 적극적인 태도를 취한다.
5. 기업 상담자 특수 자질 역량군	21) 신뢰감을 주는 태도	상담전문가로서 상담 장면이나 일상생활에서 연행일치함으로 신뢰와 정직을 보여 주고 전문성을 발휘함에 있어 이해관계자들에게 신뢰감을 불러일으킨다.
	22) 조직과 내담자 간 중립 및 균형유지	조직과 내담자 어느 한쪽으로 기울지 않고 이들의 조화를 돕는 중립적 자세 및 균형을 유지하려고 노력한다.
	23) 자신감	기업상담 전문가로서 자신이 하는 일에 대해 자신을 신뢰하고 자신감과 확신을 가진다.
	24) 개척정신/도전정신	적극적으로 사고하고 행동하며 새로운 영역에 대해 두려워하거나 피하지 않고 도전함으로써 발전하고자 한다.

Ⅱ. 태도,
개인
자질
역량군

Ⅱ. 태도, 개인 자질 역량군	6. 상담 전문가 윤리 준수 책임	25) 상담과정 및 내담자와의 관계에 대한 윤리	상담과정에서 내담자의 복리 증진을 위해 노력하며 어떤 방식으로든 해를 가치지 않고 상담관계를 이용해 내담자에게서 이익을 취하지 않는는 것 등과 관련된 상담자의 윤리 구정을 준수하고자 한다.
		26) 비밀보장 원칙과 한계 설정	내담자의 비밀유지와 관련된 권리를 존중하고 예외 상황에 대해 미리 알리는 등 비밀보장과 관련된 상담자의 윤리를 준수하고자 한다.
		27) 심리검사 사용 및 해석에 대한 윤리	심리검사를 내담자의 복리와 이익을 위해서만 사용하고 평가결과를 오용하지 않으며, 자신의 훈련받은 검사와 평가만을 수행해야 한다는 심리검사와 관련된 윤리를 준수하고자 한다.
	7. 성찰 및 자기계발 역량군	28) 인간적 성장을 위한 지속적인 노력	인간으로서 내담자에게 모델이 되는 성숙함을 갖추기 위해 지속적인 성장을 통한 자기이해와 통합, 성장을 위해 노력한다.
		29) 전문적인 직업인으로서 자기계발 노력	교육, 연수, 학회, 사례 수퍼비전 참여 등의 활동을 통해 기업상담 전문가로서 지속적인 자기계발을 위해 노력한다.
		30) 자기관리	상담자 삶에 있어서 일, 가정 등을 조화롭고 균형 있게 유지하고 다양한 방법을 통해 소진이나 스트레스를 잘 관리한다.
Ⅲ. 직무 수행 역량군	8. 상담 수행	31) 전문적인 상담 수행 능력	개인 및 집단을 상대로 문제해결 및 예방, 심리적 안녕, 적응을 조력하기 위한 전문적인 상담서비스를 수행할 수 있다.

역량군			내용
III. 직무 수행 역량군	8. 상담 수행	32) 상담전문지식 응용 능력	조직의 특성, 직군 및 직급, 성별, 연령 등의 특성을 파악하여 그에 적합한 다양한 상담기법을 통합, 응용하여 적용할 수 있다.
		33) 내담자와 협력적 관계 형성 능력	내담자와 상담적 협력관계를 형성하기 위해 경청, 문제 명료화, 지지와 존중, 공감 등의 기술을 사용할 수 있다.
	9. 심리측정 및 평가 수행	34) 심리측정과 평가 실제 수행 능력	각종 심리검사에 대한 충분한 지식을 바탕으로 개인 내담자 또는 조직의 특성과 문제에 적절한 검사를 올바르게 실시할 수 있다. 또한 자기이해나 타인이해, 조직 구성원들 간 상호이해를 돕고 검사결과를 개인 내담자 또는 조직의 문제와 연관하여 의미 있게 해석할 수 있으며 임상적 전문성을 갖고 개인이나 조직의 상태를 평가하기도 한다.
		35) 통합 및 분석 능력	개인, 부서 혹은 팀의 경향성과 현저한 차이, 사례 등을 통해 자료를 검토하고 다양한 관점에서 수집된 자료를 통합, 분석하여 해석할 수 있다.
	10. 교육 및 프로그램 관련 업무 수행	36) 창의력	다양한 상담기법이나 프로그램에 대한 이해를 바탕으로 발상의 전환 및 적용의 변환을 통해 새로운 교육 및 상담 프로그램을 창출하고 아이디어를 도출할 수 있다.
		37) 프로그램 리더십	상담 관련 프로젝트를 계획, 조직, 실행, 평가하고 이해관계자에게 비전을 설명하고 적극적인 참여를 얻을 수 있다.

III. 직무 수행 역량군	10. 교육 및 프로그램 관련 업무 수행	38) 교육 및 상담 프로그램 개발 및 운영 능력	소속기관의 특성과 조직원의 발달에 적절한 상담 교육 및 프로그램을 기획, 개발하고 다양한 매체나 자료를 활용하여 교육자료를 작성, 효과적으로 운영할 수 있다.
		39) 강의진행능력 (프리젠테이션 능력)	기업에서 요구되는 정신건강 관련, 대화법, 성희롱예방 등 다양한 주제와 대상에 대해 효과적인 교수법으로 전달할 수 있다.
		40) 조직적응력	조직의 구성원으로서 요구되는 관계나 역할에 대해 적극적으로 수용하고 그에 맞는 행동변화를 통해 조화를 이루고 조직에 적응할 수 있다.
	11. 조직 관련 업무 수행	41) 관계 형성 능력	경영자, 관리자, 조직 구성원 등 다양한 이해관계자들과 폭넓고 원만한 관계를 형성할 수 있다.
		42) 의사소통능력	업무 진행 시, 협상 및 조율이 필요한 상황에서 상대방의 말을 경청하고 자신의 의견을 분명하게 전달하여 효과적으로 의사소통할 수 있다.
		43) 협력관계 구축 및 자원 활용 능력	구성 내 해당 부서 및 담당자와의 연계를 통해 지원망을 확보하고 필요시 자원을 원활하게 활용할 수 있도록 우호적 협력관계를 구축할 수 있다.
		44) 중재 및 갈등조정 능력	직장 내 성희롱이나 집단 따돌림 같은 특수한 문제 상황에서 개인과 개인, 개인과 조직, 조직과 조직 간의 가교 역할로 갈등을 효과적으로 중재, 조정하는 데 도움을 줄 수 있다.

Ⅲ. 직무 수행 역량군	12. 자문 및 연계	45) 교정 및 컨설팅 능력	의사소통 기술, 대인관계 기술, 스트레스 관리, 경력 개발, 자기양육, 조직관리 등에 관해 교정이나 자문을 통해 효과적으로 조력할 수 있다.
		46) 연계 및 의뢰	필요시 조직 밖의 정신건강 관련 외부 기관(예: 신경정신과, 상담센터 등) 연계, 특별한 문제 해결을 위해 다른 상담 및 치료를 의뢰를 원활하게 할 수 있다.
		47) 상황 판단력	수집 가능한 모든 사실과 정보, 유용한 대안을 고려하여 합리적이고 현실적이며 합당한 결정을 낼 수 있다.
	13. 홍보 및 정보 제공	48) 상담서비스 마케팅	메일링 서비스, 홈페이지 운영, 상담협진, 게시판, SNS 등을 활용하여 상담과 프로그램에 대해 효과적으로 알릴 수 있다.
		49) 상담 관련 정보제공	정신건강 문제, 스트레스 관리, 가족 관련 문제 등 각종 심리, 상담과 관련된 정보를 효과적으로 제공할 수 있다.

참고문헌

김계현(2000). 상담심리학 연구: 주제론과 방법론. 서울: 학지사.

김정희(2015). 기업상담 세 주체 인식 비교를 통한 기업상담 운영활성화 과제 탐색. 경북대학교 대학원 석사학위논문.

김하나(2010). 기업상담 운영 효과성 평가지표의 상대적 중요도 산출: 내부모델을 중심으로. 서울대학교 대학원 석사학위논문.

남현주(2014). 기업상담자 역량모형 개발. 부산대학교 대학원 박사학위논문.

남현주, 송연주(2016). 기업상담자 소진에 관한 질적 연구: 기업상담 내부모형을 중심으로. 한국심리학회지: 상담 및 심리치료, 28(3), 915-942.

손일상(2005). 인사평가의 유효성향상을 위한 3가지 연구. 중앙대학교 대학원 박사학위논문.

심윤정(2012). 기업상담자의 기업 내 적응경험에 대한 내러티브 연구: 대기업 내 여성상담자를 중심으로. 상담학 연구, 13(4), 1819-1843.

왕은자(2009). 기업상담 효과에 대한 세 관련 주체(내담자, 관리자, 상담자)의 인식 비교. 서울대학교 대학원 박사학위논문.

왕은자(2016). 근로자지원프로그램(EAP) 제공기관의 상담 운영 실태 및 쟁점 탐색. 상담학연구: 사례 및 실제, 1(2), 91-109.

왕은자, 김선경, 박경희, 김계현(2014). 상담성과 평가와 신뢰할 수 있고 임상적으로 의의있는 지수의 활용가능성. 상담학연구, 15(3), 1085-1100.

이승미, 고은혜, 이민아, 양햇살, 김봉환(2016). 기업상담 성과준거에 관한 델파이 연구. 상담학연구, 17(5), 531-549.

정호영(2016). 인사평가의 법적 근거와 한계에 관한 연구. 고려대학교 대학원 석사학위논문.

조해연, 이송하, 이동혁(2013). 기업상담자 역할에 대한 인식 및 역할 기대. 상담학연구, 14(4), 2233-2251.

최보라(2016). 근로자지원프로그램(EAP)의 개인 및 조직 효과에 대한 혼합 연구. 연세대학교 사회복지대학원 박사학위논문.

한명숙(2004). 기업 내 상담자의 역할과 비전. 대학생활연구, 22, 89-102. 한 양대학교 학생생활상담 연구소.

Carroll, C. (1994). Building bridges: a study of employee counsellors in the private sector. Unpublished MSc dissertation, City University, London.

Highley, J. C., & Cooper, C. L. (1994). Evaluating EAPs. *Personnel review*, *23*(7), 46-59.

Lambert, M. J., & Bergin, A. E. (1994). The effectiveness of psychotherapy. In A. E. Bergin & S. L. Garfield (Eds.), *Handbook of psychotherapy and behavior change* (4th ed.). New York: Wiley.

McLeod, J. (2008). *Counseling in workplace: the facts. A comprehensive review of the research evidence.* Rugby: BACP.

Schwenk E. (2006). The workplace counsellor's toolbox. *Counseling at work: winter, 51,* 20-23.

제3부

기업상담의
주요 영역

제9장

직장 내 직무 관련 영역

1. 들어가기

한국은 OECD 국가 중 노동 시간이 가장 길고, 직무 만족도가 최하위이며, 직무스트레스 경험 비율이 가장 높은 나라이다. 이에 정부는 2018년 법정 주당 근로시간을 52시간으로 낮추어 노동 강도와 근로자의 스트레스 문제 해결을 위한 시도를 하였다. 그러나 직종과 업무에 따라 법정 근로시간을 지키기 어려운 곳이 많고, 근로시간 외에도 직장인들이 경험하는 직무 관련 스트레스의 원인은 다양하기 때문에 우리나라 직장인의 마음건강 증진을 위해서는 다양한 측면을 고려할 필요가 있다.

직장인들의 스트레스가 그저 개인만의 문제라고 생각했던 것에서 조직적 차원에서 구성원의 건강을 확보하기 위해 책임감을 가져야 한다는 것으로 관점의 변화가 일어나면서 여러 기업에서 임직원의 스트레스 관리를 위한 시도가 이어지고 있다. 직장 내 직무 관련 영역은 특히 기업상담에서 가장 효과적으로 접근할 수 있는 주제 중 하나이다. 일반 상담 영역에서도 직무와 관련된 내용이 상담의 주제로 다루어지지만 기업상담, 특히 내부 모형의 경우 상담자 역시 같은 조직에 속해 있으므로 내담자가 맡은 직무에 대한 전반적인 이해를 바탕으로 접근 가능하고, 필요한 경우 조직 내 다른 부서 및 인력과 협업을 시도해 볼 수 있다는 점에서 훨씬 더 역동적이고 효과적인 개입이 가능한 측면이 있다. 또한 조직 내 급변하는 상황에 맞추어 즉각적으로 개입을 할 수 있고, 사안에 따라 필요에 맞게 다양한 형태(개인상담, 집단상담, 교육 등)로 접근할 수 있는 것 또한 장점이다.

이 장에서는 직장 내 직무 관련 영역을 다룬다. 직무 관련 영역에서는 직무로 인한 스트레스와 스트레스에 장기간 노출되어 대항할 수 없는 상태에 이르렀을 때 겪게 되는 직무소진 그리고 직무로 인한 상실감에 대한 것을 다룬다. 직무로 인한 상실감은 진급 누락이나 저성취 등 직무 수행 중 발생하는 상실감에 대한 문제도 포함될 수 있으나 여기서는 직무를 마무리하는 퇴직, 은퇴와 같은 직업 상실 단계에서 겪는 심리적 문제를 집중적으로 살펴보고자 한다.

2. 직무스트레스

1) 직무스트레스의 이해

우리나라 직장인의 68%는 '과로' 중(파이낸셜뉴스, 2020. 6. 8.)이라고 할 만큼 업무로 인한 피로도가 높다. 스트레스는 삶의 한 부분으로, 적정 스트레스는 업무 몰입도를 높이고 업무 성과에 좋은 영향을 준다. 그러나 과도한 스트레스는 업무상 문제뿐만 아니라 개인의 심리적 · 신체적 문제를 야기하고, 심각한 경우 사망에 이르게 할 수도 있기 때문에 적정한 수준으로 관리하는 것이 필요하다. 뿐만 아니라, 구성원들이 겪는 스트레스 수준이 높을수록 비효율 근무(presenteeism)가 높아지고, 업무 효율성이 낮아지며(Cocker, Martin, Scott, Venn, & Sanderson, 2013) 조직의 생산성에 악영향을 주기 때문에 구성원들의 스트레스를 관리하는 것은 조직 관리 측면에서도 중요하다.

직무스트레스(job stress)[1]는 '업무상 요구사항이 근로자의 능력이나 자원, 바람(요구)과 일치하지 않을 때 생기는 유해한 신체적 · 정서적 반응'을 의미한다(NIOSH, 1999). 얼마 전 택배 노동자들이 과도한 업무로 피로가 누적되어 과로사한 사건이 연이어 발생했다. 사망한 근로자의 생전 근무시간표를 확인해 보았을 때 하루에 감당하기 힘든 정도의 업무가 계속해서 주어지고, 업무 강도를 조정해 보려고 시도했지만 동료나 회사에서 이를 받아들여 주지 않아 혼자 계속 감내해야만 하는 일들이 있었던 것이 확인되어 과로사로 산재 인정된 경우도 있었다(뉴시스, 2021. 3. 22.). 이처럼 개인의 자원과 직무의 요구 간에 긴장이 발생하고 이를 해결하지 못하고 지속될 때를 직무스트레스 상태에 놓여 있는 것으로 볼 수 있다.

---

[1] 직무스트레스에 대한 이론적 설명은 앞서 제3장에서 다루고 있으므로 참고하라.

2) 직무스트레스의 영향

근로자가 직무스트레스를 받는 상황을 살펴보기 위해 직무스트레스의 정의에서와 같이 개인적 차원과 조직적 차원으로 나누어 살펴볼 수 있다. 즉, 동일한 조건 하에서 개인이 겪는 직무스트레스가 각 개인의 특성에 따른 것인지, 조직의 구조, 문화, 업무 특성 등에 의한 것인지를 살펴봄으로써 스트레스 상황을 이해해 볼 수 있다.

Osipow와 Spokane(1992)은 직무스트레스를 지각된 스트레스, 개인적 긴장, 개인적 자원의 세 가지로 나누어 다차원적으로 살펴볼 것을 제안한다. 지각된 스트레스(percieved stress)는 개인이 직무 상황에서 느끼는 스트레스 요인을 설명하는데, 직무스트레스의 조직적 차원에 대한 내용이다. 근로자에게 영향을 주는 여섯 가지 스트레스원으로는 역할 과부하, 역할 불충분, 역할 모호성, 역할 경계, 책임감, 물리적 환경의 영향이 있다. 경험된 긴장(experienced strains)은 근로자가 스트레스 상황에서 경험하고 있는 심리적, 신체적 어려움으로, 직무스트레스로 인한 결과라고 볼 수 있다. 직무, 심리·정신적 긴장, 대인관계에서의 어려움, 신체적 질병이나 건강에 좋지 않은 자기관리 습관 등 네 가지의 차원을 통해 어떤 영역에 긴장감을 느끼는지를 확인할 수 있다. 개인적 자원(personal resources)은 스트레스 상황에 처해 있을 때 완충작용이 될 수 있는 자원에 대한 것으로 직무스트레스의 개인적 차원으로 볼 수 있다. 여기에는 여가활동, 자기관리, 사회적 지지, 합리적·인지적 대처 등 네 가지 영역을 통해 스트레스 상황에 대한 대처 능력이 어느 정도인지 살펴볼 수 있다.

이 외에도, 우리나라 근로자를 대상으로 확인한 조직적 차원의 직무스트레스 유발 요인으로는 업무 특성(양춘희, 권용만, 신형재, 2015), 직무자율성 결여, 직무불안정, 조직체계, 보상부적절, 직장 문화(장세진, 고상백, 2005)와 같은 것이 있다.

직무스트레스로 인한 영향은 심리적·신체적·행동적 반응으로 넓은 범위에서 다양하게 나타난다. 대표적인 심리적 반응으로 우울, 불안, 무력감, 직무소진, 자살(김철희, 김준경, 2015; 김혜숙, 2013; 박정선, 2005)이 있다. 신체적 반응으로는 심혈관계 질환, 근골격계 질환, 위장 질병, 손상(박정선, 2005; 조정진, 2002), 행동적 반응으로 질병결근, 생산성 감소, 부정적 직무 태도 등으로 인한 조직 성과 저하, 이직 의도(김일성, 송계층, 2012; 이재무, 김전수, 2016; 이환범, 이수창, 2012; 임지은, 2014)와 관련이 있다.

3) 직무스트레스 다루기

우선, 직무스트레스로 어려움을 겪는 대상을 찾는 과정이 필요하다. 심리검사를 통해 직무스트레스를 측정하여 조직 내 스트레스 정도를 개인별, 부서별로 확인해 볼 수 있다. 검사 결과를 분석하여 총점이 높은 개인/부서, 특정한 하위요인이 두드러지는 개인/부서, 평균 외 응답을 보인 개인/부서 등 상담자가 소속된 집단의 요구에 따라 직무스트레스 정도를 파악하는 것이 필요할 것이다. 또한 심리검사를 실시하지 않더라도 현업과 소통하여 특별한 이슈가 있는 부서나 개인이 있는지 파악하거나, 시기적으로 회사 내에 급격한 직무스트레스 발생 요인이 예견되었을 때(예: 초과근무자 증가 등) 직무스트레스 고위험 대상자를 위한 프로그램을 구성하여 다루어 볼 수 있다. 혹은 건강검진에서 직무스트레스를 측정하는 경우, 직무스트레스가 높게 나온 구성원의 명단을 공유 받아서 이들을 대상으로 프로그램을 진행하는 것도 좋은 방법이다.

대상자가 확인된 후, 개인적 차원과 조직적 차원으로 나누어 직무스트레스를 다룰 수 있다. 개인적 차원은 스트레스를 받고 있는 개인의 스트레스 관리 역량을 키우는 데 초점을 두고, 조직적 차원은 직무스트레스가 과다하게 발생되는 구조적 문제에 초점을 두고 변화시키는 것이다. 사내 상담실에서는 우선적으로 개인적 차원에서 구성원들의 스트레스 관리 역량을 높이는 데 초점을 둔다.

개인상담의 경우 개인의 스트레스 요인을 다각도로 파악하고, 상담을 통해 개선할 수 있는 방안을 찾도록 진행할 것이다. 교육, 워크숍, 집단상담 등 다양한 형태를 활용하여 참가자의 스트레스 대처 및 관리 능력을 키울 수 있게 돕는다. 특히, 집단적 접근은 스트레스 고위험군을 발굴하거나 관리할 수 있는 좋은 기회가 된다. 직무스트레스 관리가 필요한 구성원이 상담실에 방문할 수 있도록 안내를 함에도 연락이 닿지 않는 경우, 해당 구성원이 포함된 부서를 대상으로 집단 프로그램을 진행할 수 있다.

직무스트레스 프로그램에서 스트레스 대처 방법을 다루어볼 수 있는데 스트레스 대처방법은 크게 정서 중심 대처방법과 문제 중심 대처방법으로 나누어 볼 수 있다(우종민, 2005; 장현갑, 배재홍, 2005). 정서 중심 대처방법은 스트레스로 인한 신체적 긴장이나 정서적 문제에 초점을 두는 방식으로 점진적 근육 이완법(progressive muscle relaxation), 바이오피드백(biofeedback), 명상법(meditation) 등이 해당된다. 점진적 근육 이완법은 신체의 한 부분을 의도적으로 긴장·이완을 반복하는 방법이다. 바이오피드백은 기계를 통하여 생리적 반응을 모니터로 확인하면서 자신의 심리적 변화와 생리적 반응의 변화를 익히면서 스트레스로 인한 영향을 조절할 수 있는 방법을 훈련하는 방법이다. 명상법은 최근 여러 기업에서 구성원의 스트레스 관리를 위해 많이 적용하고 있는 방법으로 마음챙김 스트레스 감소 프로그램(Mindfulness-Based Stress Reduction: MBSR)과 같은 과학적으로 검증된 명상 방법을 통해 스트레스 조절을 도울 수 있다.

문제 중심적 대처방법은 상황에 대하여 합리적으로 사고할 수 있게 도와 스트레스 요인의 영향으로부터 자유로울 수 있게 하는 방법으로 인지-행동 기법이 해당된다. 이외에도 비슷한 직무를 통해 스트레스를 받고 있는 대상들(예: 고객 응대 근로자)을 모아 집단상담을 통하여 직무스트레스를 해소할 수 있게 돕거나 미술치료, 원예치료, 음악치료와 같은 프로그램을 통해 구성원들의 스트레스 관리에 도움을 줄 수 있다. 또한 상담실에서 진행할 수 있는 프로그램 목록에 직무스트레스 완화 프로그램을 포함하고 메일링 등으로 홍보하여 현업에서 직접 프로그램 진행을 요청할 수도 있도록 하는 것도 좋은 방법이다.

또, 상담자가 파악하기에 조직적 차원에서 구성원들의 직무스트레스에 대해 도움을 줄 수 있다는 판단이 들 때 관련 부서에 현재 조직 내 스트레스 상황을 공유함으로써 우회적으로 직무스트레스를 줄이기 위해 역할을 할 수 있다. 이때, 상담실에서 파악한 개인 혹은 집단의 스트레스 상황을 전달할 때에는 항상 비밀보장 등 윤리적인 이슈를 염두에 두어야 한다.

한국판 직무스트레스 척도

한국판 직무스트레스 척도(The Korean Version of Occupational Stress Inventory: K-OSI)는 Osipow와 Spokane(1992)의 이론적 모형을 토대로 개발된 검사를 이동수, 김지혜, 한우상, 우종민, 강동우, 고영건, 연병길, 김이영(1999)이 우리나라 직장인을 대상으로 표준화한 검사이다. K-OSI는 총 140문항으로 〈표 9-1〉과 같이 직무 역할(Occupational Role Questionnaire: ORQ), 개인적 긴장(Personal Strain Questionnaire: PSQ), 개인적 자원(Personal Resource Questionnaire: PRQ)의 총 3영역, 열네 개의 하위영역으로 나누어 직무스트레스를 측정한다.

K-OSI는 일차적 선별검사 도구로 직무스트레스로 어려움을 겪는 대상자(개인/부서)를 발굴하는 용도로 활용할 수 있고, 세부영역을 확인하여 대상자의 어려움에 대한 내용 분석을 할 수 있다는 장점이 있다. 또 검사 결과를 토대로 개입이 필요한 수준을 3영역 즉, 구조적, 심리정서적, 대처자원의 차원에서 확인하여 대상자에 적합한 조치를 취할 수 있다. 또한, 개입 후 개입의 효과, 결과를 평가하기 위해 사전 사후 검사로서 활용해 볼 수도 있다.

표 9-1 **한국판 직무스트레스 척도 하위요인**

영역	하위영역
직무 역할 (occupational role)	역할 과부하, 역할 불충분, 역할 모호성, 역할 경계, 책임감, 물리적 환경
개인적 긴장 (personal strain)	직무 긴장, 심리적 긴장, 대인관계 긴장, 신체적 긴장
개인적 자원 (personal resoures)	여가활동, 자기관리, 사회적 지지, 합리적·인지적 대처

출처: 이동수 외(1999).

한국인 직무스트레스 측정도구

'한국인 직무스트레스 측정도구(Korean Occupational Stress Scale: KOSS)' 는 우리나라 직장인들이 경험하는 직무스트레스 요인을 측정하기 위해 개발 된 검사이다(장세진 외, 2005). 모든 종류의 사업장 근로자에게 실시할 수 있 고, 총 여덟 개의 하위요인(물리환경, 직무요구, 직무자율성 결여, 직무불안정, 관계갈등, 조직체계, 보상부적절, 직장문화)에 대한 직무스트레스 수준을 확인 할 수 있고 자세한 척도 구성은 〈표 9-2〉와 같다. 검사는 기본형(43문항)과 단 축형(24문항)으로 필요에 맞게 활용할 수 있고, 현장에서는 단축형을 활용할 것을 권한다.

KOSS 활용 시 주의사항은 조직 혹은 부서 단위로 현재 발생하고 있는 직무스 트레스 요인이 무엇인지 확인하기 위한 용도로 활용해야 하고, 개인 단위로 스 트레스를 파악하기 위해 사용하기에는 적합하지 않다. 만약 개인적인 스트레 스를 확인하고 싶다면 다른 검사를 추가적으로 실시하여 결과를 함께 살펴보 는 것이 좋다.

표 9-2 **한국인 직무스트레스 측정도구 하위영역 및 세부내용**

하위요인	세부내용
물리환경	직무스트레스에 영향을 줄 수 있는 근로자가 처해있는 일 반적인 물리적 환경 • 작업방식의 위험성, 공기의 오염, 신체부담 등
직무요구	직무에 대한 부담 정도 • 시간적 압박, 업무량 증가, 업무중 중단, 책임감, 과도 한 직무부담
직무자율성 결여	직무에 대한 의사결정의 권한과 자신의 직무에 대한 재량 활용성의 수준 • 기술적 재량 및 자율성, 업무예측가능성, 직무 수행 권 한 등

직무불안정	자신의 직업 또는 직무에 대한 안정성의 정도 • 구직기회, 고용불안정성 등
관계갈등	회사 내에서의 상사 및 동료 간의 도움 또는 지지 부족 등 대인관계 평가 • 동료 지지, 상사 지지, 전반적 지지 등
조직체계	조직의 정략 및 운영체계, 조직의 자원, 조직 내 갈등, 합리적 의사소통 등 직무스트레스 요인 평가
보상부적절	업무에 대하여 기대하고 있는 보상의 정도가 적절한지를 평가하는 것 • 존중, 내적 동기, 기대 부적합 등
직장문화	직장문화 특징 • 한국적인 집단주의 문화, 비합리적인 의사소통체계, 비공식적 직장문화 등

3. 직무소진

1) 직무소진의 이해

한때 열심히 해 오던 일에 어느 날 열정이 사라지고 더 이상 아무것도 하기 싫고 애정이 가지 않은 적이 있는가? '소진(消盡)' 혹은 '번아웃(burnout)'이라고도 불리는 직무소진(job burnout)은 업무와 관련된 스트레스로 인해 에너지가 점점 사라지는 상태 혹은 에너지를 다 써서 고갈된 상태를 의미하며, 스트레스의 특수한 반응이다(Cordes & Dougherty, 1993).

스트레스 반응 모델인 일반 적응 증후군(general adaptation syndrome)은 스트레스가 어떻게 개인의 심리적 안정에 영향을 주는 지 설명한다(Selye, 1950). 우리가 건강한 상태에서는 스트레스 자 극이 있을 때 내적 항상성(allostasis)을 유지하기 위해 노력하여 균 형을 맞출 수 있게 된다. 하지만 스트레스의 강도가 크거나, 스트 레스에 장기적으로 노출되었을 때는 항상성을 유지하기 위한 노력 에도 불구하고 스트레스에 적응하는 것을 실패하게 되고, 증후군 (syndrome)으로 증상이 나타난다. 이처럼 직무소진도 항상성을 유 지하고자 노력하는 개인의 자원(resources)과 노력에 비해 스트레 스 상황의 지속 정도와 강도가 높아지면서 이러한 균형이 깨지게 되면서 발생하는 것으로 이해해 볼 수 있다.

직무스트레스와 직무소진은 자신이 맡은 직무로 인한 스트레스 로 영향을 받는다는 점에서 공통점이 있다. 그러나 직무스트레스 는 근로자와 환경 사이의 불균형에 의해 발생하는 심리적 · 생리 적 · 건강적 문제가 그 균형이 이루어진다면 해결되고, 회복 후 다 시 건강한 관계를 맺을 것을 기대할 수 있다. 반면, 한번 소진된 근 로자는 쉽사리 소진 이전의 상태로 회복되는 것이 어렵다(Schaufeli & Enzmann, 1998)는 차이점이 있다.

Maslach는 직무소진을 '만성적 직무스트레스원(stressor)에 대한 긴장 반응'으로 정의하며, 소진(exhaustion), 냉소(cynicism), 직업 효능감(professional efficacy)의 세 가지 요소로 구성된다고 설명한 다(Maslach, 1998; Maslach, Schaufeli, & Leiter, 2001). 소진은 정서적 으로 자원이 고갈되고, 그로 인해 정서적으로 과부하된 상태를 일 컫는다. 냉소는 타인에 대해 부정적이고 공감적이지 않고 무감각한 반응을 보이는 상태를 의미하며, 직업 효능감의 감소는 비생산적이 고 비효율적인 상태를 보여 준다. 처음 직무소진은 주로 사람을 상대하는 교사나 간호사, 의사, 사회복지사와 같은 직종에서 발생하는 것으로 보았으나, 연구가 거듭되면서 일반직으로까지 확대되었고 대부분의 직종에 직무소진 개념을 적용할 수 있음이 밝혀졌다.

2) 직무소진의 영향

직무소진이 발생하는 데 영향을 주는 요인은 크게 직무 부담과 직무 자원의 두 가지로 나누어 살펴볼 수 있다.

직무 부담(job demands)은 신체적 · 정신적 노력을 유지시키는 데 필수적인 직무의 생리적 · 사회적 · 조직적 측면으로서 생리적 · 심리적 손실(coasts)과 관련있는 것으로 정의된다(Demerouti, Bakker, Nachriner, & Schaufeli, 2001). 직무 부담에는 직무 과부하(work overload)나 역할 갈등, 역할 모호성과 같은 것이 포함된다. 직무 과부하는 특정 업무를 수행하는 데 요구되는 과도한 업무량을 의미하는 것으로(Caplan & Jones, 1975) 직무소진을 일으키는 가장 강력한 요인인 것으로 밝혀졌다. 즉, 현재 주어진 업무를 처리하기 위해 사용할 수 있는 개인의 한계를 넘어서는 요구를 받게 될 때 직무소진이 일어날 가능성이 가장 높아진다는 것이다. 역할 모호성은 주어진 업무를 수행하는 데 자기 역할의 명확한 지각 정도를 의미한다. 가령, 주어진 업무를 하기 위해 필요한 자원이 어떤 것인지, 업무 처리 과정이 어떻게 되는지, 무엇을 해야 하는지에 대한 명확한 안내가 없는 상태를 역할 모호성이 높은 것으로 볼 수 있다. 역할 모호성이 높아질 경우에는 직무소진 중에서도 정서적 소진과 냉소 정도가 높아지는 것으로 나타났다.

직무 자원(job resources)은 특정 직무가 가지는 생리적 · 사회적 · 조직적 측면으로, 직무 목표를 달성하는 데 긍정적인 기능을 하고, 직무 부담 및 이로 인한 손실을 줄이고, 개인의 성장과 발전을 고무시키는 것으로 정의된다. 즉, 직무 자원은 직무 부담과 달리 직무소진을 예방하는 데 영향을 줄 수 있는 요소로서 개인이 직무 자원이 많다고 느낄수록 정서적 소진, 비인격화, 개인 효능감 감소가 낮아지게 된다(Lee & Ashforth, 1996). 대표적인 직무 자원은 사회적 지원으로 조직 내에서 경험하는 배려의 정도를 볼 수 있다. 스트레스 정도에 관계없이 사회적 지원은 직무소진 정도를 낮추는 데 영향을 미친다. 예를 들어, 최근 업무량이 과다하여 버겁고 힘들다는 것을 주변 동료나 상사가 알아채고 이해해 주고, 도와줄 수 있는 건 없는지 나서서 챙겨 주는 배려의 말과 행동이 직무소진을 예방하고 낮추는 데 도움이 된다.

직무소진이 발생하였을 때 근로자 개인으로는 피로, 두통, 불면, 식욕감퇴, 호흡곤란, 위궤양 등 신체적 증상과 분노, 불안, 무력감, 우울, 낮은 자존감 등 심리적 증상에 악영향을 주고, 조직적으로는 직무 태도나 직무만족도, 조직 몰입, 이직 의도에 영향을 준다(김보람, 박영숙, 2012; 김철영, 2018; 박형인, 남숙경, 양은주, 2011; Cordes & Dougherty, 1993; Kahill, 1988; Trunipseed, 1994).

직무소진과 직무만족 사이의 장기적인 관계를 살펴 본 종단 연구(김철영, 2018)를 통하여 직무소진 관리의 중요성을 살펴볼 수 있다. 해당 연구에 따르면 직무소진이 높았던 근로자는 시간이 지난 뒤에도 계속해서 직무소진이 높았고, 직무만족이 높았던 근로자도 계속 직무만족이 높게 나타났다. 한편, 직무소진이 증가하면 이후 직무만족을 낮추고, 직무만족이 높으면 이후의 직무소진을 낮추는 등 직무소진과 직무만족이 변함에 따라 상호작용하는 것으로 나타났다. 즉, 직무소진이 발생할 수 있는 환경 혹은 직무소진을 겪고 있는 근로자를 발견하여 조기에 대처하지 못할 경우 소진 상태의 근로자는 시간이 지나도 계속 소진된 상태이므로 결국 근로자의 생산성과 숙련된 근로자의 퇴사 결정에 영향을 주면서 결과적으로 조직으로 하여금 큰 비용을 지불하게 만든다. 따라서 직무소진의 위험이 높은 구성원을 파악하여 이들의 직무만족도를 높이거나 직무소진 위험성을 낮추는 것이 직무소진으로 인한 개인적, 조직적 손실을 방지하기 위해 중요하다.

3) 직무소진 다루기

직무스트레스와 마찬가지로 직무소진 또한 조직 내에 많은 사람이 겪고 있을 가능성이 높다. 자신의 직무소진을 주 호소문제로 상담실에 내방하는 경우도 있지만 우울 등 정서적 문제나 이직이나 퇴사 문제를 호소하며 상담실에 방문하게 되는 경우가 더 많다. 따라서 상담자가 직무소진의 세 가지 요소를 잘 이해하고 있다면 잠재적으로 직무소진을 호소하는 내담자의 현재 불편감을 좀 더 정확하게 파악하여 공감하고 도움을 줄 수 있을 것이다.

직무소진 대상자를 발견하기 위해 MBI 등 직무소진 검사를 활용하는 것도 좋은 방법이다. 전 직원을 대상으로 검사를 실시하여 높은 점수를 보인 사람을 확인한다. 높은 직무소진을 나타낸 사람에게 개별적으로 연락하여 상담을 받을 수 있도록 안내할 수도 있고, 때로는 높은 직무소진을 가진 사람이 속한 부서를 대상으로 프로그램을 운영하는 것 또한 도움이 될 수 있다. 앞서 살펴본 바와 같이 동료와 상사의 지지가 직무소진의 보호요인으로 작용하기 때문에 개별적인 접근보다 집단적 접근을 통해 동료와 상사의 공감적 이해를 받을 수 있도록 돕는 것이 훨씬 더 효과적일 수 있다.

또, 최근 잦은 결근이나 병가 등 근태 상의 문제나 이전과는 달리 직무 수행 상 어려움을 보이는 경우, 초과 근무나 주말 근무가 증가한 개인/부서에 대한 정보를 통하여 잠재적 직무소진 대상자를 발견할 수 있다. 대상자에게 심리적 불편함이 있을 경우 상담실을 이용할 수 있도록 안내하고, 대상자의 부서 혹은 전반적으로 직무스

표 9-3	직무소진 척도(MBI-GS) 문항
	문항
1	내가 맡은 일을 하는 데 있어 정서적으로 지쳐 있음을 느낀다.
2	직장일을 마치고 퇴근 시에 완전히 지쳐 있음을 느낀다.
3	아침에 일어나서 출근할 생각만 하면 피곤함을 느낀다.
4	하루종일 일하는 것이 나를 긴장시킨다.
5	내가 맡은 일을 수행하는 데 있어서 완전히 지쳐 있다.
6	현재 맡은 일을 시작한 이후로 직무에 대한 관심이 줄어들었다.
7	내가 맡은 일을 하는 데 있어서 소극적이다.
8	나의 직무의 기여도에 대해서 더욱 냉소적으로 되었다.
9	나의 직무의 중요성이 의심스럽다.
10	나는 직무상에서 발생하는 문제들을 효과적으로 해결할 수 있다.
11	내가 현재 소속된 직장에 효과적인 기여를 하고 있다고 느낀다.
12	내가 생각할 때, 나는 일을 잘 한다.
13	나는 직무상에서 무언가를 성취했을 때 기쁨을 느낀다.
14	나는 현재의 직무에서 가치 있는 많은 일들을 이루어 왔다.
15	직무상에서 나는 일들을 효과적으로 처리하고 있다는 자신감을 갖고 있다.

출처: 신강현(2003).

트레스가 높을 것으로 보이는 부서를 대상으로 스트레스 관리 워크숍, 마음건강 교육, 집단상담 등을 진행할 수 있다.

직무소진은 스트레스가 장기화되면서 더 이상 대처할 수 없을 것 같은 마음을 불러일으키는 상태이기 때문에 직무소진을 겪고 있는 내담자가 상담실을 방문해서 도움을 요청하고 스트레스 원인을 확인하고 대처하는 것은 쉽지 않을 수 있다. 상담실에 오지 않는 직무소진 정도가 높고 심리적 · 정서적 고통이 큰 구성원이 있다면, 직무소진에 대한 심리교육을 통하여 내담자의 현재 상태에 대한 이해를 돕고, 전문적인 심리상담 및 병원 진료의 필요성, 현재 상황에서 회사에서 활용할 수 있는 제도(예: 휴직 제도, 직무 전환 요청)를 전달함으로써 소진 문제로부터 벗어날 수 있도록 도울 수 있다.

4. 직업 상실: 퇴직, 실직

1) 직업 상실의 이해

조직 구성원들이 직무를 수행하는 과정에서 겪는 스트레스뿐만 아니라 직무를 마무리하는 과정에서 발생하는 심리적 어려움에 대해서도 상담자가 살펴보는 것은 중요하다. 직장에서 해고당하는 것(being fired at work)과 은퇴(retirement from work)가 각각 8위와 10위로 가장 스트레스가 큰 인생사건 열 가지 중 하나로 꼽힌다(Holmes & Rahe, 1967). 회사를 떠날 사람들을 대상으로 회사에서 상담을 제공한다는 것이 의아할 수 있으나 상담이 처음 활성화되었던 계기가 진로상담이었던 것을 생각해 본다면 퇴직 예정자를 대상으로 상담하는 것은 진로 개발의 관점에서 상담 본연의 일이라고 볼 수 있다.

우리나라에서 퇴직이나 은퇴로 인한 문제를 심각하게 받아들이게 되었던 시점은 IMF가 있었던 지난 1998년, 많은 사람이 구조 조정이나 정리해고, 폐업 등으로 인해 일자리를 잃게 되면서부터일 것이다. 이후로 노동 시장의 성격이 바뀌면서 일자리의 안정성에 대한 불안감이 증가하고, 비정규직과 같은 형태의 계약이 많아지면서 이직과 퇴직은 이전과 달리 보다 빈번히 발생하게 되었다. 이와 더불어 과거에 비해 결혼 시기가 늦어지고, 첫 일자리에 진입하는 시기가 늦어지면서, 퇴직 시점에 아직 자녀가 부모의 손길이 필요한 연령인 경우가 많고, 또 고령화로 인하여 아직 젊고 건강한 나이에 퇴직을 하게 되어 충분히 노후 대비를 할 수 없는 상황에서 일자리에서 내몰리게 되었다. 그로 인해 과거의 퇴직과는 달리 퇴직 이후의 삶, 즉 가족의 생계 문제와 건강한 노후 생활을 위한 대비의 필요성이 대두되며 높아지는 삶에 대한 불안감 문제를 중요하게 다룰 필요성이 더욱 커졌다.

직업은 생계를 위한 수단일 뿐만 아니라 개인의 사회적 정체감(social identity)을 형성하고 유지하는 데 중요한 부분이다. 또한 어떤 직업을 가지고 어떤 형태의 직장에서 근무하는지는 개인의 삶의 양식과 나아가 그의 가족의 삶에도 영향을 미친다. 가령, 9시에 출근하여 5시에 퇴근하고 주 5일 근무를 하는 직장인은 주중에는 회사에 가고 퇴근 이후와 주말에는 가족들과 시간을 보내거나 취미 생활을 즐길 수도 있을 것이다. 또 다른 사람은 3교대 근무를 해서 매달 다른 스케줄이 짜여 있는 직장을 다니고 있다고 가정해 보자. 이런 경우에는 회사에서 정해 준 스케줄에 따라 근무와 휴일이

매번 다르기 때문에 평일에도 쉴 수 있고, 또 근무 일정에 따라 오전에 잠을 자야 하는 등 앞서 살펴본 사람과는 다른 일상을 보내게 될 것이다. 이처럼 어떤 일을 하고 있는지가 삶의 방식에 다양한 방식으로 영향을 미치고 있다. 그러므로 퇴직에 대한 금전적 보상이나 재취업을 알선하는 방식만으로는 부족하고 퇴직 이후 발생하게 될 퇴직자의 사회적 정체감의 상실과 사회적 배제, 삶의 변화 등에 대하여 보다 섬세한 접근이 필요하다.

구자복과 정태연(2019)은 퇴직자들의 사회적 배제(social exclusion)로 인한 심리적 영향을 Williams(2009)의 욕구위협 이론(need-threat temporal model of ostracism)과 연결하여 설명한다. 욕구위협 모델은 총 3단계로 즉각적/반사적(immediate/reflexive) 단계, 숙고적/대처(reflective/coping) 단계, 장기적/체념(long-term/resignation) 단계를 거치게 된다. 일반적으로 사람들은 자신이 사회적으로 배제된 것을 알아차린 후 소속감, 자아존중감, 통제감, 의미 있는 존재감을 위협당하여 슬픔과 고통을 겪게 된다(즉각적/반사적 단계). 이후 배제된 경험에 대한 의미와 관련성에 대해 숙고하면서 위협받은 욕구(소속감, 자아존중감, 통제감, 의미 있는 존재감)를 방어하기 위한 대처 행동을 이어 간다(숙고적/대처 단계). 그러다 장기적으로 사회적 배제 상태에 놓이게 된다면 대처 자원이 고갈되어감에 따라 소외, 우울, 무가치감 등을 겪게 된다. 사회적 배제 상황에서 기본적인 욕구(소속감, 자아존중감, 통제감, 의미 있는 존재감)가 지속적으로 충족되지 않는 상태에 처하게 된다면 욕구위협 이론의 3단계를 거치게 될 가능성이 높다. 따라서 사회적 배제를 직면하는 퇴직자들의 심리적 안녕을 위하여 퇴직 이후의 경험에 대한 이해와 철저한 준비가 필요할 것이다.

2) 직업 상실의 영향

누구나 살아가며 한 번 이상은 퇴직 혹은 실직을 겪게 되고 이로 인한 심리적 영향을 받는다. 퇴직 후 심리적 증상은 '퇴직 쇼크' 혹은 '퇴직 후유증'(전도근, 2011)이라고도 불리는데, 스스로에 대한 원망과 울분을 느끼고, 사라진 존재감에 대한 의기소침함, 심리적 충격과 공포감과 자신의 무능력에 대한 분노와 자신감 상실, 허탈감과 소외감으로 이어지고 극심한 경우에는 자살 충동을 겪게 되기도 한다(이미섭, 최은수, 2015; DeFrank & Ivancevisch, 1986).

직업상실로 인한 심리적 반응은 자발적 퇴직과 비자발적 퇴직에 따라 다르게 나타난다. 본인의 의사와 상관없이 직장을 떠나야 하는 비자발적 퇴직의 경우 무기력함과 분노감, 주변 사람들에게 서운함과 부끄러움 등 심리적으로 더욱 어려움을 겪고, 배우자의 결혼생활 만족도가 저하되는 어려움을 겪는다(김지영, 2016; 박영희, 2008; 이은영, 전보라, 윤소정, 2019; 탁진국 외, 2006).

직업 상실에 대해서 남녀 간 반응의 차이를 보면, 퇴직은 남성(변화순, 이미정, 김지경, 하연정, 2007), 실직은 여성(안상수 외, 2005)에게 부정적 반응이 더 크게 나타났다. 특히, 실직에 대해서 남성은 취업을 도와줄 자원에 대한 인식, 해고 절차는 공정했다고 여기면서 구직에 대한 효능감도 높았다. 반면, 여성은 재취업 제한 요건을 많이 느끼는 것으로 나타났는데(안상수 외, 2005) 이러한 시각의 차이가 성별에 따른 서로 다른 심리적 증상을 나타내는 데에 영향을 준 것으로 보인다.

3) 직업 상실 다루기

퇴직을 예정에 둔 구성원을 대상으로 퇴직에 대한 계획을 세우고, 퇴직에 대한 긍정적 태도를 가질 수 있게 도와주었을 때 이후 적응에 도움이 될 수 있다(구자복, 정태연, 2020; 최성재, 1989; 한혜경, 2006; Glamser, 1981; Kasschau, 1974; McPherson & Goppy, 1979). 퇴직 예정자들을 대상으로 퇴직 준비 교육에 대한 요구를 조사한 연구에서 창조적 삶에 도움이 되는 교양, 취미 교육(42.4%), 새로운 직업에 필요한 재취업 교육(32.3%), 퇴직 후 기본적 생활에 대한 교육(13.5%), 퇴직 후 적응 및 심리안정에 대한 교육(9.6%), 세대 간 이해 증진을 위한 교육(0.3%) 순으로 필요성을 언급하였다(최돈민, 백은순, 김태준, 2001). 또 이미 퇴직한 사람들을 대상으로 퇴직 준비 교육에 대한 요구 조사를 하였는데, 필요한 지식이나 기능 취득에 관련된 요구(60건), 정신·신체적 건강에 대한 요구(29건), 재취업에 대한 요구(22건), 사회적 지지에 대한 요구(8건) 순으로 나타났다(중앙고용정보관리소, 1999: 최돈민 외, 2001에서 재인용). 이 가운데 기업상담에서 다루어 볼 수 있는 주제인 정신·신체적 건강과 사회적 지지에 대한 요구의 내용을 살펴보면, 자존감, 자기존중감, 우울, 불안, 무력감, 긍정적 사고, 자책감 극복, 스트레스 대처나 여가, 가족의 지지 및 대화, 가족 외 주변인의 지지와 이해, 사회보장에 대하여 다루기를 원하는 것을 볼 수 있다.

임원을 역임하고 중년기에 비자발적 퇴직을 한 남성을 대상으로 퇴직 후 성공적인 적응을 위한 심리사회적 요인을 살펴본 연구에서는 '경제적 준비'와 '배우자 지원'이 퇴직 후 성공적인 적응 과정에 우선적으로 중요한 부분으로 나타났다. 이를 바탕으로 퇴직 후 '현실

수용'(삶의 재평가, 과거로부터 탈피, 새로운 활동, 불안과의 동거, 적절한 시간의 경과)과 '심리적 재구조화'(가치의 재정비, 비우고 내려놓기, 가족의 재발견, 일의 재발견, 목표설정, 한 우물 파기)의 과정을 거쳐 퇴직 후 안정적으로 적응해 나가는 것을 볼 수 있다(구자복, 정태연, 2020).

따라서 퇴직 예정자를 대상으로 집단 프로그램을 구성한다면 심리적 기능 향상(자존감, 자아정체감, 긍정적 사고, 스트레스 대처), 관계 향상(가족, 지인과의 관계 향상을 위한 의사소통 프로그램, 성격이해 프로그램), 여가 활동과 같은 프로그램을 집단상담이나 워크숍, 메일링으로 다루어 퇴직 이후의 삶을 준비하고 계획하는 과정이 되도록 도울 수 있을 것이다.

5. 사례 및 적용

A 과장은 요즘 퇴사를 고민하고 있다. 처음 회사에 입사한 이후로 정말 열심히 회사 생활을 해 왔던 A 과장은 부서에서도 인정받고 동기들 중에서도 눈에 띄어 진급을 더 빨리 하여 다른 사람들이 보기에는 성공적으로 회사 생활을 하고 있는 것처럼 보인다. 하지만 정작 A 과장은 요새 모든 게 버겁고 더 이상 열심히 하고 싶은 마음이 생기질 않는다. 이렇게 일을 하는 것이 무슨 의미가 있는지, 무리한 스케줄과 과도한 업무가 자신과 주변 사람들의 행복까지 망가트리고 있다는 생각이 들어 그냥 다 그만두고 쉬고 싶다는 생각뿐이고 아침에 일어나 회사에 가는 발걸음도 무겁다. 진행하던 프로젝트가 진행이 잘 되지 않으면 예전엔 어떻게든 해결해 보려 애를 쓰던 A 과장이지만 이제는 자기 업무에 이전만큼 애정이 생기지 않는다. 친한 선배가 얼마 전 얼굴이 어두워 보인다며 안부를 물어보기에 자

신의 고민을 슬쩍 토로하였는데, 그때쯤 다들 그런다며 시간이 해결해 준
다고 어깨를 툭툭 칠 뿐이었다. 그렇지만 시간이 지나면 해결되겠지 하고
버티고 있다간 스스로 우울함이 커지기만 할 것 같은 생각이 들었다. 요즘
은 언제 퇴사할지를 생각하는 게 유일한 낙이 되어 버렸다.

성공적으로 그리고 열정적으로 회사 생활을 해 왔던 A 과장이 최
근 퇴사를 고민하며 회사 생활에 어려움을 보이는 모습을 보인다.
얼핏 A 과장의 모습이 우울감으로만 비춰질 수 있지만, A과장의 스
트레스 원인이 회사 직무와 회사 생활에 대한 것, 열심히 해 오던
일에 더 이상 열정이 생기지 않는 것 등을 통해 직무소진이 일어났
음을 확인할 수 있다. 이처럼 직무소진이 높을 때 그것을 적절히 다
루지 못할 경우 퇴사를 선택하는 경우가 많다. 조직 내 A 과장과 같
은 구성원이 확인되었다면 개인상담도 중요하지만 무엇보다 A 과
장과 함께 일하는 동료와 상사의 도움도 중요하다.

상담자는 개인적 접근으로 A 과장을 상담하며 스트레스 완화와
조직 적응을 도울 수 있다. 또 집단적 접근으로 A 과장이 속한 부서
를 대상으로 집단 프로그램을 운영하는 방식으로 우회적으로 A 과
장의 스트레스를 완화할 수 있는 방법을 강구할 수 있다. 집단 프로
그램은 직무소진에 대한 심리교육을 포함하여 명상과 같은 스트레
스 완화 프로그램으로 구성하여 부서원들의 소진에 대한 이해도를
높이고, 스트레스 대처 방법을 익힐 수 있게 한다. 그리고 필요하다
면 비밀보장을 깨지 않고 윤리적 문제가 발생하지 않는 선에서 부
서 관리자에게 부서원의 마음 관리가 필요함을 전달하여 직무소진
문제를 다룰 수 있게 제안해 보는 방법도 고려할 수 있다.

이때 효과적인 스트레스 관리 프로그램 구성을 위해 참여자 수

는 8명 이하, 상담 운영 회기는 7~10회기로 하는 것이 좋고, 단일 직종 참여자를 대상으로 구성하였을 때 프로그램의 효과가 높다 (왕은자, 전민아, 홍희정, 2016).

한국판 마음챙김 명상 스트레스 완화 프로그램

기업 내에서 구성원들의 스트레스 관리에 관심을 쏟으면서 가장 많이 활용하는 프로그램으로 명상이 있다. 구글, 애플, 삼성, 야후, 나이키 등 세계적인 기업에서 이미 오래전부터 임직원 스트레스 관리를 위해 명상을 도입하였다. 특히, 구글에서는 '너의 내면을 탐색하라(Search Inside Yourself: SIY)'라는 이름의 자체 마음챙김 명상 프로그램을 만들어 구글 직원들의 마음건강 관리에 힘쓰고 있는 것으로 유명하다.

국내에서도 점차 많은 기업에서 구성원의 스트레스 관리를 위해 명상 프로그램을 많이 도입하여 운영하고 있다. '한국판 마음챙김 명상 스트레스 완화 프로그램(Korean Mindfulness Based Stress Reduction: K-MBSR)'(장현갑, 2013)은 John-Kabat-Zinn의 MBSR 프로그램을 한국에 맞춰 수정·개발한 프로그램이다. K-MBSR은 8주간의 명상 훈련을 통하여 스트레스를 완화하고 조절할 수 있도록 만들어진 프로그램이다. 주 1회 마음챙김 명상에 대해 교육하고, 매주 새로운 마음챙김 명상을 배운 후 다음 시간까지 배운 명상 방법을 연습해 보도록 구성되어 있다. 프로그램 구성은 기본 프로그램인 8회기 외에 필요에 따라 조절하여 활용 가능하다. 공식 프로그램에서는 총 여덟 가지 명상법을 배우게 되는데, 본인에게 더 잘 맞고 편한 방법을 찾아서 이후 일상생활에서 활용하면 된다. 이 프로그램의 장점은 프로그램을 통한 스트레스 완화 효과가 여러 연구를 통하여 효과성이 검증되었고, 시간과 장소에 구애받지 않고 훈련할 수 있고, 언제든 필요할 때 스스로 다스릴 수 있다(self-soothing)는 점에서 활용성이 높다.

표 9-4 K-MBSR 회기 구성

회기	회기 내용
1회기	감각에 대한 알아차림: 건포도 먹기 명상, 걷기 명상
2회기	신체감각에 대한 알아차림: 보디스캔(Body Scan)
3회기	호흡을 통한 마음챙김: 호흡명상
4회기	정좌명상 1: 감각 알아차리기
5회기	정좌명상 2: 감정, 생각, 선택 없는 알아차림
6회기	마음챙김 요가
7회기	따뜻한 마음 기르기: 자애명상
8회기	자율수련

6. 결론

지금까지 직장 내 직무 관련 영역으로 직무스트레스, 직무소진, 직업 상실에 대하여 살펴보았다. 직무 관련 영역은 조직 내부 상황을 파악하고 있는 기업상담자가 다루었을 때 효과적으로 접근할 수 있는 주제이다. 상담자와 내담자, 조직 간의 세 주체가 상호 간의 협조하는 과정이 더욱 중요함을 잊지 말고 상담자가 더욱 적극적인 모습으로 개입하는 것이 중요할 것이다.

여기에서 다루어진 내용 외에도 저성취나 진급누락, 전배, 직무변환, 직무 계발 등도 구성원들이 직무 수행 과정에서 고민하는 영역이다. 자신이 속한 조직의 현안을 살피고, 시기별로 구성원들이 겪는 스트레스 주제를 파악하기 위해 노력하는 과정도 직무 관련 스트레스를 낮추기 위해 상담자가 노력할 수 있는 부분이다.

참고문헌

구자복, 정태연(2020). 대기업 임원들이 비자발적 퇴직 이후 겪는 심리적 어려움에 대한 질적 연구. 한국심리학회지: 문화 및 사회문제, 25(4), 249–277.

김보람, 박영숙(2012). 초등교사의 직무환경과 직무열의 및 심리적 소진의 관계에서 직무스트레스 대처방식의 조절효과. 스트레스연구, 20(3), 199–208.

김일성, 송계충(2012). 직무스트레스 요인과 감정노동의 직무만족과의 관계에서 직무소진의 매개 효과 및 사회적 지원의 조절 효과 연구. 인적자원개발연구, 15(2), 1–36.

김철영(2018). 직무만족과 직무소진 사이의 자기회귀 교차지연효과 검증: 노동조합의 영향을 중심으로. 한국경영학회 통합학술발표논문집, 1254–1269.

김철희, 김준경(2015). 사회복지전담공무원의 직무스트레스와 우울이 자살생각에 미치는 영향. 지역복지정책, 51–71.

김혜숙(2013). 지역 의료기관 행정직 종사자의 직무스트레스. 스트레스연구, 21(3), 229–238.

뉴시스(2019. 9. 22.). 과로 직장인 죽음까지 5개월… "주변정리 땐 적극 대처해야". http://news.naver.com/main/read.nhn?mode=LSD&mid=sec&sid1=001&oid=003&aid=0009464851

뉴시스(2021. 3. 21.). 36세 한진택배 택배기사 과로사 인정… 사망 5개월 만에. http://news.naver.com/main/read.nhn?mode=LSD&mid=sec&sid1=001&oid=003&aid=0010403871

박경애, 백혜순, 한종숙(2007) 인지, 정서, 행동(REBT) 집단상담이 간호사의 직무스트레스, 긍정적 정서, 부정적 정서 그리고 자아존중감에 미치는 효과. 상담학연구, 8(3), 951–963.

박정선(2005). 직무스트레스란 무엇이며, 왜 문제가 되는가? 스트레스연구, 13(3), 175–182.

박형인, 남숙경, 양은주(2011). 직무소진과 직무태도 및 이직의도와의 관계:

메타분석적 문헌 고찰. 한국심리학회지: 산업 및 조직, 24(3), 457-491.

변화순, 이미정, 김지경, 하현정(2007). 중년기 퇴직남성 부부의 갈등과 적응. 한국여성정책연구원.

신강현(2003). 일반직 종사자를 위한 직무 소진 척도(MBI-GS)에 대한 타당화 연구. 한국심리학회지: 산업 및 조직, 16(3), 1-17.

안상수, 신강현, 한영석, 탁진국, 유태용, 한태영, 황종오(2005) 중장년층 실직자의 실직에 따른 반응과 구직활동: 남녀차이를 중심으로. 한국심리학회지: 여성, 10(3), 375-404.

양춘희, 권용만, 신형재(2015). 직무스트레스요인이 직무소진과 조직유효성에 미치는 영향에 관한 연구. 인적자원개발연구, 18(4), 129-151.

왕은자, 전민아, 홍희정(2016) 직장인 스트레스 관리 프로그램의 효과에 대한 메타분석. 상담학연구, 17(5), 487-512.

우종민(2005). 직무스트레스 관리의 개인적 접근. 스트레스연구, 13(3), 205-211.

이동수, 김지혜, 한우상, 우종민, 강동우, 고영건, 연병길, 김이영(1999). 직무 스트레스 평가를 위한 측정도구 개발 및 표준화 연구(I). 신경정신의학, 38(5), 1026-1037.

이미섭, 최은수(2015). 퇴직 후 심리적 위기 중년남성의 대학원 학습을 통한 셀프리더십 개발과정 탐색. 평생교육학연구, 21, 165-194.

이은영, 전보라, 윤소정(2019). 비자발적 퇴직자의 퇴직 경험과 의미에 대한 심리상담적 접근. 학습자중심교과교육연구, 19(2), 1347-1369.

이인숙, 김순례(2008). 스트레스 관리 프로그램이 호텔조리사의 직무스트레스에 미치는 효과. 지역사회간호학회지, 19(4), 611-621.

이재무, 김전수(2016). 소방공무원의 직무스트레스가 직무태도에 미치는 영향과 조직신뢰의 조절효과 분석. 한국행정연구, 25(3), 61-91.

이환범, 이수창(2006). 경찰공무원의 직무스트레스, 직무만족, 조직몰입과 이직의도 간의 상호관계에 관한 연구. 한국조직학회보, 3(2), 83-101.

임지은(2014). 직무스트레스가 조직시민행동과 이직의도에 미치는 영향 및 지각된 조직지원의 조절효과 검정. 서비스경영학회지, 15(5), 51-79.

장세진, 고상백(2005). 한국인 직무 스트레스 측정도구(KOSS). 스트레스연구, 13(3), 183-197.

장현갑(2013). 명상에 답이 있다: 뇌를 움직이는 마음의 비밀. 서울: 담앤북스

장현갑, 배재홍(2005) 근로자의 스트레스 관리. 스트레스연구, 13(2), 83-87.

전도근(2011). 은퇴쇼크. 서울: 북포스.

조정진(2002). 직무스트레스와 심혈관계 질환. 가정의학회지, 23(7), 841-854.

탁진국, 유태용, 한태영, 안상수, 한영석, 신강현, 윤하나, 남궁혜림, 정지현(2006). 자발적 실직자와 비자발적 실직자 간의 구직활동 및 정신건강에서의 차이. 한국심리학회지: 건강, 11(1), 37-46.

파이낸셜뉴스(2020. 6. 8.). 직장인 10명 중 7명은 과로 중. http://news.naver.com/main/read.nhn?mode=LSD&mid=sec&sid1=001&oid=014&aid=0004439042

최돈민, 백은순, 김태준(2001). 퇴직예정자의 심리적 요인을 고려한 교육모형 개발 연구. 한국교육, 28(1), 257-281.

최성재(1989). 퇴직예정자의 퇴직에 대한 태도 및 퇴직 후 생활전망의 인식에 관한 연구. 사회복지연구, 1, 47-65.

한민희(2013). 직장인 직무스트레스 감소를 위한 "간소화된 REBT와 심신이완 통합 프로그램"의 개발. 가톨릭대학교 대학원 석사학위논문.

한혜경(2006). 조기퇴직자의 우울감과 영향요인 연구. 한국가족복지학, 11, 81-101.

Caplan, R. D., & Jones, K. W. (1975). Effects of work load, role ambiguity, and type A personality on anxiety, depression, and heart rate. *Journal of applied psychology, 60*(6), 713.

Cocker, F., Martin, A., Scott, J., Venn, A., & Sanderson, K. (2013). Psychological distress, related work attendance, and productivity loss in small-to-medium enterprise owner/managers. *International journal of environmental research and public health, 10*(10), 5062-5082.

Cordes, C. L., & Dougherty, T. W. (1993). A review and an integration of research on job burnout. *Academy of management review, 18*(4), 621-656.

DeFrank, R. S., & Ivancevich, J. M. (1986). Job loss: An individual level review and model. *Journal of Vocational Behavior, 28*(1), 1-20.

Demerouti, E., Bakker, A. B., Nachreiner, F., & Schaufeli, W. B. (2001). The job demands-resources model of burnout. *Journal of Applied psychology, 86*(3), 499.

Glamser, F. D. (1981). The impact of preretirement programs on the retirement experience. *Journal of Gerontology, 36*(2), 244-250.

Holmes, T. H., & Rahe, R. H. (1967). The social readjustment rating scale. *Journal of psychosomatic research, 11*, 213-218.

Kahill, S. (1988). Symptoms of professional burnout: A review of the empirical evidence. *Canadian Psychology/Psychologie Canadienne, 29*(3), 284.

Kasschau, P. L. (1974). Reevaluating the need for retirement preparation programs. *Industrial Gerontology, 1*(1), 42-59.

Lee, R. T., & Ashforth, B. E. (1996). A meta-analytic examination of the correlates of the three dimensions of job burnout. *Journal of applied Psychology, 81*(2), 123.

Maslach, C., & Goldberg, J. (1998). Prevention of burnout: New perspectives. *Applied and preventive psychology, 7*(1), 63-74.

Maslach, C., Schaufeli, W. B., & Leiter, M. P. (2001). Job burnout. *Annual review of psychology, 52*(1), 397-422.

McPherson, B., & Guppy, N. (1979). Pre-retirement life-style and the degree of planning for retirement. *Journal of Gerontology, 34*(2), 254-

263.

NIOSH. (1999). Stress at Work Centers for Disease Control and Prevention. *U. S. Department of Health and Human Services, 26,* 99–101.

Osipow, S. H., & Spokane, A. (1992). *Occupational Stress Inventory: Manual Research Version.* Florida: Psychological Assessment Resources.

Schaufeli, W., & Enzmann, D. (1998). *The burnout companion to study and practice: A critical analysis.* CRC press.

Selye H. (1950). Stress and the general adaptation syndrome. *British Medical Journal, 1*(4667), 1383–1392.

Turnipseed, D. L. (1994). An analysis of the influence of work environment variables and moderators on the burnout syndrome. *Journal of Applied Social Psychology, 24*(9), 782–800.

Williams, K. D. (2009). Ostracism: A temporal need threat model. *Advanced in Experimental Social Psychology, 41,* 275–315.

제10장

직장 내 관계 영역

1. 들어가기

최근 직장인들을 대상으로 한 설문 조사에서 직장인들의 스트
레스 주요 원인으로 '상사ㆍ동료와의 인간관계'가 1위였고(파이낸
셜뉴스, 2020. 7. 2.), 최근 1년 이내 이직 경험자의 48.1%가 '괴롭힘'
때문에 이직한 것으로 나타나(국가인권위원회, 2017) 직장인들의 조
직 적응에 관계 문제가 중요한 측면임을 엿볼 수 있다. 직장은 주어
진 일을 잘하는 것과 함께 업무를 함께 하는 상사 및 동료와 원활한
관계를 맺는 것이 중요하다. 특히 직장인은 하루의 대부분의 시간
을 직장에서 보내기 때문에 직장 생활에서의 만족도는 곧 삶의 만
족도와도 직결되어 있다(이경근, 2014). 따라서 건강하고 만족스러
운 직장 생활을 위해서는 인간관계가 잘 이루어질 수 있도록 각 개
인과 조직의 노력이 필요하다.

그동안 직장 내 관계 문제가 발생하면 갈등 당사자의 성격이나

업무능력, 관리자의 리더십과 같은 개인적 특성에 의한 것으로 생각하는 경향이 있었다. 그런데 2019년 간호사들 사이에서 행해지는 이른바 '태움'이라는, 선배 간호사가 신임 간호사를 괴롭히는 악습에 의해 피해자가 괴로움을 호소하며 자살한 사건이 알려지면서 사회적으로 큰 반향을 일으켰고, 더 이상 직장 내의 인간관계 문제를 개인의 문제가 아닌 조직 차원에서 접근할 필요성에 대한 공감대가 형성되었다. 이후 직장 내에서의 괴롭힘 문제를 해결하기 위해 「근로기준법」내 직장 내 괴롭힘 방지법이 제정되면서 조직 차원에서 괴롭힘 문제에 관심을 기울이는 계기가 되었다.

「근로기준법」제72조의 2 '직장 내 괴롭힘의 금지'에서 "사용자 또는 근로자는 직장에서의 지위 또는 관계 등의 우위를 이용하여 업무상 적정범위를 넘어 다른 근로자에게 신체적·정신적 고통을 주거나 근무환경을 악화시키는 행위(이하 '직장 내 괴롭힘'이라 한다)를 하여서는 안 된다."라고 하며 직장 내 괴롭힘 방지의 필요성을 언급하고, 나아가 '직장 내 괴롭힘 발생 시에 사용자의 조치 의무' 또한 명시하고 있어 회사에서도 적절한 조치를 취할 필요가 있음을 보여 주고 있다. 직장 내 괴롭힘에 대한 언급은 「근로기준법」외에도 「산업재해보상보험법」제37조, 「산업안전보건법」제4조 등 기존 법령을 통해서도 확인할 수 있다. 이와 같이 직장 내 괴롭힘을 예방하고 피해를 처벌할 수 있고, 동시에 회사의 책임을 물을 수 있는 법적 근거가 마련됨에 따라 조직에서는 직장 내 괴롭힘 문제를 예방하기 위한 노력을 더욱 기울일 필요성이 증가하였다.

기업상담에서 직장 내 괴롭힘 문제를 예방하고 해결하기 위한 주도적인 역할을 하지는 않지만 괴롭힘 가·피해 당사자를 대상으로 개인상담을 진행하거나 사내 문화 개선을 위한 교육, 부서별 프로그램 등을 진행하는 것도 직간접적으로 이와 관련된 활동을 하는 것으로 볼 수 있다. 특히 직장 내 괴롭힘 방지법이 제정된 이후 괴롭힘과 관련된 문제를 회사에서 적절히 대처하지 않았을 때 회사에 불이익이 발생할 수 있으므로 기존보다 조직 차원에서 더욱 관심을 갖고 살펴보게 될 가능성이 많다. 이러한 변화 속에서 상담실을 운영하는 경우 직장 내 괴롭힘으로 인한 심리적 부정적 영향이 실제로 줄어드는 것으로 나타나서(이경희, 2018) 직장 내 괴롭힘 문제와 관련하여 기업상담의 역할이 점차 중요해질 것으로 기대된다. 직장 내 괴롭힘 대응 매뉴얼에서도 피해자의 신고 단계에서부터 고충 완화를 위한 지원 조치가 필요함을 언급하고, 심리 지원을 위해 EAP 등을 활용할 것을 권하고 있어 기존에 사업장 내 상담실을 운영하지 않았던 기관들도 내·외부 상담실의 설치 및 이용을 고려할 수 있을 것으로 보인다.

직장에서 경험하는 관계 갈등은 조직 구성원들 간의 갈등 그리고 조직 구성원과 외부 고객과의 갈등으로 나눠서 살펴볼 수 있다. 조직 구성원들 사이에서 발생하는 갈등은 다시 위계에 의한 갈등과 동료들과의 갈등으로 나누어볼 수 있다. 외부 고객과의 갈등은 업무 특성상 외부인과의 접촉이 많은 경우 경험하게 되는데, 대표적으로 콜센터 직원이나 서비스업 종사자들이 이에 해당하는 것으로 볼 수 있다. 외부 고객과의 갈등은 주로 '감정노동(emotion labor)'으로 설명된다. 최근 이러한 감정노동의 개념을 조직 내부의 관계로까지 확장하여 살펴보고 있는데 이에 대해서는 추후 자세히 다룬다.

이 장에서는 조직 내 관계 갈등에 해당하는 위계에 의한 갈등과 직장 내 따돌림을 다룬다. 위계에 의한 갈등은 한 명의 가해자가 있고, 가해자와 피해자의 관계 안에 명시적인 위계가 성립되어 있는 경우를 의미하며, 직장 내 따돌림은 다수의 구성원들이 집단으로 한 명의 피해자를 지속적으로 괴롭히는 상황으로 가해자와 피해자 사이에 명시적인 위계 관계는 없지만 힘의 불균형이 발생하면서 일어나는 갈등을 의미한다. 조직 내 관계 갈등은 아직 괴롭힘, 따돌림 등 명확히 합의된 용어 구분이 존재하지 않는다. 조직 내에서 발생하는 관계 갈등 특성을 살펴보기 위해 나누어 살펴보았으나 현상이 복잡하기 때문에 집필 과정에서 괴롭힘, 따돌림, 관계 갈등이 혼용되어 사용되고 있다. 위계에 의한 갈등과 직장 내 따돌림을 살펴보고 기업상담의 역할을 다룬다.

2. 직장 내 위계에 의한 갈등

1) 직장 내 위계에 의한 갈등의 이해

조직은 위계적이고 조직적인 구조를 통해 업무 의사결정이 이루어지는 곳이다. 조직 내에서 위계를 파악할 수 있는 가장 보편적인 것은 직급이다. 직급을 통해 조직 내에서 각자가 맡은 책임과 역할, 권한을 알 수 있는데, 사실 직급 이외에도 구성원들이 가진 다양한 조건이 이들 사이에 힘의 불균형을 만들어 낸다. 조직 구성원들 사이의 힘의 차이는 성별(남, 여), 나이, 출신 지역, 학력(고졸, 초대졸, 대졸, 대학원졸 등), 혼인 여부(기혼/미혼 등), 직급(사원, 대리, 과장, 부장, 팀장, 임원, 대표 등), 계약 조건(정규직, 비정규직, 기간제 등), 경력, 업무 연계(원청, 하청), 기업 구조(지주회사, 계열사, 자회사 등) 때로는 개인의 재산 정도나 가족의 배경 등 무수히 많은 조건에 의해 생겨나게 된다. 이러한 힘의 차이를 다른 직원들에게 업무적인 필요에 상관없이 남용하게 될 경우 이른바 직장 내 위계에 의한 갈등이 발생하게 된다.

『직장 내 괴롭힘 판단 및 예방·대응 매뉴얼』(고용노동부, 2019)에는 직장에서 발생하는 위계에 의한 갈등에서 위계의 기준을 잘 설명해 주고 있다. 직장 내 괴롭힘으로 인정받기 위해서는 직장에서의 지위 또는 관계 등의 우위를 이용해야 한다. 여기서 말하는 우위성은 '피해자가 저항 또는 거절하기 어려울 개연성이 높은 상태가 인정되어야 하고, 행위자가 이러한 상태를 이용한 것'을 말한다. 즉, 가해자와 피해자 사이에 저항 또는 거절하기 어려운 힘의 불균형이 존재하고, 불균형 안에서 우위에 있는 가해자는 자신의 힘을 통해 피해자를 곤경에 처하게 만드는 것이 직장 내 괴롭힘이다.

우위는 크게 지위의 우위와 관계의 우위로 나누어 살펴볼 수 있다. 지위의 우위는 '지휘명령 관계에서 상위에 있거나 회사 내 직위·직급 체계상 상위에 있는 것을 이용할 때'를 의미해서 대체로 상급자와의 일대일 관계에서 볼 수 있다. 관계의 우위는 사실상 우위에 점하고 있다고 판단되는 모든 관계에서 볼 수 있다. 개인과 집단 같은 수적 측면, 연령·학벌·성별·출신 지역·인종 등 인적 속성, 근속 연수·전문 지식 등 업무 역량, 노조·직장협의회 등 근로자 조직 구성원 여부, 감사·인사 부서 등 업무의 직장 내 영향력, 정규직 여부 등의 요소 등이 문제될 수 있음을 보여 주고 있다. 지위의 우위가 직접적으로 우위가 확인되는 반면 관계의 우위는 해당 요소가 우위성을 갖고 있는지 판단하기 위한 근거로 사업장 내 통상적인 사회적 평가를 토대로 판단하도록 한다.

국내 기업을 대상으로 실시한 조사에서 주요 가해자 특성으로 간부나 임원, 직속 상사가 지목된 것처럼(서유정, 이지은, 2016) 직장에서 가장 대표적이고 보편적인 갈등 상황은 직급 간 발생하는 상사와의 갈등이다. 우리나라는 유교적 문화의 영향으로 윗사람인 상사와 아랫사람인 부하 사이에 명확하고 분명한 위계가 있고, 선을 넘는 것을 어렵게 느끼는데, 이와 같은 상사와 부하 간의 거리를 '권력 거리(power distance)' 개념으로 이해할 수 있다(Hofstede, 2001). 우리나라에서는 사회문화적 영향으로 구성원들 사이의 권력 거리를 더 크게 지각하게 되고, 상사에게 더 많은 권한과 권력을 주고 이를 절대적인 것으로 받아들이게 한다. 문화적인 영향뿐만 아니라, 상사는 조직을 대변하는 존재로 비춰지기 때문에 상사와의 갈등은 단순히 부정적인 대인관계 차원을 넘어 정서적·인지적·행동적 차원에서 부정적 결과를 초래하게 된다(Skarlicki & Folger, 1997; Thau, Bennett, Mitchell, & Marrs, 2009).

상사로부터의 괴롭힘 행동을 '비인격적 감독(abusive supervison)'이라는 용어로 설명할 수 있다(Tepper, 2000). 비인격적 감독은 '상사가 신체적 접촉을 제외한 적대적인 언어적·비언어적 행위를 지속적으로 나타내는 정도에 대한 부하의 지각'을 의미하는 용어로, 대표적인 행위로는 타인들 앞에서 부하들을 조롱하거나 비판하기, 경멸적인 언어 사용, 부하에 대한 무례함, 큰 소리로 화내기, 강압 또는 위협 등을 들 수 있다.

또, 정당한 이유 없이 업무 능력이나 성과를 인정하지 않거나 조롱하는 행위, 정당한 이유 없이 휴가나 병가, 각종 복지혜택 등을 쓰지 못하게 압력을 행사하는 것, 근로계약서에 명시되어 있지 않은 허드렛일만 시키거나 일을 거의 주지 않는 것, 의사와 상관없이 회식 참여를 강요하는 것 등도 위계를 이용한 괴롭힘 행동이다. 이와 같은 상사의 비인격적 감독(abusive supervision)에 의해 부하 직원들은 극심한 부정적 정서를 느끼게 되지만 이를 숨기고 상사에게 수용 가능한 정서로 표현하게 되는데 이는 일종의 '감정노동(emotional labor)'으로 볼 수 있다.

감정노동은 정서적으로 겪는 스트레스를 설명하기 위해 사용된 용어로 서비스직과 같이 조직 외부의 고객을 응대해야 하는 직업군의 정서적 스트레스를 육체노동과 다르게 설명하기 위해 사용되었다. 최근 감정노동을 고객뿐만 아니라 직장 내 관계로 확장하여 적용하면서 직장 내 위계 관계 속에서 겪는 심리정서적 고충을 이해하기 위한 시도가 이어지고 있다. 감정노동은 상대의 무례한 언행에 대한 두 가지 감정조절전략을 통해 살펴볼 수 있는데, 불쾌한 마음을 드러내지 않고 억제하는 방식인 표면행동(surface acting)과 무례한 행동을 하는 상대의 개인적 상황을 이해하는 시도처럼 상황에 대한 재해석을 통하여 자신의 정서를 조절하는 내면행동(deep acting)으로 나뉜다(Grandey, 2000). 직장생활을 그린 TV 드라마나 영화에서 상사의 재미없는 농담에 큰 소리로 웃고, 부당한 요구에 대하여 겉으로 아무런 말도 하지 못하는 직장인의 모습을 종종 볼 수 있는데 이러한 직장 상사를 향한 조직구성원들의 정서조절방식은 표면 행동으로 설명할 수 있다.

2) 직장 내 위계에 의한 갈등의 영향

직장 내 위계로 인해 발생되는 갈등은 가해자와 피해자 사이에 권력거리가 크고, 상사의 비인격적 감독이 지속되는 과정에서 구성원들은 감정노동에 시달리게 되면서 심리적 영향을 받게 된다. 이러한 상사의 비인격적 감독 행위가 이어져 부당한 처우가 지속되면 구성원 개인으로는 행동적으로 일탈 행위, 과도한 음주, 성과 저하, 심리정서적으로 직무스트레스, 직무불만족, 좌절, 의욕 저하, 긴장, 불면증, 직무소진 등에 영향을 받는다. 뿐만 아니라 부하의 일-가정 영역까지 부정적인 영향을 미치고, 가족이 직장 내 괴롭힘에 연류될 가능성을 높이며, 나아가서는 근로자의 이직 의도를 높여 조직과 국가적으로도 손실이 발생한다(권동균, 김명소, 한영석, 2015; 박규석, 이경근, 2015; 서유정, 이지은, 2016; 이경희, 2018; 장재규, 김학수, 2016; 조영삼, 신종식, 2021; 황성주, 전병준, 2014; Grandey & Cropanzano, 1999). 특히, 상사와의 권력 거리(power distnace)를 높게 지각할수록 상사의 비인격적인 감독이 부하의 직무스트레스에 부정적인 영향을 주어(박규석, 이경근, 2015), 상명하복이 심한 위계적인 조직문화일수록 권력거리로 인한 구성원들의 스트레스 수준이 높고, 상사와의 갈등으로 인한 영향을 많이 받을 것을 예상해 볼 수 있다.

3) 직장 내 위계에 의한 갈등 다루기

직장 내 위계에 의한 갈등은 가해자와 피해자 사이의 개인적 차원의 문제라고 보일 수 있다. 하지만 직장 내 괴롭힘 관련 연구에서는 직장 내 괴롭힘이 단일한 사건이나 개인의 성격 차원으로서만 발생하는 것이 아니라 구조적이고 통합적인 문제라고 설명한다. [그림 10-1]에서 볼 수 있듯이 가해자가 괴롭힘 행동을 하고, 피해자가 괴롭힘을 인지한 후 즉각적인 정서적·행동적 반응이 나타나

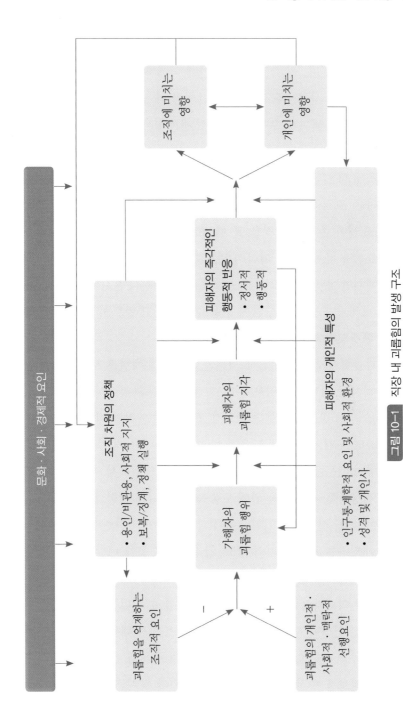

그림 10-1 직장 내 괴롭힘의 발생 구조

출처: Einarsen, Hoel, Zapf, & Cooper(2010): 고용노동부(2019)에서 재인용.

게 되며, 이것은 다시 가해자의 괴롭힘 행동을 유발하면서 악순환을 거치게 된다. 이 각각의 과정 안에 피해자의 개인적 특성(인구통계학적 요인, 사회적 환경, 성격, 개인사 등)과 조직 차원의 정책(용인, 비관용, 사회적 지지, 보복, 징계, 관련 정책 실시 등)이 각 단계마다 영향을 미치게 되고, 조직 밖의 문화·사회·경제적 요인들까지 영향을 준다. 특히, 가해자의 괴롭힘 행위의 선행요인이 괴롭힘을 억제하는 조직적 요인과 괴롭힘을 일으키는 개인적·사회적·맥락적 요인이 존재하는 것을 볼 때 조직과 맥락, 구조에 대한 정비가 필요함을 볼 수 있다. 따라서 괴롭힘 문제 해결을 위하여 단순히 개인에게만 초점을 두고, 환경을 그대로 유지한다면 동일한 제2, 제3의 피해자가 발생할 수밖에 없음을 유의하고 반드시 조직 내 맥락과 환경의 변화를 위해 노력해야 한다.

괴롭힘이 발생하였을 때 피해자들은 문제 해결을 시도하지만 결국 퇴사를 선택하는 경우가 많고, 문제 해결 과정에서 전문가의 도움을 받는 경우가 드물다(이희경, 2018). 이는 직장 내 괴롭힘이 발생하였을 때 상담실에 도움을 받기를 기대하는 경우는 많지 않고, 그렇기 때문에 피해 상황이 발생했을 때 상담실에서 피해자들의 조직 적응과 문제 개선을 위해 도움을 줄 수 있는 기회가 많지 않음을 보여 준다. 실제로 기업상담에서 괴롭힘 문제와 관련해서 직접적으로 개입하는 경우는 거의 없고, 간접적으로 문제 예방과 사건 발생 후 조치를 취하는 과정에서 역할을 할 수 있다. 사내 상담실의 경우 회사와 의뢰자와 내담자의 상황을 살펴볼 수 있다는 이점이 있으므로 직접 인사나 부서 내 다른 동료들을 통해서 내부 상황을 파악하여 갈등을 겪고 있는 당사자가 어떤 상황에 처해 있는지 좀 더 객관적인 정보를 수집하는 것이 개입에 도움이 될 수 있다. 개인상담으로 의뢰되는 경우 내담자의 심리적 상황은 상담실에서의 상담 과정에서 파악할 수 있고, 내담자가 처한 상황에 대한 합리적인 이해는 외부 정보들을 통해서 접할 수 있다. 이를 통해서 갈등 당사자의 의사소통 기술이나 대인관계 기술 문제라면 이에 대한 교육 프로그램이 운영될 수 있고, 도움이 된다면 상사 혹은 부하, 때로는 부서 상황에 대해 수집한 정보를 윤리적으로 위배되지 않도록 필요한 정보만 전달하여 중재 역할을 통해 괴롭힘 문제에 개입할 수 있다.

상담실에서 직장 내 괴롭힘이 발생하기 전과 후에 개입하게 될 때 예방적 접근인지 혹은 사후 조치적 접근인지 등 시점의 차이는 있지만 큰 의미에서 상담실에서 다루는 내용은 유사하다. 개인상담은 자발적인 내담자의 경우 부서 적응의 어려움이나 우울감을 호소하며 내방하게 된다. 이에 비해 비자발적 내담자의 경우 내담자가 스트레스로 인해 상태가 좋아지지 않는 것을 보고 주변에서 상담실에 내방하도록 권유하거나 상사와의 관계 갈등이 고조되어 회사 차원에서 간접적으로 의뢰하는 경우가 있을 수 있다. 집단 프로그램을 실시할 경우 관계 갈등이 불거진 부서만 대상으로 진행하거나, 회사 전체 부서를 대상으로 실시하되 해당 부서가 반드시 참여하도록 진행하는 것이 중요할 것이다. 혹은 직급별로 나누어 프로그램을 구성하여 조직 내 갈등을 예방하거나 갈등이 생겼을 때 다룰 수 있는 방법을 직간접적으로 소개하는 내용으로 진행할 수도 있다.

집단 프로그램에서 다룰 수 있는 내용으로는 부서 프로그램으로 의사소통, 공감, 비폭력 대화, 스트레스 완화 프로그램, 성격검사 워크숍 등을 시도해 볼 수 있다. 또 직급별 프로그램으로는 관리직을 대상으로 한 리더십 프로그램과 직장 내 괴롭힘 방지 교육을 실시할 수 있다. 특히, 직장 내 괴롭힘 방지 교육은 일반 근로자와 관리자에 맞는 교육을 실시하는 것이 필요하다(서유정, 이지은, 2016). 이러한 심리 프로그램 외에도 특정 부서 혹은 특정인과의 갈등으로 상담실에 내방하는 사람들이 많은 것이 확인되었을 때 이를 인사나 관리 부서에 알려서 협조를 구하는 것도 상담실에서 할 수 있는 역할 중 하나이다. 이때 내담자나 정보원의 정보를 전달하거나 직접적으로 내용을 전하는 것은 예상치 못한 갈등 상황을 만들 수 있으므로 자세한 상황을 전달하기보다는 상황과 대상을 특정하지 않도록 주의하여 전달하는 기술이 필요하다. 이 과정에서 상담자로서 윤리적으로 처리할 수 있도록 하는 것이 중요하다.

3. 직장 내 따돌림

1) 직장 내 따돌림의 이해

직장 내 괴롭힘 금지법이 시행된 이후 한 달간 신고 · 접수된 내용 중 '험담 및 따돌림'이 11.9%로 '폭언'에 이어 두 번째로 많은 것으로 나타났다(KBS, 2019. 8. 18.). 이어 업무 미부여(3.4%), 차별(2.4%) 순으로 신고되었는데, 이 또한 넓은 의미의 직장 내 따돌림의 정의에 속하는 행위로 따르면 약 20%, 즉, 5명 중 1명이 직장 내 따돌림 문제로 신고한 것으로 보인다. 한 연구에서 따돌림의 경우 부적응으로 낙인찍힐 것이 우려되어 신고를 덜 하는 경향이 있는 것으로 나타나 실제 현장에서 직장 내 따돌림 피해를 겪고 있는 정도는 보다 많을 것으로 볼 수 있다.

직장 내 따돌림은 '직장에서 개인 근로자에게 최소 한 명 이상의 조직 성원이 모욕·위협·처벌 등을 목적으로 다양한 유형의 부정적·공격적 행동을 권력 불균형적이고, 반복적이며, 지속적으로 가함으로써 직장 내에 적대적 관계가 형성되고 악화되는 상황을 의미하며, 부정적 행동은 피해 근로자의 주관적 경험에 근거하여 평가되는 것'으로 정의한다(유계숙, 2015; Branch & Murray, 2015). 국내에서 따돌림 문제는 주로 아동·청소년들 사이에서 발생하는 '왕따'나 '또래 괴롭힘' 등으로 마치 청소년기에 국한된 문제인 것처럼 다루어졌다. 그러나 여러 명이 모였을 때 한 명을 의도적으로 배제하는 상황은 나이와 상관없이 발생 가능하다. 직장 내 따돌림은 같은 근무 환경에 처해 있는 동료들로부터 배제되는 것으로, 같은 환경 속에 있는 구성원들로부터 배척된다는 점에서 청소년 시기의 학생들 사이에서 발생하는 것과 유사한 면이 있지만 따돌림 방식에 있어서 직장 내 따돌림은 보다 은밀하고 심리적으로 배척하는 방식으로 이루어진다(최항석, 임효창, 2005). 즉, 피해자에 대한 험담이나 안 좋은 소문을 퍼트리거나, 동료들이 업무에 중요한 정보를 알려 주지 않거나, 완수하기 어려운 불합리하고 불가능한 업무가 주어지거나, 주요 직무에서 제외시키는 또는 원래 자신의 업무와 상관없는 일을 시키는 식으로 따돌림이 이루어질 수 있다.

직장 내 따돌림 실태 조사에 따르면, 따돌림 현상은 피해자가 해고되거나(54%) 그만두거나(23%) 다른 부서로 옮겼을 때(11%) 중단되었다(Workplace Bullying Institute, 2017). 즉, 따돌림 문제는 그 피해자가 직장을 그만두지 않는 이상 벗어나기 어려운 문제이다. 따돌림 피해자들의 극단적 선택에 관한 뉴스를 종종 접하게 되는데, 이처럼 직장 내 따돌림은 심각한 사회적 현상임에도 불구하고 많이 다루어지지 않았다. 그만큼 실제 회사 내에서도 직원들 사이의 따돌림 문제를 주요 의제로 삼고 다루지는 않는 양상이지만, 회사에서 자주 다루는 의사소통 프로그램이나 조직문화 개선 프로그램처럼 소통에 초점을 둔 대처(유계숙, 2015)를 통해 우회적으로 따돌림 문제 예방과 개선을 위해 접근해 온 것으로 볼 수 있다. 실제 직장인들을 대상으로 진행된 연구에서 회사의 이러한 소통 중심적 대처가 직장 내 따돌림 문제를 효과적으로 다루고 있지 못하다고 느끼고 있는 것으로 나타나(유계숙, 2015) 기존의 방식보다 적극적으로 문제 발생이 일어나지 않게 예방하기 위한 조치가 필요할 것으로 예상된다. 적극적 대처에는 제도 개선이나 리더의 의식 변화 및 실천과 같은 것이 포함되는데, 기업상담에서 이와 관련하여 어떤 역할을 할 수 있을지에 대해서는 고민이 필요할 것이다.

기존에는 따돌림과 같은 은밀한 가해 행위에 대해 처벌하거나 제지할 방법이 없었으나 최근 제정된 직장 내 괴롭힘 방지법에서 이와 같은 은밀한 따돌림 행위도 직장 내 괴롭힘에 해당하는 것으로 명시해 두었다. 그러면서 점차적으로 직장 내 따돌림 문제를 조직 내에서 예방하고 문제 발생 시 보다 적극적인 조치를 취하기 위해 노력할 가능성이 높아졌고, 그에 따라 기업상담에서 따돌림 문제를 다양한 방식으로 다루게 될 것으로 예상된다.

2) 직장 내 따돌림의 영향

직장 내 따돌림은 권위적이고 수직적인 조직문화, 지나치게 경쟁적인 문화, 비효율적인 의사소통과 근로환경, 괴롭힘과 폭력에 대한 낮은 인식을 갖고 있을 때 쉽게 발생한다(서유정, 이지은,

2016). 또한 열악한 직장 환경과 부족한 갈등 관리 능력이 따돌림을 일으키는 주요한 선행 요인으로 작용한다(Leymann, 1996). 또 재량권의 통제 및 재량권의 범위, 직무 부담, 역할 모호성, 목표 불명확, 경쟁 중심의 승진 시스템, 타인에 대한 종속성, 직무 배분, 리더십 부재, 조직 내 반(反)따돌림 대처 수준, 업종, 조직 규모, 제도, 계약 형태 등이 영향을 미치는 것으로 나타났다. 즉, 의사소통 분위기가 원활하고, 직무스트레스가 낮고, 직무 부담이 높지 않고, 직무 배분이 잘 되어 있고, 역할과 목표가 분명하며, 경쟁적인 분위기가 낮은 편이고, 조직 내에서 따돌림 문제를 척결할 의지가 있는 경우 따돌림 발생 가능성이 낮았다.

　직장 내 따돌림이 개인에게 미치는 영향을 살펴본 Nielsen과 Einarsen(2012)의 메타연구에서, 따돌림을 경험한 사람들은 직무, 신체건강, 심리적 안녕 문제를 모두 겪게 되는 것으로 나타났다. 즉, 정신적·신체적 건강에 문제가 발생하고, 외상후스트레스장애(PTSD) 증상과 소진(burnout), 퇴직 의도가 증가하며, 직무만족도와 조직몰입도가 감소하는 것으로 나타났다. 또한 종단적으로 살펴보았을 때에도 직장 내 따돌림 경험은 장기적으로 정신건강에 영향을 미치는 것으로 나타났다. 뿐만 아니라 근로자의 이직 의도(나태균, 전인호, 2010)를 높이고, 심한 경우 자살 생각(윤명숙, 이희정, 2013)에 영향을 주는 등 심각한 문제로 이어질 수 있다. 뿐만 아니라, 근로자 주변인과 기업, 국가의 손실도 발생하는데 사건 피해자의 자녀와 배우자가 직장 괴롭힘에 연루될 가능성이 높아지고, 기업과 국가의 측면에서 근로자 생산성 손실로 인한 비용이 피해자 10명당 62.4만 원, 가해자 33.3만 원, 목격자 22.9만 원의 인건비 손실이 발생한다(서유정, 이지은, 2016). 게다가 조직 내에서 납득할 수 있게 처리가 되지 않을 경우 법적 분쟁이 발생할 여지가 있는 부분으로, 이 경우 당사자들 간의 법적 분쟁에 그치는 것이 아니라 회사의 관리감독에 대한 법률적 책임도 함께 물을 수 있기에 회사에서도 따돌림 문제의 심각성을 인식하여 관심을 갖고 살펴볼 필요가 있다.

3) 직장 내 따돌림 다루기

직장 내 따돌림 문제를 겪고 있는 사람은 주 호소문제로 우울, 불안, 부서 적응의 어려움이나 이직 고민, 심각한 경우 자살 사고 등을 가지고 상담실을 내방할 가능성이 높다. 자신의 피해 사실을 알리는 것에 대한 부담감으로 인해 따돌림 피해를 먼저 드러내 놓고 말하기보다는 심리적 증상을 호소하고, 추후 상담 과정에서 피해 상황이 드러날 수 있다. 실제로 성인들의 따돌림 형태는 직접적이기보다는 간접적이고 은밀한 형태로 나타나기 때문에 명시적으로 가·피해 상황을 파악하고 그에 대한 조치를 취하기가 어려울뿐더러, 따돌림 상황에 대한 부당함을 드러내더라도 회사로부터 보호받거나 행위자에 대한 처벌을 기대하기 어려운 실정이다. 그렇기 때문에 자발적으로 상담실을 찾아오는 경우가 드물고, 자발적으로 찾아오더라도 주로 퇴사, 이직, 부서 변경 등 현재 상황에서 변화를 주기 위한 고민을 토로하고, 단기간 상담에 그칠 가능성이 높음을 염두에 둘 필요가 있다.

직장 내 괴롭힘 전문가를 대상으로 수행한 Saam(2010)의 연구를 통해 따돌림 문제에 대한 개입, 전략의 함의를 얻을 수 있다. Saam은 직장 내 괴롭힘에 대한 전략으로 중재, 코칭, 조직 개발의 세 가지로 나누어 소개하고 있다. 첫째, 중재(moderation/mediation)는 전통

3. 직장 내 따돌림 295

적으로 해 오던 방식인데, 문제가 발생하였을 때 당사자들 사이에서 상호 간의 오해를 풀어 주는 역할을 하는 것으로서 갈등의 정도가 심하지 않을 때 적용 가능하다. 둘째, 코칭(coaching)은 사례에 맞추어 해결책을 개발하는 방법으로 전술적, 정서적, 진로계발, 대인관계 기술 교육 및 연습 등이 포함된다. 셋째, 조직 개발(Organiziaon Development: OD)은 조직문화를 개선하는 것이 첫 번째 목적이다. 괴롭힘이 발생할 수 있는 환경적 영향, 즉 위계적 계층, 투명한 의사결정 과정, 직원들의 우려에 대한 시의적절한 반응, 파괴적인 대인관계 행위에 대한 개인적 책임감, 노력에 대한 정당한 보상, 신뢰, 충성에 대한 보답, 명확한 역할 구분, 협업 프로세스의 통합, 실적예측에 대한 개선을 유도한다. 조직 개발 전략에서는 따돌림을 시스템의 문제로 접근하기 때문에, 해결책은 당사자뿐만 아니라 조직의 모든 단계, 과정에 있는 사람들에게 필수적으로 영향을 준다. 다른 접근과 달리 조직 개발은 사람이 아닌 새로운 제도와 시스템을 통하여 해결하는 방법이다. 따라서 기업상담에서 조직 내 따돌림 문제를 다룰 때 상담실에서 직접적으로 중재와 코칭의 역할을 하고, 조직 개발의 필요성을 제안하고 전달하는 역할을 통해 조직 내 괴롭힘 문제를 다룰 수 있을 것이다.

직장 내 따돌림 문제를 다루기 위해서 앞서 소개한 Saam(2010)의 연구에서와 같이 직접 따돌림 당사자를 대상으로 접근해 볼 수도 있고, 예방적 차원에서 심리교육이나 프로그램을 통한 접근도 가능하다. 이때 활용해 볼 수 있는 주제는 개인적 차원에서는 자기이해, 집단적 차원으로 성격검사, 의사소통 워크숍 등이 있다. 이를 통해 나와 타인의 성향을 이해하고 타인과의 의사소통 능력을 향상시키는 방법으로 따돌림 문제를 다뤄 볼 수 있다.

한국판 대인관계 갈등 질문지

직장 내 괴롭힘 측정도구인 '한국판 대인관계 갈등 질문지(Korean Inter-personal Conflict Questionnaire: KICQ)를 이용해 조직 내 괴롭힘 현황을 측정하는 데 활용할 수 있다. KICQ는 업무 관련 따돌림, 개인에 대한 공격, 배척·고립 등 총 3요인 31문항으로 구성되어 있다. 각 문항은 최근 6개월 동안 직장생활에서 있었던 일에 대해 응답하게 되어 있으며 5점 Likert 척도로 1점 '전혀 없음'부터 5점 '매일'까지 응답할 수 있다.

4. 사례 및 적용

A 과장은 최근 새로운 부서로 이동하였다. 그 부서의 B 팀장은 업무적으로 부족함을 지적하며 A 과장에게 폭언을 일삼고, 부당하게 초과근로를 요구하는 등 부서 이동 후 지속적으로 괴롭혀 왔다. 그런데 B 팀장이 부서원과 갈등을 빚어 온 것은 이번이 처음이 아니었다. 과거 B 팀장의 괴롭힘에 견디지 못하고 퇴사한 사람이 이미 여럿 있었고, 부서 내 다른 사람들도 스트레스로 건강이 악화되어 건강상의 이유로 휴직을 하는 등 B 팀장으로 인해 부서 분위기가 좋지 않다는 것은 공공연한 사실이었다. 이 문제에 대해 인사부서에서도 인지하고 있었지만 B 팀장이 워낙 실적이 좋고 일을 잘했기 때문에 선뜻 인사 조치를 취하지 못하고 있었다. 회사에서 이미 사실을 알고 있지만 아무런 조치를 취하지 않고 있다는 것 또한 모두가 알고 있었기 때문에 A 과장은 자신이 겪은 부당한 일에 대해 회사에서 도움을 주지 않고, 이 사실을 알릴 경우 오히려 자신이 부서 안에서 고통을 겪을 거란 생각에 무기력함과 분노, 우울감에 휩싸이게 되었다. 결국 A 과장은 스트레스로 인해 다른 부서원들처럼 심신건강이 악화되었고, 결국 퇴사하게 되었다.

A 과장의 사례를 표면적으로만 보았을 때 어떤 사람들은 A 과장의 업무 능력에 초점을 두어 B 팀장이 관리자로서 할 수 있는 행동이었다고 생각할 수 있다. 그러나 정황을 살펴보면 B 팀장은 A 과장 외에도 지속적으로 여러 구성원들을 힘들게 한 바가 있고, 회사는 B 팀장의 괴롭힘 문제가 제기되었음에도 그냥 묵인하면서 괴롭힘 행동이 지속되고 새로운 피해자가 발생하며 더욱 상황이 악화되게 하였다. 따라서 피해자의 특성이 괴롭힘을 유발했다고 보는 것보다 조직 분위기가 괴롭힘을 방조한 것으로 생각하고 구조적이고 통합적으로 접근하는 것이 근본적인 문제 해결과 재발 방지를 위해 보다 합리적일 것이다. 최근 다수의 직장 내 괴롭힘 연구에서도 조직/집단의 특성이 개인의 특성과 괴롭힘 행동에 미치는 영향에서, 그 결과 조직/집단 수준에서의 접근이 괴롭힘 행동을 줄이는 데 효과적임을 보여준다(예: 유계숙, 2015; Cooper-Thomas et al., 2013; Zapf, 1999). 따라서 직장 내 괴롭힘 사안을 예방하고 해결하는 과정에서 단순히 가·피해자를 대상으로 한 소극적인 조치가 아닌 조직적·구조적 차원에서 사안을 바라보고 해결하기 위해 노력하는 과정이 중요하다.

또한 상담자는 조직 내 심리 전문가로서 이러한 관점을 코칭하거나 조언하는 방법을 통하여 조직 문화 및 제도 개선을 위해 노력하는 방법도 고려해 볼 수 있다. 무엇보다도 직장 내 괴롭힘 문제로 고통받는 사람들이 상담실을 찾아올 수 있게 하기 위해서는 상담실의 독립성을 잘 유지하는 것이 중요할 것이다. 특히 기업 내 상담실의 경우 상담자와 피해자가 같은 회사 동료이고, 대체로 상담자가 관리 부서에 소속되어 있기 때문에 선뜻 자신의 피해 사실을 전달하기에 어려움이 따른다. 그렇기 때문에 평소 상담실이 독립적으로 구성될 수 있도록 상담자와 회사가 함께 노력하는 과정을 통해 도움이 필요한 잠재적 내담자들이 실질적으로 도움을 받을 수 있게 돕고, 나아가 건강한 조직문화를 이루는 데 도움을 줄 수 있을 것이다.

5. 결론

지금까지 살펴본 것과 같이 조직 내 관계 문제를 해결하기 위해서는 조직의 구조적 변화가 가장 중요하다. 비록 상담실에서 괴롭힘을 해결하기 위해 제도를 적극적으로 개선하는 방식을 통하여 문제상황에 접근하는 것은 어렵지만, 이러한 괴롭힘에 대한 환경과 맥락에 대한 이해를 갖는 것은 상담자들이 괴롭힘 피해자들을 향하여 '그럴만했다'라는 2차 가해를 하지 않고 공감적으로 이해하도록 도움을 줄 것이다. 상담자는 관계 갈등 상황을 사전에 예방하기 위한 교육이나 워크숍, 조직문화 조성 등과 사건 발생 후 피해자 심리지원 역할을 하게 된다. 또한, 조직 내 심리 전문가로서 이러한 관점을 갖고 자문을 통해 조직 구조의 개선이 바른 방향으로 이루어질 수 있도록 조직과 개인 사이에서 가교 역할을 하는 것을 통하여 관계 갈등을 해결하기 위한 접근을 할 수 있다.

조직 내 관계 갈등 문제가 확인된 이후 사안에 대한 조사와 적절한 조치가 취해지고 난 후에도 피해자의 심리적 회복과 구조적 문제의 해결을 위해 많은 시간이 소요된다. 그렇기 때문에 비록 간접적인 역할이지만 피해자가 사건을 처리하는 과정에서 조직에 잘 적응하고, 심리적인 상처를 회복할 수 있도록 돕는 것은 중요한 부분이다. 관계 갈등으로 인한 피해자인 조직구성원이 사안이 마무리가 된 후에도 적응 상에 어려움이 없도록 상담실에서 지속적으로 모니터링 하는 과정이 필요할 것이다.

참고문헌

고용노동부(2019). 직장 내 괴롭힘 판단 및 예방 · 대응 매뉴얼. 고용노동부.

국가인권위원회(2017). 직장내 괴롭힘 실태조사 보고서. 국가인권위원회 연구보고, https://www.humanrights.go.kr/site/program/board/basicboard/view?currentpage=11&menuid=001003001004001&pagesize=10&boardtypeid=16&boardid=7602096 (2020. 11. 20. 인출).

권동균, 김명소(2015). 상사에 대한 정서노동이 삶의 만족에 미치는 영향: 정서적 소진과 일−가정 갈등의 이중매개효과. 한국심리학회지: 여성, 20(3), 401−426.

권동균, 김명소, 한영석(2015). 상사에 대한 정서노동이 직무탈진과 직무열의에 미치는 영향: 조직지원인식의 조절효과. 한국심리학회지: 산업 및 조직, 28(3), 457−480.

나태균, 전인호(2010). 패밀리 레스토랑 주방 종사원의 직장 내 따돌림 지각이 직무 만족 및 이직의도에 미치는 영향. 한국조리학회지, 16(5), 37−49.

박규석, 이경근(2015). 상사의 비인격적 감독과 부하의 일−가정 영역의 관계에서 직무스트레스와 권력거리의 역할. 인적관리연구, 22(3), 65−88.

유계숙(2015). 직장 내 따돌림에 영향을 미치는 조직문화와 반 따돌림 대처의 효과: 의료 · 교육 · 금융서비스업 종사자를 중심으로. 보건사회연구, 35(4), 245−277.

윤덕환(2017). 내부고객의 감정노동에 미치는 표현규칙의 영향: 고객, 상사, 동료 대상 감정노동을 중심으로. 소비자정책교육연구, 13(1), 135−157.

윤명숙, 이희정(2013). 직장 내 집단따돌림이 자살생각에 미치는 영향. 정신보건과 사회산업, 41(3), 34–62.

이경근(2014). 상사의 비인격적 감독이 부하의 가족침해행동에 미치는 영향: 조직기반자아존중감의 매개효과. 산업경제연구, 27(3), 1233–1255.

이경희(2018). 직장 내 괴롭힘 피해로 인한 영향 분석. 노동리뷰, 59–74.

장재규, 김학수(2016) 표면행동, 감정소진, 이직의도 간의 관계: 리더–부하 교환관계의 조절된 매개효과. 대한경영학회지, 29(7), 129–150.

조영삼, 신종식(2021). 상사의 비인격적 감독이 부하의 일-가정 갈등 및 촉진에 미치는 영향: 직무소진의 매개역할 및 여가활동의 조절역할. 조직과 인사관리연구, 45(1), 117–146.

최인옥, 박지환(2015). 조직갈등이 집단성과에 미치는 영향: 상사의 지원 및 내재적 직무만족의 조절효과. 분쟁해결연구, 13(1), 63–92.

최항석, 임효창(2005). 직장 내 직무 따돌림이 종업원의 직무태도에 미치는 영향. 대한경영학회 학술발표대회 발표논문집, 21–44.

파이낸셜뉴스(2020. 7. 2.). 직장인 스트레스 원인 1위는 '업무량, 연봉' 아니다. http://news.naver.com/main/read.nhn?mode=LSD&mid=sec&sid1=001&oid=014&aid=0004453783 (2020. 11. 20. 인출).

황성주, 전병준(2014). 상사의 비인격적 감독이 직장 내 일탈에 미치는 영향. 역량개발학습연구, 9(3), 1–24.

KBS(2019. 8. 18.). "폭언 → 부당지시 → 따돌림 순" 직장 내 괴롭힘 금지 한 달 새 진정 379건 접수. https://news.naver.com/main/read.nhn?mode=LSD&mid=sec&sid1=102&oid=056&aid=0010733458 (2020. 11. 20. 인출).

Branch, S., & Murray, J. (2015). Workplace bullying: Is lack of understanding the reason for inaction. *Organizational Dynamics, 44*(4), 287–295.

Cooper-Thomas, H., Gardner, D., O'Driscoll, M., Catley, B., Bentley, T., & Trenberth, L. (2013). Neutralizing workplace bullying: the buffering effects of contextual factors. *Journal of Managerial Psychology, 28*(4), 384–407.

Grandy, A. A., & Cropanzano, R. (1999). The conservation of resources model applied to work-family conflict and strain. *Journal of Vocational Behavior, 54*(2), 350-370.

Hofstede, G. (2001). *Culture's consequences: comparing values, behaviors, institutions, and organizations across nations* (2nd ed.). Thousand Oak, CA: Sage.

Leymann, H. (1996). The content and development of mobbing at work. *European journal of work and organizational psychology, 5*(2), 165-184.

McAvoy, B. R., & Murtagh J. (2003) Workplace Bullying: The Silent Epidemic. *BMJ: British Medical Journal, 326*(7393), 776-777.

Namie, G., & Namie, R. (2009) U.S. Workplace Bullying: Some basic considerations and consultation interventions. *Consulting Psychology Journal: Practice and Research, 61*(3), 202-219.

Nielsen, M. B., & Einarsen, S. (2012). Outcomes of exposure to workplace bullying: a meta-analytic review. *Work & Stress, 26*(4), 309-332.

Olweus, D. (1993). *Bullying at schools: What we know and what we can do.* Oxford: Blackwell.

Saam, N. J. (2010). Interventions in workplace bullying: a multilevel approach. *European Journal of Work and Organizational Psychology, 19*(1), 51-75.

Skarlicki, D. P., & Folger, R. (1997). Retaliation in the workplace: The roles of distributive, procedural, and interactional justice. *Journal of applied Psychology, 82*(3), 434.

Tepper, B. J. (2000). Consequences of abusive supervision. *Academy of management journal, 43*(2), 178-190.

Thau, S., Bennett, R. J., Mitchell, M. S., & Marrs, M. B. (2009). How management style moderates the relationship between abusive supervision and workplace deviance: An uncertainty management theory perspective. *Organizational Behavior and Human Decision Processes, 108*(1), 79–92.

Workplace Bullying Institute. (2017). 2017 WBI U.S. Workplace bullying survey. https://workplacebullying.org/download/2017–wbi/?wpdmdl= 2024&refresh=607f02335ff641618936371 (2020. 11. 20. 인출).

Zapf, D. (1999). Organizational, work group related and personal causes of mobbing/bullying at work. *International Jounal of Manpower, 20*(1/2), 70–85.

제11장

개인적 영역

1. 들어가기

많은 사람이 '기업상담'이라고 하면 진로나 업무에 관련된 주제를 많이 다룰 것이라고 기대하지만 사실 상담에서 가장 많이 만나게 되는 호소문제는 개인적 영역에 속한다. [그림 11-1]에서 볼 수 있듯이 기업상담에서 주로 다루는 문제는 자녀 양육, 정서, 부부 관계, 성격 등으로 대부분의 호소문제가 일반 상담실에서도 다루게 되는 문제이다.

사람들마다 차이는 있지만, 보편적으로 우리는 직장에서 우리의 청년기부터 중장년기를 보내게 된다. 하루의 대부분과 인생의 많은 시간을 직장에서 보내다 보니 우리 각자의 개인적인 변화와 성장도 회사 생활과 함께 동시적으로 이루어지게 된다. 전 생애 발달을 설명한 이론가들의 설명을 살펴보면 회사에 있는 동안 많은 사람이 발달적으로 경험하게 될 이야기들을 예상해 볼 수 있다.

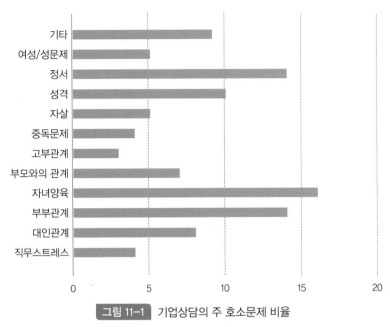

그림 11-1 기업상담의 주 호소문제 비율

출처: 한국상담심리학회(2013).

Erickson(1950)의 심리사회적 발달단계에 따르면 청년기와 중장년기는 친밀감 대 고립감(20~45세), 생산성 대 침체성(45~60세) 단계로 친밀감과 생산성을 발달시키는 시기이다. 즉, 친밀한 관계를 맺기 위해 친구들과의 모임을 갖고 친한 친구 관계를 만들어 가고, 연애를 하기 위해 짝을 찾고, 배우자를 찾기 위해 시간을 보내는 것도 심리적 발달에 중요한 부분임을 볼 수 있다. 만약 개인적 차원에서 이러한 관계적 욕구가 충족되지 않을 때는 고립감에 빠져 공허함이나 소외감, 우울감을 겪게 된다. 또 아이를 낳고 키우면서 가족을 확장해 나갈 뿐만 아니라 자신이 하는 일에서 어느 정도 성과를 내어 가면서 생산성을 충족시키게 된다. 만약 이 과업을 만족하지 못하게 되면 '중년의 위기'라고 불리는 허망한 느낌에 빠지게 된다.

또 다른 진로 이론가인 Super(1957)의 이론을 통해서 일과 개인 간의 조화가 중요함을 엿볼 수 있다. Super는 우리가 생애 발달 과정에 따라 다양한 생애 역할(life roles)을 맡게됨을 보여 준다. 예를 들어, 한 생애 동안 부모님의 사랑받는 자녀이자 동생이고, 학생이었다가 직장인이 되고, 관리자가 되고, 동시에 결혼하여 누군가의 배우자이자 새로운 가족의 일원이 되고, 자녀를 둔 부모가 되고, 은퇴 후 여가를 즐기고 취미를 즐기는 사람이 있다고 생각해 보자. 이 사람은 발달 과정에서 다양한 역할(자녀, 동생, 배우자 등)을 맡게 되고, 동시에 여러 가지 역할을 수행하게 된다. 여러 역할 가운데 시기별로 더 중요한 역할이 생기게 되고, 그에 따라 사람들은 진로 선택 과정에서 현재와 미래의 역할도 함께 고려하며 고민한다.

Erickson과 Super의 이론에서 살펴본 것과 같이 직장을 다니게 되는 시기에 우리는 일뿐만 아니라 개인적으로 수많은 역할과 발달 과업을 함께 해결해 가야 한다. 때로는 그 과정이 순탄하지만 때로는 쉽지 않아 절망에 빠지는 순간도 있을 텐데, 바로 이때가 구성원들이 상담실 문을 두드리는 때가 될 수 있으므로 상담자가 전 생애 발달 과정에서 겪게 되는 갈등 문제에 대한 이해를 갖고 있는 것이 내담자의 상황을 이해하고 상담을 진행하는 데 도움이 된다.

이러한 발달과정에서 겪는 갈등 문제와 직장 스트레스와 같은 것이 극심할 때 일부 사람들은 스트레스를 해소하기 위한 시도로 도박이나 알코올 등에 정신적으로 의지하며 문제 행동을 키워가기도 한다. 이와 같은 문제 행동은 일시적으로 즐거움을 주고 스트레스가 해소되는 듯한 느낌을 주지만 자기 통제를 잃게 되어 헤어 나오지 못하게 되면 개인의 심리정서적 문제뿐만 아니라 가족 및 대인관계에 악영향을 주고, 직장 생활을 이어 나갈 수 없을 만큼 파괴적이므로 주의와 관심이 필요하다.

따라서 이 장에서는 기업상담에서 다루어지는 다양한 개인적 영역의 주제들을 살펴볼 것이다. 일-가정 양립과 개인적 차원(성격, 정서, 대인관계), 그리고 문제 행동(도박 중독, 알코올 문제 행동)으로 나누어 살펴보고 각 영역에서 기업상담에서의 역할을 다룬다.

2. 일-가정 양립

1) 일-가정 양립의 이해

사람들은 무엇을 보고 '좋은 일자리'라고 생각할까? 한 설문 조사에서 사람들에게 좋은 일자리는 어떤 곳인지 질문했을 때 '일과 삶의 균형을 맞출 수 있는 곳'이라는 응답이 높은 연봉이나 좋은 복지수준, 직업적 비전과 비교해서 가장 많았다(아웃소싱타임스, 2018. 6. 20.). '워라밸'이라는 용어로 익숙한 일-가정 양립(Work-Life Balance: WLB)은 개인의 역할과 직장에서의 역할이 어느 한쪽에 치우침 없이 말 그대로 균형(balancing)을 이루는 것을 의미한다.

일-가정 양립 제도는 크게 임신 및 출산 지원제도, 육아 등 돌봄지원제도, 유연근로제도, 일하는 문화(초과근무 등), 남녀고용 평등기회를 포함하고 있는데, 관련법으로 「남녀고용평등과 일·가정양립 지원에 관한 법률」이 있다. 이러한 일-가정 양립 제도는 주로임신, 출산, 자녀 양육에 초점을 두고 있어 기혼 부부와 유자녀 중심(김은정, 2013)으로 이루어져 있는 것을 볼 수 있다. 일-가정 양립 실태 조사에서는 사업장의 규모가 클수록 제도에 대한 이해와 활용도가 높은 것으로 나타났고, 그 비율도 제도에 따라 이용률에 차이가 있는 것으로 나타났다. 이는 다시 말하면 모든 직장인에게 일-가정 양립 제도가 익숙하고 보장된 것은 아닌 것으로도 볼 수 있다(고용노동부, 2019).

제도로서의 일-가정 양립은 가정을 만들고 지켜 나가는 것에 초점을 두고 있지만, 직장인들 가운데 결혼을 안 하거나 아이를 안 낳는 경우라고 할지라도 회사 밖의 삶을 누릴 수 있도록 개인적인 삶을 보장받고 싶은 마음이 있다. 특히 '워라밸 세대'[1]는 직장에 헌신하는 것보다는 나의 시간을 확보하는 것을 중요하게 생각하는데, 이러한 시대적·세대적 변화는 직장 안에서 일과 함께 개인의 삶의 영역을 잘 유지하기 위한 고민의 과정이 그 어느 때보다 중요해질 것으로 보인다.

일-가정 양립은 일-가정 갈등과 일-가정 향상 개념으로 살펴볼 수 있다. 일-가정 갈등(Work-Family Conflict: WFC)은 한정된 시간적·육체적·정신적 에너지를 직장과 가정에 균형적으로 사용할 수 있는지에 대한 문제이다. 즉, 한정된 시간과 에너지를 일과 가정에 균형 있게 사용할 수 있을 때 역할 간의 긴장과 갈등으로부터 오는 스트레스가 줄어들게 된다.

일과 가정 사이의 균형이 무너진 상태는 부정적 영향을 주고 받는 방향에 따라 일 → 가정 갈등과 가정 → 일 갈등으로 나누어 살

---

[1] 1988년 이후부터 1994년까지 출생한 세대를 일컫는 말로 기성세대와는 달리 일과 개인 시간의 확보를 중요하게 생각하여 직장에 희생하지 않겠다는 라이프 스타일을 지향한다.

퍼볼 수 있다. 일 → 가정 갈등(work to family conflict)은 직장에서의 역할에 시간적 · 육체적 · 정신적 에너지를 쏟게 되면서 가정에서의 역할에 에너지를 쓰지 못하게 되어 발생하게 되는 갈등을 의미한다. 예를 들어, 회사 프로젝트 마감 기한이 다가오면서 한 달 내내 야근을 하고 밤새워 일을 했다면 가정에서 충실한 부모이자 배우자로서의 역할을 하기 어려웠을 것이다. 이런 경우 일 → 가정 갈등으로 볼 수 있다. 반면, 가정 → 일 갈등(family to work conflict)은 가정 중심의 역할에 에너지가 쏠리면서 직장에서의 역할에 충실하지 못하게 되어 갈등이 발생하는 것을 의미한다. 예를 들어, 자녀가 아파 병원에 입원하고 돌보아야 되는 상황이 되었다면 회사 업무에 몰입하기 어렵고 근무를 며칠 빠지는 상황이 될 수 있는데 이런 경우 가정 → 일 갈등으로 볼 수 있다. 연구에 따르면 많은 경우 일-가정 갈등이 발생하였을 때 가정 역할을 희생하거나 조정하는 것을 많이 선택해 왔고, 특히 우리나라의 경우 문화적 특성상 가정-일 갈등은 상대적으로 덜 나타나는 경향이 있다(이은희, 2000).

　한편으로는 많은 여성 직장인이 호소하는 경력 단절의 문제나 출산휴가 사용 후 직장 내 진급 누락의 문제, 자녀 양육 문제로 인한 가정 내 갈등 등과 같은 이슈는 가정-일 갈등의 전형을 보여 준다. 이는 우리나라의 성역할 불균형의 문제가 직장으로 이어지는 것으로도 볼 수 있는데, 그로 인해 우리나라에서 가정-일 갈등의 문제는 워킹맘, 즉 여성들만 주로 겪는 문제처럼 여겨지기도 한다. 그러나 이전과는 달리 자상하고 좋은 아빠이자 남편에 대한 역할 기대가 높아지지고 있고, 이와 동시에 부성권을 보장하기 위하여 「양성평등기본법」에 법적 근거가 마련되면서 남성의 돌봄 참여를 제도적으로 보장해 주고 있다(이선형, 이지혜, 2015). 이런 변화 속에서 남성들이 가정과 일의 역할을 동시에 해내기 위한 노력을 기하면서 남성들의 가정-일 갈등도 점점 증가하는 추세로 보인다.

일-가정 갈등이 일과 가정을 양 극단에 두고 한정된 자원을 갖고 제로섬(zero sum)의 관계로 보았던 것과 달리 최근에는 일-가정 향상(Work-Family Enhancement: WFE) 즉, 일과 가정이 서로 포지티브섬(positive sum)의 관계로 각 영역이 상호 보완하여 긍정적인 영향을 주고받을 수 있음을 강조하고 있다. 예를 들어, 가정 영역에서 출산 후 아이를 양육하는 과정에 자신감이 떨어지고, 양육자로서 충분하지 못하다는 부적절감으로 우울함에 빠졌던 사람이 복직 후 일 영역에서 성취감을 느끼고 자존감을 회복하게 되면 보다 긍정적인 기운을 갖고 가정 영역에 임할 수 있게 되고, 이러한 변화로 인해 조직과 일에 대한 긍정적 태도를 키울 수 있게 되며 선순환의 과정이 발생할 수 있다는 것이다. 또 반대 방향으로, 결혼과 양육 과정을 거치면서 점차 성숙해짐으로 인해 일 영역에서 다른 대인 갈등이 낮아지는 등 가정 영역에서의 경험이 일 영역의 갈등을 해결하는 방식으로 영향을 줄 수도 있다.

2020년, 전 세계 사람들을 감염병 공포에 빠트린 코로나19의 영향으로 인하여 코로나 시대에 맞는 뉴노멀(new normal)에 대한 논의가 이어지고 있다. 감염 우려로 인하여 비대면을 선호하게 되면서 노동 환경도 빠르게 재택 근무로 변화하는 양상을 보인다. 이로 인해서 일과 가정의 경계가 사라지는 상황으로 전개되고 있고, 이러한 예측하지 못했던 실험의 결과로 코로나 이후 이러한 재택 근무와 같은 형태가 보다 확장되어 뉴노멀로 정착될 것으로 많은 사람이 예상하고 있다. 따라서 앞으로는 기존의 워라밸 관점에서 살펴본 가정-일 갈등에서 지금까지와는 다른 주제들이 새롭게 등장할 가능성이 있고, 그에 따라서 상담실에서 만나게 될 기업상담 주제는 달라질 수도 있을 것이기에 주목할 필요가 있다.

2) 일-가정 양립의 영향

일-가정 갈등의 발생을 예측하는 요인에 대한 메타연구에서 개인영역, 가정영역, 조직영역으로 나누어 살펴본 결과, 개인영역에서는 성역할태도, 개방성, 신경증, 일중독성향이 높고, 대처전략, 외향성이 낮을 때, 가정영역에서는 부부만족도, 배우자 대처전략, 가정의 지지가 낮을 때, 조직영역에서는 직무스트레스가 높고 조직의 지지가 낮을 때 일-가정 갈등을 예측하는 것으로 확인되었다 (윤민지, 공현정, 윤수란, 2021).

일-가정 갈등의 심리적 영향을 살펴보면 갈등이 높을수록 우울, 소진, 이직의도가 높아지고 삶의 만족도와 직무만족도, 나아가 가정생활만족도가 낮아지게 된다(강혜련, 최서연, 2001; 이재완, 강혜진, 2018; 정규형, 류주현, 2020; 최유정, 최미라, 최샛별, 2018; Karatepe & Baddar, 2006). 즉, 일-가정 갈등 상황에서 개인, 가정, 일 영역에서 어려움을 보이게 되는데 결국 양 쪽을 모두 수행하는 것이 어렵다고 판단이 들면 이직을 하거나 경력단절을 선택하는 결과를 빚게 됨을 볼 수 있다.

3) 일-가정 양립 다루기

기업상담에서 이러한 일-가정 양립 문제를 다룰 때 개인적 접근과 집단적 접근을 고루 활용할 수 있다. 일-가정 갈등과 일-가정 향상은 독립적이거나 약한 상호관계(유성경, 한영주, 조윤진, 2011) 를 갖고 있어서 한 개인에게서 일-가정 갈등과 일-가정 향상이 동시에 높거나 낮을 수 있다. 따라서 상담실에서 일-가정 양립 주제를 다루고자 할 때 일과 가정 중 한 영역의 스트레스를 조절하는 것을 통해 한정된 자원을 나눌 수 있게 하는 방법, 또 한 영역의 긍정적 에너지를 키울 수 있게 하여 다른 영역과의 시너지를 기대하는 방법 모두를 통하여 일-가정 양립이 이루어질 수 있을 것이다.

개인적 접근으로 개인 상담의 경우 가족 문제(부부갈등, 자녀양육, 본가와의 문제 등)를 고민하거나 역할 갈등에 대하여 호소할 수 있다. 또한, 육아 휴·복직자는 휴·복직을 앞두고서 새로운 변화에 적응하는 것과 양립에 대한 불안감을 겪는 경우가 많다. 따라서 휴·복직자를 대상으로 개인상담 혹은 집단 프로그램을 진행하여 '부모'라는 새로운 삶의 역할을 수행하면서 변화된 삶의 양식 안에서 일과 가정에 잘 적응할 수 있게 도울 수 있다. 최근에는 복직 후 일을 통해 유능감을 느끼며 스스로에 대한 자신감을 회복하고, 육아에 긍정적인 영향을 주는 것으로 여기는 사람들이 많아졌다. 그렇기 때문에 휴·복직 시점에 맞추어 상담에 참여할 수 있도록 제도화할 수 있다면 해당 인력들이 겪는 막연한 불안감을 낮추고 조기 적응할 수 있게 도울 수 있을 것이다.

집단적 접근으로 임산부나 워킹맘, 워킹대디처럼 생애 발달적으로 비슷한 상황에 놓인 대상을 모아 집단 프로그램을 운영할 수 있다. 이들이 집단을 통하여 양육 스트레스와 일-가정 양립의 고민이 자기 혼자만의 것이 아닌 발달단계상 현재 비슷하게 경험하는 문제임을 인식하고 서로 공감함으로써 일-가정 갈등 완화에 도움을 줄 수 있다. 또, 스트레스 대처 전략(유성경, 임인혜, 2020), 마음챙김 프로그램(이소진, 김은석, 유성경, 2017), 부부 의사소통 프로그램과 같은 것을 집단상담의 주제로 다루거나 교육, 워크숍 등의 형태로 접근해 볼 수 있다.

구성원들의 가족문제를 기업상담에서 직접적으로 다루는 데는 현실적으로 한계가 있지만 자녀를 대상으로 상담이나 심리검사 프로그램, 진로캠프 등을 운영하여 참여할 수 있게 하거나 외부의 부부상담 프로그램(예: Marriage Encounter: ME)[2], 이마고 가족치료, 가트맨 부부치료 등을 소개하여 지원하는 방법을 고려해 볼 수 있다. 또, 가족문제를 호소하는 내담자에게 제공할 수 있는 외부 기관 목록을 미리 만들어두었다가 요청 시 제공할 수 있게 준비하는 것도 좋은 방법이다.

이 외에도, 상담실 홍보 매체를 활용하거나 특강, 일회성 프로그램과 같은 것을 구성해 볼 수도 있다. 육아나 양육에 대한 주제를 가지고 심리학적 지식을 포함한 칼럼을 상담실 홍보 메일에 포함하여 양육에 대한 고민을 가진 사람들이 상담실로 내방할 수 있는 길을 열어줄 수 있고, 육아, 부부상담 등과 같은 주제로 전문가 초청 특강을 기획하는 것도 구성원들의 참여를 독려할 수 있는 방법이 된다.

또한, 자문 역할로서 상담자가 회사에 마련된 일-가정 양립에 도움이 되는 제도를 대상이 되는 내담자에게 안내할 수 있다. 상담자가 제도를 소개하고 사용할 수 있도록 독려하여 내담자의 호소문제를 다루어줄 수도 있다. 만약 내담자들이 전반적으로 마련된 제도를 활용하기 어려운 공통적으로 처해있는 상황이 있다면 이런

---

2) '부부일치 운동'이라고도 불리는 가톨릭에서 진행하는 부부관계 개선 프로그램

문제점에 대하여 관리 부서에 전달하여 제도나 구조를 개선할 수 있게 하는 등 상담자가 구성원과 조직 사이에서 가교역할을 할 수 있다.

일-가정 양립에 대한 조직의 긍정적 지원에 대한 인식은 구성원들의 일-가정 양립에 긍정적 영향을 준다(김연홍, 2016; 문영주, 2014; 원숙연, 박지원, 2009). 따라서 상담실이 일-가정 양립에 대한 프로그램 운영과 일-가족 양립을 위해 활용 가능한 제도를 적극적으로 소개하는 모습은 조직이 구성원의 일-가정 양립을 지지하고 있는 모습으로 비춰질 수 있기 때문에 직접 상담실 프로그램에 참여하지 않은 구성원에게 조직에 대한 신뢰를 높여 간접적으로 일-가정 양립에 도움을 주는 효과를 기대할 수 있을 것이다.

3. 개인적 차원(성격, 정서, 관계)의 문제

앞서 기업상담 주 호소문제 비율에서 보았던 것처럼 실제 다루게 되는 많은 주제는 개인적 차원에 속하는 것들이다. 실제 기업상담을 받아 본 사람들을 대상으로 기업상담을 받기로 결정한 이유에 대해 알아본 연구에서 '자기이해 및 성장' '가족 이해 및 양육 방법 학습'과 같이 개인적 차원의 문제에 대한 도움을 받고 싶은 마음에 상담을 받은 것을 알 수 있다(조해연, 이송하, 이동혁, 2013).

생산성을 목표로 움직이는 조직 내에서 회사 업무와 직접적으로 관련이 없는 개인적 차원의 고충에 시간을 할애하는 것이 다소 낭비처럼 보일 수도 있지만 기업상담이 의미 있게 사용되기 위해서는 조직 내에서 그 누구도 할 수 없는 개인 차원의 문제를 보살피는 것이 상담실에서 할 수 있는 가장 의미 있는 일이라고 볼 수 있다. 그런데 개인적인 차원의 문제를 회사 안에서 드러내는 것이 부적절하게 느껴져 상담실 방문을 꺼리게 되는 경우도 있다(진경미, 권경인, 2015). 따라서 개인적 차원의 문제를 가지고 상담실에 방문한 경우에는 라포 형성과 구조화, 비밀보장에 더 많은 주의를 기울이는 것이 필요할 것이다.

1) 성격 및 정서 문제

(1) 성격 및 정서 문제의 이해

개인적 차원의 문제 중 성격 및 정서 문제는 평소 자신이 가지고 있던 성격적인 문제(예: 소극적이거나, 대인관계에 자신이 없거나, 강박적인 성격 등)나 정서적 문제(우울, 불안, 긴장 등)를 해결하고자 자발적으로나 주변의 권유로 상담실을 방문하게 된다. 그런데 이런 문제가 직장 생활을 하며 발생하기도 하지만, 내담자가 원래부터 가지고 있던 문제를 호소하는 경우도 많다. 이 경우 단기의 문제해결적 접근과는 다른 장기적인 관점으로 상담을 진행하게 될 가능성이 많다. 또 이미 상담을 받아 본 경험이 있다거나 업무로 바빠 외부 상담실을 갈 시간이 없어 치료를 위해 기업상담실을 활용하는 경우도 있고, 반대로 사내 상담실을 다니다가 상담자의 권유로 정신과 치료를 시작하게 되는 경우도 있다.

기업상담에서 개인 상담을 깊이 있게 해 보고 싶다면 이런 개인적 차원의 문제를 가진 내담자와의 작업이 즐거울 수 있다. 대신 내담자의 상황을 잘 파악하고 적절히 도움을 줄 수 있기 위해서는 상담자가 상담훈련이 충분하게 되어있는 상태여야 하고, 정신병리와 심리검사에 대한 이해가 선행되어야 한다.

(2) 성격 및 정서문제 다루기

성격 및 정서문제는 개인적 접근으로 개인상담에서 만나게 될 경우 일반 상담에서 진행하듯 동일하게 진행된다. 상담자에 따라서 기업상담 특히 내부모델이라는 점 때문에 같은 직장 구성원의 개인적 특성(성격, 정서)에 대한 호소문제를 다루는 데 있어 조심스러울 수도 있다. 그러나 내담자에게 현재 고통스러운 문제가 있고 내담자가 도움을 받기 위해 상담실에 찾아온 것이기 때문에 기업상담이라는 것에 제한을 두지 말고 내담자의 고통을 함께 하는 상담자의 자세를 유지하는 것이 중요하다.

상담자의 이론적 배경(orientation)과 상담실 상황에 따라 상담 진행방식은 차이가 있다. 기본적으로 상담을 진행하게 되는 과정을 살펴보면, 상담실에 내방하게 된 경위와 성격과 정서가 내담자의 현재 적응에 어떠한 어려움을 주고 있는지를 파악해야 한다. 그리고 개인상담에서 많이 활용하는 mmpi-2나 sct를 기본으로 하여 현재 내담자의 심리적인 적응 상태가 어느 정도 수준인지 확인하기 위해 심리검사를 사용한다. 성격과 정서는 잘 변하지 않는 안정적인 특성을 갖고 있기 때문에 현재 호소하는 문제가 내담자가 오래 전부터 겪고 있는 어려움일 수도 있으므로 내담자 호소문제의 역사와 과거 경험을 두루 살펴보면서 상담을 진행하게 될 수 있다. 심리검사 결과와 면담 과정에서 내담자의 심리적 상태가 심각하여 정밀하게 파악할 필요가 있다면 종합심리검사를 실시할 수 있는데 사내에 임상심리전문가나 정신건강의원이 있다면 의뢰할 수 있고, 외부 기관에 의뢰하는 것도 고려해 볼 수 있다.

만약 심리적 증상이 심각하여 임상적 진단이 내려질 정도의 수준이라면 회사에 마련된 휴직 제도를 소개하여 활용하도록 제안한다. 이때, 사내에 마음건강 휴직제도가 없다면 회사에 제도의 필요성을 설득하는 것이 필요하다. 마음건강을 위한 휴직 제도를 만드는 과정에서 상담자가 개입하여 사내 마음건강 전문가로서 전문성을 발휘하여 마음건강 휴직 프로세스에 필요한 요소에 대하여 자문을 제공한다. 예를 들어, 내담자가 현재 심리적으로 힘든 정도를 객관적으로 파악하고, 휴직의 필요성에 대한 확인을 위해 병원에서 진단을 받아오도록 해야 하고, 복직 과정에서 다시 한 번 진단을 통해 전문의의 소견을 받아 오도록 해야 한다. 또한, 휴직과 복직 전 상담자와의 면담이 반드시 이루어질 수 있게 마음건강 휴직 과정에 포함할 필요가 있다. 이런 과정을 통하여 상담실에서 내담자가 복직 후에도 안전하게 조직에 적응할 수 있도록 도울 수 있고, 내담자 또한 적응 과정에서 도움이 필요할 때 상담실로 바로 찾아올 수 있기 때문에 중요한 부분이다.

이 외에도, 정신과 방문이 필요할 때 연계할 수 있는 병원 목록을 만들어 두고 필요한 내담자에게 제공할 수 있고, 가능하다면 협약을 맺음으로써 내담자들이 보다 편하게 병원을 이용할 수 있도록 도울 수 있다.

집단적 접근으로는 미술치료나 영화치료와 같은 방식을 접목해서 워크숍을 통해 단회성으로 다뤄 볼 수도 있다. 비슷한 주제를 겪는 내담자를 모아 집단상담을 진행하기에는 이중관계와 비밀보장의 문제가 있기 때문에 단체로 접근한다면 가볍게 다뤄질 수 있도록 단회나 매체를 활용한 접근을 시도해 볼 것을 권한다. 대신, 프로그램의 말미에 참가자들에게 프로그램 참여 과정에서 자신의 이야기를 더 이어가고 싶은 마음이 들었다면 상담실을 이용해 볼 수 있도록 반드시 안내하여 잠재적인 내담자가 상담실에 찾아올 수 있게 한다. 또, 교육 프로그램(예: 정서조절 프로그램, 명상 프로그램)이나 심리검사 워크숍(예: 성격검사, 정신건강 검사)과 같은 것을 통해서 자기 이해를 돕고, 심리적 증상을 다룰 수 있게 도울 수 있고, 이와 더불어 정신병리에 대한 칼럼이나 흥미를 유발할 수 있도록 작성된 심리학 글을 공유하는 것도 시도해 볼 수 있다. 특히, 워크숍이나 칼럼과 같은 것은 잠재적인 내담자가 상담실에 올 수 있게 돕는 일종의 홍보 역할을 할 수도 있다.

2) 관계 문제: 가족 관계, 연인 관계, 교우 관계 등

(1) 관계 문제의 이해

관계 갈등 문제는 우리가 회사에서 가장 집중을 하지 못하게 만드는 요인 중 하나일 것이다. 친한 친구와 심하게 다투고 화해를 하기 전이거나 배우자와의 갈등이 해결될 기미가 보이지 않고 계속해서 갈등의 골이 깊어져만 갈 때, 아이와 대화가 도무지 되지 않고 배우자와 아이 양육에 대한 의견 차이가 짙어지면서 문제가 해결되지 않을 것 같은 마음이 들 때, 그동안은 외면해 왔던 원가족과의 오랜 관계 갈등이 수면 위로 드러나기 시작할 때, 또는 연인과 헤어졌을 때 등 이러한 상황 속에서 완전히 내 일에 몰입하기는 어려울 수밖에 없다. 친한 동료나 친구와 이야기를 나누며 스트레스를 풀수도 있겠지만 근본적으로 자신의 상황과 문제에 몰입해서 해결하고 싶은 마음이 든다면 상담실을 찾아와 도움을 요청할 수도 있다.

(2) 관계 문제 다루기

관계 문제는 개인적 접근 중에서도 개인상담으로 다뤄지는 경우가 많다. 개인상담에서 관계문제를 다루게 될 때는 현재 갈등이 되고 있는 구체적인 대상이 있고, 문제를 해결하기 위해 시도하지만 원활하지 않아 심리정서적으로 고통을 많이 호소하고 있을 가능성이 높다. 문제가 되는 대상과의 갈등의 역사가 깊다면 상담이 장기화될 수 있다. 상담장면에서 많이 활용하는 mmpi-2, sct 등 개인 심리검사를 바탕으로 하여 내담자의 심리적 상황을 면밀히 파악하여 정서적 고통이 극심하진 않은지도 함께 살펴볼 필요가 있다. 상담 외에도 특정한 상황에서 어떻게 대처하는 게 좋은지에 대하여 자문을 통하여 도움을 주는 경우도 있다.

집단적 접근으로 심리검사를 활용한 워크숍, 집단상담이나 강의를 진행할 수 있다. MBTI나 TCI와 같은 성격검사를 실시하여 성격에 대한 설명을 통해 자신에 대한 이해와 더불어 타인에 대한 이해가 이루어질 수 있게 구성할 수 있다. 또는 같이 성격을 살펴보고 싶은 대상자에게 검사를 모두 실시하게 하여 검사 결과를 전달할 때 같은 검사에 대한 결과에서 어떤 비슷한 점과 다른 점이 나타났는지 살펴볼 수도 있다. 이때, 검사절차상 심리검사를 상담자가 직접 실시하는 것이 옳으나 부득이하게 비대면으로 검사가 진행되어야 할 때에는 검사 진행에 대한 안내서를 작성하여 동봉하여 발송하거나 유선상으로 검사 진행 방식에 대해 설명하여 신뢰할 수 있고 타당한 결과가 나올 수 있도록 주의해야 한다. 성격검사 외에도 애착검사, 사랑의 유형, 대처양식검사 등 관계 양식에 대하여 살펴볼 수 있는 표준화된 검사 및 연구용 검사들을 활용하여 현재 자신이 맺고 있는 관계에 대하여 점검해 볼 수 있게 구성할 수 있다.

심리검사 워크숍 외에도 대화법 강의를 통해서 관계 문제를 다뤄볼 수 있다. 나 전달법(I-message)이나 경청기술, 공감기술, 감정 코칭 등과 같이 보다 효과적으로 소통할 수 있게 돕는 대화 방법에 대하여 알려주고 직접 실습하도록 프로그램을 구성할 수 있다. 이 때 단회로 진행할 수도 있지만 직접 강의와 실습을 병행하기 위하여 여러 번에 나누어 프로그램을 진행하는 것도 방법이다. 또, 자기주장훈련(assertive training)을 통하여 자신의 의견을 상대에게 공격적이거나 회피하지 않는 건강한 방식으로 전달할 수 있게 도와줌으로써 갈등 관계 안에서 해결 기술을 습득할 수 있게 도와줄 수 있다. 집단상담이나 워크숍의 형태로 운영하여 직접 참여할 수 있게 할 수 있다.

앞서 언급한 심리검사에 대한 내용이나 대화법, 자기주장훈련 등의 내용을 상담실 소식지나 홍보물에 간략하게 포함하여 내용을 전달하는 것도 고려해 볼 수 있다. 또, 가능하다면 외부 강사를 초빙하여 관계 문제에 대한 특강을 진행할 수도 있다.

4. 문제 행동

기업상담에서 만날 수 있는 문제 행동 가운데 도박 중독과 알코올사용장애를 다루고자 한다. 실제 기업상담실에서 이와 같은 주호소문제를 가진 내담자를 만나 직접적으로 도움을 주는 일은 극히 드물 것이다. 하지만 심리적인 문제로부터 이어져 발생하는 대표적인 문제 행동이고, 유병률이 높은 편이며, 문제 행동이 지속될 경우 가족 및 주변 동료들에게 피해를 주게 되고, 극심한 경우 심각한 정서적 어려움이나 자살로 이어질 수 있다. 따라서 도박 중독과 알코올사용장애에 대한 이해를 가지고 문제 예방적 차원으로의 개입이 필요하다.

1) 도박장애

(1) 도박장애의 이해

도박은 돈이나 가치 있는 소유물을 내걸고 불확실한 사건에 내기를 하는 행위를 일컫는 말이다(한국도박문제관리센터, 2021. 4. 21.). 도박장애(Gambling Disorder: GD)는 DSM-5에서 '물질 관련 및 중독 장애' 영역 중 '비물질 관련 장애'에 속한다. 도박장애의 진단 기준은 〈표 11-1〉에서 보는 것과 같이 내성, 금단, 조절실패, 집착, 회피성 도박, 추격도박, 거짓말, 부정적 결과, 경제적 도움의 아홉 가지 내용 중 네 개 이상의 증상이 12개월 이내 나타났을 때 진단이 내려진다.

우리나라의 도박장애 유병률은 2018년 기준 5.3%로 나타나 가장 유병률이 높았던 7.2%에 비해 줄어들었지만 영국 2.5%(2017년), 호주 3.5%(2017년), 캐나다 3.3%(2014년 브리티시컬럼비아 기준) 등(사행산업통합감독위원회, 2020. 12. 25) 비슷한 시기의 다른 나라의 유병률과 비교하였을 때 다소 높은 수준임을 볼 수 있다. 한국도박문제관리센터에서 실시한 2019년 도박자 현황에 따르면, [그림 11-2]에서와 같이 전 연령대에서 걸쳐 골고루 도박을 하고 있으며 그중 20~30대가 가장 많은 비율을 차지하고 있어 젊은 세대가 도박에 많이 참여하고 있음을 볼 수 있다. 또한 도박 중에서도 불법도박이 전체의 88.5%에 달하였는데, 대부분 온라인 도박인 것으

| 표 11-1 | 도박장애 진단기준 |

A. 지속적이고 반복적인 문제적 도박 행동이 임상적으로 현저한 손상이나 고통을 일으키고 지난 12개월 동안 다음의 항목 중 네 개 이상이 나타난다.

1. 원하는 흥분을 얻기 위해 액수를 늘리면서 도박하려는 욕구가 있다.
2. 도박을 줄이거나 중지시키려고 시도할 때 안절부절못하거나 과민해진다.
3. 도박을 조절하거나 줄이거나 중지시키려는 노력이 반복적으로 실패한다.
4. 종종 도박에 집착한다(예: 과거의 도박경험을 되새기고, 다음 도박의 승산을 예견해보거나 계획하고, 도박으로 돈을 벌 수 있는 방법을 생각한다).
5. 괴로움(예: 무기력감, 죄책감, 불안감, 우울감)을 느낄 때 도박한다.
6. 도박으로 돈을 잃은 후, 흔히 만회하기 위해 다음날 다시 도박한다.(손실을 쫓아간다.)
7. 도박에 관여된 정도를 숨기기 위해 거짓말을 한다.
8. 도박으로 인해 중요한 관계, 일자리, 교육적, 직업적 기회를 상실하거나 위험에 빠뜨린다.
9. 도박으로 야기된 절망적인 경제 상태에서 벗어나기 위해 돈 조달을 남에게 의존한다.

B. 도박행동이 조증삽화로 더 잘 설명되지 않는다.

출처: APA(2013).

로 나타났다. 이는 인터넷과 모바일의 발달로 인해 불법 온라인 도박 위주의 시장이 형성된 것의 영향으로 풀이된다. 개인에게 무차별 발송되는 스팸문자 가운데 93.6%가 도박성 스팸문자에 해당된다(한국인터넷진흥원, 2020. 10. 19.)는 조사 결과를 보면 많은 사람이 도박에 접근하기 쉽도록 노출된 것을 알 수 있다. 실제로 온라인 불법도박 단속을 실시하였을 때 검거자의 가장 많은 비율이 30

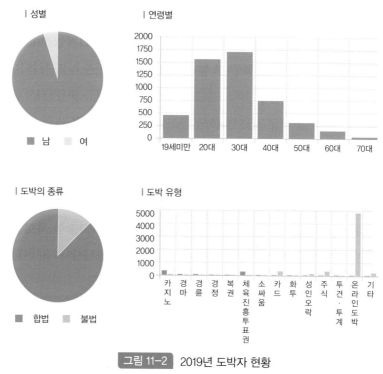

그림 11-2　2019년 도박자 현황

출처: 한국도박문제관리센터(2021. 4. 21.).

대(38.2%), 직장인(42.4%)인 것으로 나타나(KBS NEWS, 2019. 7. 18.), 직장 내에서도 도박 문제로 인해 어려움을 겪고 있는 비율이 적지 않을 것으로 예상된다.

(2) 도박장애의 원인

사람들은 어떤 이유에서 도박에 빠져들게 되는 것일까? 이홍표(2003)는 사람들이 도박에 참여하게 되는 동기를 다섯 가지 요인으로 나누어 살펴보았다. 그에 따르면 사교와 친목을 동기로 한 사교 동기, 즐거움을 추구하기 위한 유희 동기, 돈에 대한 열망인 금전 동기, 정서적 흥분을 위한 흥분 동기, 낮은 자존감, 우울감, 불쾌한 정서 등을 경감시키거나 피하기 위한 회피 동기가 도박을 하게 되는 동기로 작용한다. 오프라인 도박과 온라인 도박을 나누어 살펴보았을 때 참여하는 동기에 차이가 있는데, 오프라인 도박의 경우 금전 동기가, 온라인 도박에서는 흥분 동기가 중요한 동기인 것으로 나타났다(이성식, 박정선, 2016).

도박을 시작하게 만드는 또 다른 요인 중 하나는 스트레스이다. 스트레스 대처 행동으로 중독 행동을 통하여 스트레스로부터 벗어나려는 모습을 보이는데, 스트레스 중에서도 대인 스트레스와 직장 스트레스가 많을수록 도박 문제 수준이 높아지는 것으로 나타났다(최정헌, 권선중 이재갑, 서경현, 2014). 이외에도 도박자의 회피적 성향, 우울, 불안, 외로움, 삶의 목적을 잃었을 때, 가족 문제나 이혼, 실직, 상실 등의 경험, 돈 관련 문제가 있을 때에도 도박에 빠지게 되는 위험요소로 작용한다(한국도박문제관리센터, 2021. 4. 21.).

(3) 도박장애의 영향

도박 중독자들은 대부분 직업과 가족 문제를 일으키는 것으로 볼 수 있다. 대부분의 시간을 도박에 쏟기 때문에 직장 생활을 이어나가기가 어려워져 장기적으로는 직장을 잃게 되고, 경제적 손실에 따른 스트레스로 가족에게 소홀해지며 가족 내 갈등이 생기게 되어 가족이 해체되거나 심지어 가족을 살해하는 일까지 발생하는 것을 뉴스를 통해 접하게 되기도 한다. 한 연구에서 도박 중독자의 43.1%가 자해와 자살을 생각했고, 9.8%는 실제 자살, 자해 시도 경험이 있는 것으로 나타나(송혜림, 이경진, 한수정, 2018) 도박으로 인한 정신적 어려움이 상당한 것을 엿볼 수 있다. 이처럼 도박 중독자들은 빚과 파산으로 인한 생계의 위협과 동시에 대인관계 문제, 실직, 가족 내 갈등 및 해체 등 심리적·재정적·관계적 고립을 겪게 되고 극심한 경우 자살 시도로까지 이어지는 것을 볼 수 있다.

(4) 도박장애 다루기

도박을 한다는 것이 알려졌을 때 자신에게 불이익이 있을 것을 예상하기 때문에 선뜻 상담실에 찾아오지 못하는 경우가 많다. 그렇기 때문에 도움을 요청하지 못하고 손을 놓은 채 시간이 흘러가는 사이 일은 점점 더 커지고, 심리적으로 고립되어 결국 자포자기 심정에 처하거나 자살을 결심하는 상황에 이르게 된다. 극단의 상황에서야 상담실을 찾아오거나 그럼에도 상담실의 도움을 받을 생각을 하지 못하게 된다. 따라서 도박장애 문제를 보이는 개인에 대한 접근보다도 전 사원을 대상으로 한 적극적인 홍보를 통해 도박 문제로 상담을 받을 수 있음을 알리는 것이 중요하다. 또한, 상담실에 오지 않더라도 도박으로 어려움에 처한 사람들이 극단으로 치닫지 않게 하기 위하여 도박 문제로부터 구제받을 수 있는 방안을 계속 알리는 과정도 필요하다. 이를 위하여 도박 문제에 대한 정보를 담은 스티커나 브로슈어, 리플릿, 포스터 등을 제작해서 사업장 곳곳에 부착하고 배치함으로써 어디서든 정보에 쉽게 접근할 수 있게 하고, 캠페인을 통해서도 도박에 대한 경각심을 가질 수 있게 한다. 특히, 도박 치료에서 재정 문제에 대해 살펴보는 것은 내담자가 효능감을 느끼고 변화를 위해 노력할 수 있도록 동기화할 수 있다. 그렇기 때문에 재정 교육이나 재정 상담에 대한 정보를 담은 포스터를 제작하거나 캠페인 등을 통해 알릴 필요가 있다.

구성원 가운데 다음과 같은 모습이 반복적으로 관찰되는 경우

도박 문제가 있음을 의심해 볼 수 있다(한국도박문제관리센터, 2018).

- 결근이나 지각 혹은 조퇴를 한다.
- 점심시간이나 휴식시간이 길어진다.
- 도박에 쓰는 시간 때문에 제 시간에, 적절하게 과업을 마무리하지 못한다.
- 직장 동료들과의 내기에 과도하게 관심을 가진다.
- 직장 동료에게 돈을 빌린다.
- 일과 관련되지 않은 일로 전화사용 시간이 길어져 상사로부터 지적을 받는다.
- 실제로 아프지 않으면서 병가를 사용한다.
- 업무 중 도박과 관련된 전화를 하거나 걸려오는 것을 엿듣게 된다.
- 업무용 PC를 도박하는 데에 사용한다.
- 급여를 미리 줄 것을 요청한다.
- 회사 내에서의 절도나 횡령사실이 드러난다.
- 회사 신용카드로 현금 인출을 받는다.

이러한 경우 근태나 다른 문제로 인해 상담실에 의뢰될 수 있고, 이 경우 도박 문제를 염두에 두고 상담을 이어갈 수 있다. 상담으로는 인지행동치료와 동기강화면담(motivational interviewing)이 효과적인 것으로 알려져 있고, 단도박 모임(gamblers anonymous)을 병행할 경우 치료 예후와 재발 방지에 도움이 되는 것으로 알려져 있다(최삼욱, 신영철, 김대진, 최정석, 김서희, 김승현, 윤헌철, 2017). 기업상담에서 실제 이와 같은 정식 치료 과정을 다루지는 못하더라도 효과적인 치료에 대한 이해를 갖고 내담자에게 정보를 제공하고 관련 기관으로 의뢰할 수 있는 것도 중요하다. 또한 도박문제가 있는 내담자는 가족 문제나 재정 문제, 직장 문제 등 다방면으로 스트레스를 받고 있을 가능성이 있으니 이에 대해 두루 살펴보아야 한다.

도박 관련 상담기관 및 정보

- 강원랜드 중독관리센터(KLACC, www.high1.com/klacc): 중독 예방, 치유, 중독 조사 및 연구 활동을 위해 설립된 곳으로 도박 중독 문제와 도박 문제로 인해 파생되는 어려움들(스트레스, 노이로제, 우울, 불안, 알코올 중독 등)에 대한 상담과 심리검사를 실시하고 있다. 필요한 경우 전문 의료기관 치료비를 무료로 지원하는 사업도 진행한다.
- 한국도박문제관리센터(www.kcgp.or.kr): 전국 각 지역에 센터를 운영 중이며 청소년, 대학생, 직장인, 학부모 등 생애주기별로 도박에 대한 올바른 이해를 돕고 도박 문제의 위험에 대한 인식 제고를 돕기 위한 '찾아가는 맞춤형 예방 교육'과 같은 교육 프로그램을 운영하고 있다.
- 한국도박문제관리센터(2020) 도박문제 평가척도집: 한국도박문제관리센터 서울센터에서 펴낸 『도박문제 평가척도집』은 도박과 관련된 국내외 평가척도를 모아 소개하고 있다.
- 한국마사회 유캔센터(www.kra.co.kr/ucan): 한국마사회에서 운영하는 도박 중독 예방 및 상담 센터로 전국에 지사를 두고 있다.
- 희망길벗센터(www.krace.or.kr): 전국 여덟 개 지점을 두고 운영 중이며 대면 · 전화 · 온라인 상담을 실시한다. 도박 중독자 및 가족을 대상으로 하는 도박 중독 상담 치유 프로그램과 일반인 및 사행산업 종사자를 대상으로 하는 예방 교육 및 정보 제공을 목적으로 운영되고 있다.

2) 알코올사용장애

(1) 알코올사용장애의 이해

힘들어하는 주변 사람과 가까워지고 싶은 사람에게 가장 쉽게 하는 말은 어떤 것일까? 바로 '술 한잔 하자'일 것이다. 세계보건기구(WHO)에서 펴낸 「술과 건강에 대한 국제 현황 보고서 2018」에 따르면 우리나라의 2015~2017년 연평균 1인당 알코올 섭취량은 10.2ℓ(남성 1.7ℓ, 여성 3.9ℓ)로 알코올 섭취량이 아시아에서 최고 수준인데(조선일보, 2018. 10. 4.), 술에 관대한 우리나라의 문화가 실제 음주량에도 영향을 주는 것으로 보인다. 술을 마신 후 실수한 경험담을 재밌는 에피소드처럼 이야기하거나 술을 잘 마시지 못하는 사람은 사회생활을 못하고 술을 잘 마셔야 일을 잘한다는 식의 말들 속에서 우리나라 사람들이 얼마나 술을 가깝게 생각하고 술에 관대한지를 엿볼 수 있다.

일상적으로 알코올 중독이라는 용어를 더 많이 사용하지만 DSM-5에서는 알코올 의존과 알코올 남용을 포함하여 '알코올사용장애(Alcohol Use Disorder: AUD)'라고 명명하고 있다. 알코올 의존은 잦은 음주로 인해 알코올에 대한 내성이 생겨 알코올의 사용량 및 사용 빈도가 증가하는 경우를 말하는데, 중단할 경우 금단 증상으로 인해 더 많은 양의 알코올을 필요로 한다. 알코올 남용은 잦은 과음으로 인해서 가정, 학교, 직장 등 가정과 사회에서 자신의 역할을 제대로 수행하지 못하거나 법적 문제를 반복적으로 일으키는 경우를 말한다. DSM-5에서는 다음의 열한 가지 기준 중 최소 두 가지 이상의 문제가 12개월 내에 발생하였을 때 알코올사용장애로 진단할 수 있다.

알코올사용장애 진단기준

A. 임상적으로 현저한 손상이나 고통을 일으키는 문제적 알코올 사용 양상이 지난 12개월 사이에 다음의 항목 중 최소한 두 개 이상 나타난다.

1. 알코올을 종종 의도했던 것보다 많은 양 혹은 오랜 기간 동안 사용함

2. 알코올 사용을 줄이거나 조절하려는 지속적인 욕구가 있음. 혹은 사용을 줄이거나 조절하려고 노력했지만 실패한 경험들이 있음

3. 알코올을 구하거나 사용하거나 그 효과에서 벗어나기 위한 활동에 많은 시간을 보냄

4. 알코올에 대한 갈망감. 혹은 강한 바람. 혹은 욕구

5. 반복적인 알코올 사용으로 인해 직장, 학교 혹은 가정에서의 주요한 역할 책임 수행에 실패함

6. 알코올의 영향으로 지속적으로 혹은 반복적으로 사회적 혹은 대인관계 문제가 발행하거나 악화됨에도 불구하고 알코올 사용을 지속함

7. 알코올 사용으로 인해 중요한 사회적 · 직업적 혹은 여가 활동을 포기하거나 줄임

8. 신체적으로 해가 되는 상황에서도 반복적으로 알코올을 사용함

9. 알코올 사용으로 인해 지속적으로 혹은 반복적으로 신체적 · 심리적 문제가 유발되거나 악화될 가능성이 높다는 것을 알면서도 계속 알코올을 사용함

10. 내성, 다음 중 하나로 정의됨

    a. 중독이나 원하는 효과를 얻기 위해 알코올 사용량의 뚜렷한 증가가 필요

    b. 동일한 용량의 알코올을 계속 사용할 경우 효과가 현저히 감소

11. 금단, 다음 중 하나로 나타남

    a. 알코올의 특징적인 금단 증후군(손떨림, 불면, 식은땀, 오심 또는 구토, 환시, 환각, 불안, 초조 등)

b. 금단 증상을 완화하거나 피하기 위해 알코올(혹은 벤조디아제핀 같은 비슷한 관련 물질)을 사용

출처: APA(2013).

이 외에도 세계보건기구(WHO)에서 개발한 검사를 타당화한 한국판 알코올중독 선별검사(Alcohol Use Disorder Identification Test: AUDIT-K)와 CAGE 진단법을 통해서도 알코올 문제를 확인할 수 있다.

국내에서 알코올사용장애로 한 해 7만 명 이상이 치료를 받고 있다. 진단 인원은 점차 줄어들고 있는 추세이나 2018년 국민건강영양조사에서 19세 이상 여성의 고위험 음주(주 2회 이상, 한 번에 5잔 이상) 비율이 2005년 3.4%에서 2018년 8.4%로 2배 이상 늘어난 것으로 나타나, 최근 20~30대 젊은 여성 알코올사용장애 환자가 증가 추세에 있는 것이 특징이다. 직장인은 문제음주 비율이 가장 높은 집단으로, 이들의 1년간 음주 경험 비율은 97.9%이고, 이 가운데 문제음주자는 18.2%인 것으로 나타났다(제갈정, 2001). 또 다른 직장인 대상 조사에서 직장인 10명 중 3명은 알코올 의존 성향이 있는 것으로 나타나(아시아경제, 2010. 10. 17.) 직장인들의 알코올 문제 비율은 상당히 높은 것을 볼 수 있다.

(2) 알코올사용장애의 원인

일반적으로 알코올사용장애의 발생 원인은 유전적 · 생물학적 · 심리적 · 사회문화적 요인으로 나누어 살펴본다. 가장 큰 영향 중 하나는 유전적 요인으로, 가족 내 알코올 중독자가 있는 경우 발생

확률이 높아지는 것으로 보인다. 또 생물학적 요인으로 중독성 물질인 알코올을 통해 뇌의 보상 회로 및 전두엽에 영향을 주어 쾌락을 유발함에 따라 술을 조절하는 것에 어려움을 겪게 된다. 심리적 요인으로는 알코올사용장애자들이 일반인에 비해 우울증이나 열등감, 불안 증상, 과민한 경향 등을 보이는 것을 들 수 있다. 사회문화적 요인으로는 알코올을 섭취함으로써 불안, 스트레스, 긴장이 해소됨에 따라 비슷한 스트레스 상황에서 알코올을 찾게 되는 경향이 있다. 또 한편으로 우리나라 문화에서 좋은 일이나 나쁜 일은 술과 함께하도록 하면서 음주에 대해 관용적인 사회적 분위기가 알코올 의존에 영향을 준다고 볼 수도 있다.

(3) 알코올사용장애의 영향

직장인의 위험음주 행동에 영향을 주는 요인을 개인적 요인과 환경적 요인으로 나누어 살펴볼 수 있다. 개인적 요인으로는 음주 동기 중 스트레스 대처를 목적으로 술을 선택하는 대처 동기(하영미, 정미라, 2015)와 음주 이후의 예상되는 상황이 긍정적인지 부정적인지에 따른 긍정적/부정적 음주 결과 기대, 술자리에서 술을 거절할 수 있는 신념을 뜻하는 음주 거절 효능감(이수영, 2006) 등이 영향을 주는 것으로 나타났다. 환경적 요인으로는 빈번한 회식이나 몇 차례에 걸쳐 술을 마시는 등의 직장 내 음주에 대한 태도와 허용적인 분위기와 같은 것이 영향을 주었다(김재훈, 2005). 특히 이수영(2006)의 연구에서는 환경적 요인보다 개인적 요인이 폭음 행동에 더욱 영향을 주는 것으로 나타났다. 따라서 기업에서 직장 내 문제음주를 다룰 때 개인의 특성이 위험음주에 더욱 크게 작용하고 있음을 이해하고, 직장의 음주 문화에 대해 점검하고 이를 개

선하기 위한 노력을 기울임과 동시에 개인 차원에서 구성원 개개
인이 변화를 위한 노력이 필요함을 염두에 두고 이를 촉진하거나
연계할 수 있는 방안을 고민할 필요가 있을 것이다.

(4) 알코올사용장애 다루기

사실상 알코올사용장애를 주 호소문제로 기업상담에 찾아오는
경우는 드물다. 그러나 우리나라 문화에서 술에 대해 관대한 것을
감안하였을 때 내담자 가운데 우울, 불안 등의 정서적 문제가 있거
나 스트레스 상황에 놓여 있는 경우 음주를 대처 방식으로 사용하
고 있을 가능성을 염두에 두고 음주 습관을 면밀히 체크하여 다른
신체적 · 정신적 건강 문제로 이어지지 않도록 확인하는 것이 필요
하다. 효과적인 알코올사용장애 치료법으로 인지행동치료, 동기강
화치료, 정신역동치료가 있고 조절 음주 프로그램이 위험 음주자
에게 도움이 되며, 특히 집단치료가 효과적이므로 AA그룹에 참여
하는 등 집단치료를 이어갈 것을 권한다(오승헌, 한창우, 서정적, 조
근호, 이해국, 윤홍균, 최상욱, 김현수, 이보혜, 이계성, 2014). 만약 알코
올사용장애로 인해 고통받고 있거나 도움이 필요한 사례가 발생하
였을 때는 부록의 의료기관이나 상담기관, AA그룹을 소개하여 해
당 구성원의 회복을 도울 수 있을 것이다.

음주에 대한 관대한 문화로 인해서 알코올사용장애 수준의 문
제가 있음에도 불구하고 이를 간과하고 지나가며 그저 웃음거리로
여기게 되는 경우가 있다. 따라서 자신의 음주 문제를 인식할 수 있
도록 음주문화 개선 캠페인 특히, 사내 음주문화 개선을 위한 캠페
인을 하는 것도 필요하다. 또, 알코올사용장애에 대한 정보를 담은
브로슈어, 리플릿, 포스터를 제작하여 사업장 곳곳에서 확인할 수

있게 접근성을 높이는 방법도 필요하다. 이외에도 상담실에서 발행하는 소식지에 알코올 문제에 대한 정보를 담고 자신의 상태를 체크해 볼 수 있는 체크리스트 내용을 포함하여 구성원들의 문제음주에 대한 이해를 높이고, 위험음주에 대한 경각심을 높여 알코올 문제를 다뤄 볼 수 있다. 그리고 퇴근 후 술 이외의 다른 취미 생활을 즐길 수 있도록 동호회나 명상, 운동 등 다양한 여가생활을 소개함으로써 건강한 음주 생활을 즐길 수 있게 도울 수 있다.

상담실에서 발행하는 소식지나 정보지에 알코올 문제에 대한 정보를 담고 자신의 상태를 체크해 볼 수 있는 체크리스트 내용을 포함하여 구성원들의 문제음주에 대한 이해를 높이고, 위험음주에 대한 경각심을 높여 알코올 문제를 다뤄 볼 수 있다.

알코올사용장애 관련 병원 및 정보

- 나는 알콜중독자다: 금주, 단주를 희망하는 사람들을 위한 카페(cafe.naver.com/alcohholic)
- 보건복지부 지정 알코올 전문병원: 보건복지부에서 일정 기준에 충족한 병원을 알코올 전문병원으로 지정하고 있다. 2020년 12월 현재 전국에 총 9곳이 지정되어 있다. 다사랑병원, 다사랑중앙병원, 예사랑병원, 아주편한병원, 온사랑병원, 주사랑병원, 진병원, W진병원, 한사랑병원(이상 가나다 순).
- 서울특별시립 비전트레이닝센터(길벗지기, www.vtc.or.kr): 알코올 회복지원 서비스, 정신건강 지원 서비스를 운영하고 있는 곳으로 주거지가 불안정하고, 음주 문제가 있으며 일상생활이 가능한 성인 남성을 대상으로 프로그램을 진행하고 있다. 입소하여 단체 생활을 하며 회복할 수 있게 도움을 준다.
- 중독관리통합지원센터(구 알콜상담센터): 보건복지부 산하의 중독 관련 센터로, 통합적인 문제 음주자 및 알코올 등 중독자 관리 체계를 구축하고 중

5. 사례 및 적용 333

독자 조기 발견, 상담, 치료, 재활 및 사회 복귀 지원을 목적으로 운영되고 있다. 현재 전국 50개소 센터가 운영 중에 있다.

- 한국중독연구재단(www.karf.or.kr): 알코올 중독 전문기관으로 입원 및 외래 치료와 재활을 위한 단주 생활 공간 등을 마련하고 있으며 연구 사업도 진행하고 있다. 카프성모병원, 카프마포알코올상담센터, 카프이용센터, 카프 남성거주시설, 카프여성거주시설, 카프중간집을 운영하고 있다.

5. 사례 및 적용

A 팀장은 직장 생활 20년차로 최근 승진하여 관리자가 되었다. 회사 생활을 열심히 한 것을 인정받은 것 같아 기쁜 것도 잠시였고, 아이가 중학생이 되면서부터 우울감과 불안함에 빠지게 되었다. 회사에서는 성공한 커리어 우먼이자 후배들의 귀감이 되는 선배였지만, 집에서는 한 아이의 엄마이자 아내이며 주부인데 스스로 그 역할을 잘 해내고 있다는 생각이 들지 않았다. 그동안은 아이가 어렸기 때문에 크게 갈등을 느낀 적은 없는데, 중학생이 되고 난 후 성적에 신경을 쓰지 않을 수 없게 되었고, 아이 성적이 좋지 않으면 남편과 다른 가족들 모두 A 팀장이 엄마로서 제 역할을 하지 않는다며 지적하기 시작했다. 그때부터 A 팀장은 가족들과도 갈등이 생겼지만 스스로도 내면적으로 갈등이 생기기 시작하면서 회사 업무에만 몰입하기가 어려워졌다. 아이 교육을 생각해서 회사에 쏟는 에너지를 지금보다 줄여야 할까 생각하다가도 같이 승진한 다른 관리자들이 더 열심히 일을 하는 모습, 또 A 팀장을 바라보는 후배들의 존경에 찬 눈빛을 보고 있으면 주변 가족들의 성화는 신경 쓰지 말아야겠다는 생각이 들기도 하면서 혼란스러운 마음이 든다.

승승장구하고 있는 A 팀장은 회사 차원에서는 별 문제가 없어 보이는 상황이지만, 가족들이 이전과 달리 가정 영역에서 엄마로서의 역할에 더 많은 에너지를 쏟기를 기대하면서 역할 갈등과 긴장 상황에 놓이게 되었다. 가족들의 요구를 무시하기도 어렵고, 스스로도 엄마로서의 역할에 에너지를 더 쏟아야 하는지 고민이 되는 동시에 직장인으로서의 자기 역할도 중요하기 때문에 현 상황에서 어떻게 문제를 해결해 나가야 할 것인지가 A 팀장에게 고민스럽고 어렵게 느껴지는 부분일 것이다.

A 팀장과 같이 다중 역할 속에서 갈등을 느끼고 일-가정 양립의 문제로 스트레스를 호소하는 구성원에게 기업상담에서 어떻게 도움을 줄 수 있을까? 우선 상담실에서 진행하는 워킹맘/워킹대디를 대상으로 진행하는 집단상담을 통하여 비슷한 고민을 갖고 있는 동료들과 이야기를 나눔으로써 위로와 공감을 통해 위안을 얻고, 정보 교류를 할 수 있는 기회를 만들어 볼 수 있다. 또 개인상담을 진행하여 가정에서와 직장에서 최선을 다하고 있지만 부족하다고 생각이 드는 마음을 살펴보고, A 팀장이 노력하고 일구어 온 것에 대한 인정과 동시에 아이 교육에 대한 불안함, 엄마로서 충분하지 못하다는 의구심, 커리어를 포기해야 할지도 모른다는 두려움을 함께 상담에서 다루면서 현재의 심리적 불편감을 완화할 수 있게 돕고, 대안적인 행동을 선택할 수 있도록 도울 수 있다. 이 외에도 구성원 자녀들을 대상으로 진행하는 상담 이벤트를 활용하여 A 팀장의 자녀를 대상으로 상담을 진행하거나 진로학습 검사에 참여할 수 있게 돕는 방법 등을 통하여 A 팀장의 일-가정 양립 고민을 상담실에서 다뤄 볼 수 있을 것이다.

6. 결론

지금까지 개인적 영역에 해당하는 일-가정 양립, 개인적 이슈, 문제 행동에 대하여 살펴보았다. 각 주제에 대한 이해를 돕기 위하여 영역을 분류하였지만 우울과 불안의 내용에는 가족과의 갈등이 있고, 정서적 문제를 달래기 위하여 알코올을 사용하게 되는 것처럼 한 가지 문제가 상호배타적으로 독립적으로 존재하기보다는 다른 영역의 문제들과 연결되어 있다는 것을 느꼈을 것이다. 상담실에서 개인적 영역을 다룰 때 상담자의 한계에 대하여 명확히 인지할 필요가 있다. 특히 문제 행동처럼 전문적 영역의 문제이며 상담치료 이외에도 복합적인 개입이 필요한 경우 상담자가 내담자를 전문 기관에 연계하지 않고 문제 행동을 다루려고 하면 오히려 비윤리적인 상황이라고 볼 수 있다. 사내 마음건강 전문가로써 만날 수 있는 심리적 사안에 대한 이해를 갖고서 필요한 전문 기관에 연계하는 것도 상담실의 중요한 역할임을 잊지 말아야 한다.

참고문헌

고용노동부(2019). 2018년 기준 일·가정 양립 실태조사. 고용노동부. http://www.moel.go.kr/info/publicdata/majorpublish/majorPublishView.do?bbs_seq=20200900987

권향원, 차세영(2020). '일과 삶의 균형'(WLB) 이후의 새 패러다임? '일과 삶 통합'(WLI) 개념의 시론적 이해 및 사례 유형화 연구, 19, 53-84.

김대수, 강훤(2014). 일-가정 갈등과 가정-일 갈등, 그리고 반생산적 업무 행동 간의 관계 연구: 직무스트레스의 매개효과. 상업교육연구, 28(3), 51-

71.

김연홍(2016). 일가정양립의 성공적 운영에 관한 사례 연구: 우수 사업장을 중심으로. 직업교육연구, 35(3), 28-48.

김은정(2013). 미취학자녀를 둔 취업여성의 일가정양립정책 인지도와 이용 의향. 한국사회와 행정연구, 24(2), 617-642.

김재훈(2005). 직장인들의 문제음주에 영향을 미치는 요인에 관한 연구. 경상대학교 사회복지학과 석사학위논문.

문영주(2014). 사회복지사의 가족친화문화인식이 직무만족과 조직몰입에 미치는 영향: 일-가정 갈등과 일-가정 확충의 매개효과. 인적자원관리연구, 21(3), 121-145.

사행산업통합감독위원회(2019). 제4차 불법도박 실태조사. 사행산업통합감독위원회.

사행산업통합감독위원회(2020). 사행산업이란 https://www.ngcc.go.kr/police/intro.do (2020. 12. 15. 인출).

송혜림, 이경진, 한수정(2018). 도박중독자의 자살사고에 관한 사례연구. 중독과 복지, 2(2), 7-27.

아시아경제(2010. 10. 17.). 직장인 10명 중 3명 "난 알콜중독자" http://news.naver.com/main/read.nhn?mode=LSD&mid=sec&sid1=001&oid=277&aid=0002470870

아웃소싱타임즈(2018. 6. 20.). 좋은 일자리 기준, 워라밸(58.6%), 연봉(51.0%), 복지(38.4%), https://www.outsourcing.co.kr/news/articleView.html?idxno=82298

오승헌, 한창우, 서정석, 조근호, 이해국, 윤홍균, 최삼욱, 김현수, 이보혜, 이계성(2014). 한국형 중독 치료지침서(III): 알코올 사용장애의 정신사회 치료, 신경정신의학, 53(4), 221-227.

원숙연, 박지원(2009). 사회적 지원이 일-가족 갈등 및 일-가족 촉진에 미치는 영향: 남녀 간의 인식차이를 중심으로. 여성학논집, 26(2), 3-32.

유성경, 임인혜(2020). 맞벌이 부부의 일-가정 갈등이 결혼만족에 미치는 영향에서 스트레스 대처의 조절효과. 한국심리학회지: 문화 및 사회문제, 26(4), 551-578.

유성경, 한영주, 조윤진(2011). 기혼 직장 여성의 개인 특성 및 사회적 지지가 일-가족 갈등 및 향상에 미치는 영향. 상담학연구 12(6), 1955-1975.

윤민지, 공현정, 윤수란(2021). 일-가정 갈등 예측요인에 대한 관련변인 메타분석. 인문사회21, 12(1), 2373-2388.

이병욱, 이충헌, 이필구, 최문종, 남궁기(2000). 한국어판 알코올사용장애 진단 검사(AUDIT: Alcohol Use Disorders Indtification Test)의 개발: 신뢰도 및 타당도 검사. 중독정신의학 4(2), 83-92.

이선형, 이지혜(2015). 서울시 3040 워킹대디의 일가족양립지원방안 연구. 서울시 여성가족재단 연구사업보고서, 1-196.

이성식, 박정선(2016). 오프라인과 온라인상의 도박행위 원인 비교. 한국범죄학, 10(1), 39-62.

이수영(2006). 직장인 음주행위에 영향을 미치는 요인 연구. 알코올과 건강행동연구, 7(2), 113-136.

이은희(2000). 일과 가족 갈등의 통합모형: 선행변인, 결과변인과의 관계. 한국심리학회지, 9(2), 1-42.

이재완, 강혜진(2018). 워라밸과 삶의 만족: 세대 간 차이를 중심으로. 지방정부연구, 22(3), 267-291.

이지원, 송보라, 이주연, 이지향, 이기학(2014). 성인의 생애주기별 진로적응과업에 대한 개념도. 한국심리학회지: 상담 및 심리치료, 26(4), 1073-1108.

이홍표(2003). 도박동기와 병적 도박의 관계. 한국심리학회지: 건강, 8(1), 169-189.

정지애(2018). 근속 여성관리자의 10년간 변화에 대한 탐색적 연구. 여성연구, 99(4), 143-180.

제갈정(2001). 한국인의 음주실태. 한국음주문화연구센터.

조선일보(2018. 10. 4.). 여보 이거 알아? 한국남자 12%가 술 때문에 죽는대 https://www.chosun.com/site/data/html_dir/2018/10/04/2018100400304.

html

조해연, 이송하, 이동혁(2013). 기업상담자 역할에 대한 인식 및 역할 기대. 상담학연구, 14(4), 2233-2251.

진경미, 권경인(2015). 기업체 종사자의 전문적 상담 추구 의도에 대한 연구: 사회적 낙인, 자기 낙인과 전문적 도움추구 태도의 관계를 중심으로. 한국심리학회지: 상담 및 심리치료, 27(1), 109-128.

최보라, 최수찬, 박수진(2010). 기혼근로자의 직장-가정갈등(WFC)과 문제음주가 우울에 미치는 영향에 관한 연구. 한국심리학회지: 산업 및 조직, 23(1), 53-74.

최삼욱, 신영철, 김대진, 최정석, 김서희, 김승현, 윤현철(2017). 도박장애의 선별, 진단, 평가 및 치료 알고리듬. 중독정신의학, 21(1), 3-9.

최은진, 이미형(2002). 직장인 음주문제현황과 절주프로그램 개발. 알코올과 건강행동학회 학술대회, 76-121.

최정헌, 권선중, 이재갑, 서경현(2014). 스트레스와 도박 문제의 관계: 여가 활동과 행복경험의 조절효과. 한국심리학회지: 건강, 19(3), 851-863.

탁현우(2020). 미혼남녀의 결혼지연에 대한 영향요인 분석. 한국사회와 행정연구, 31(2), 223-244.

하영미, 정미라(2015). 남성근로자의 음주동기, 음주거절 효능감, 직무스트레스가 문제음주에 미치는 영향. 한국직업건강간호학회지, 24(1), 48-56.

한국경제(2004. 9. 22.). 직장인 23% '알콜 중독'…과음도 미국의 4배 http://news.naver.com/main/read.nhn?mode=LSD&mid=sec&sid1=001&oid=015&aid=0000744009에서 자료 얻음.

한국도박문제관리센터(2018). 치료 전문가를 위한 재정상담 안내서. 한국도박문제관리센터.

한국도박문제관리센터(2020). 도박문제 평가척도집. 한국도박문제관리센터.

한국도박문제관리센터(2021). 도박자 현황. https://www.kcgp.or.kr/np/stats/2/stats.do (2021. 4. 21. 인출).

한국상담심리학회(2013). 기업상담 매뉴얼. https://krcpa.or.kr/member/

sub06_1.asp

한국인터넷진흥원(2020. 10. 19.). KISA, 국제발신 스팸문자 中 '도박 스팸 93.6%' 차지—'휴대전화 차단문구 설정'으로 간단하게 해결 가능—https://www.kisa.or.kr/notice/press_View.jsp?mode=view&b_No=8&d_No=1963

황승배, 김동주(2012). 중년위기 지각이 조직몰입과 이직의도에 미치는 영향: 자기효능감과 사회적 지원의 조절효과. 조직과 인사관리연구, 36(4), 59-98.

KBS NEWS(2019. 7. 18.). '사이버 도박'…30대, 직장인, 스포츠 도박 최다 http://news.kbs.co.kr/news/view.do?ncd=4245012&ref=A

APA. (2013). *Diagnostic and statistical manual of mental disorders* (5th ed.). Arlington, VA: American Psychiatric Publishing.

Erickson, E. H. (1950). *Childhood and society.* New York: Norton.

Karatepe, O. M., & Baddar, L. (2006). An empirical study of the selected consequences of frontline employees' work—family conflict and family—work conflict. *Tourism management, 27*(5), 1017-1028.

Super, D. E. (1957). *The psychology of careers: an introduction to vocational development.* Harper & Bros.

제12장

위기관리 영역

1. 들어가기

상담자들이 기업에 적응하는 과정에서 겪는 어려움 중에는 '기업 내 상담의 역할 정체성 혼란'(심윤정, 2012)이 있다. 앞서 살펴본 바와 같이 기업상담자는 상담자로서의 실무적인 역량을 수행하는 것 외에도 다소 낯선 것들을 다루어야 할 때가 많은데, 그중 대표적으로 어려움을 느끼는 것이 위기 관련 영역이다. 기업의 분위기에 따라 상담실과 상담전문가에게 어떤 역할을 기대할 것인가에 조금씩 차이는 있지만, 기업에서 상담자를 '사고 예방자'로 기대하는 측면이 있고(윤아름, 변시영, 조민경, 이겨라, 2020), 기업상담자들이 수퍼비전을 받고 싶은 영역 중 하나로 위기 개입이 꼽히는 것(김영진, 왕은자, 2017)을 통해 볼 때, 위기관리자로서의 기업상담자의 역할은 기업상담에서 중요하게 요구받는 역할이지만 동시에 다루기 쉽지 않은 역할로도 보인다. 상담자들이 주로 훈련받고 익숙한 역할은 개인상담을 통해 내담자의 심리적 어려움을 풀어 나갈 수 있게 돕는 역할인데, 위기상담에서는 보다 적극적이고 주도적이고 능동적이며 선제적인 역할을 해야 한다. 또, 상담자 개인이 처리할 수 없는 상황들이 있기 때문에 비밀보장이나 이중관계 등 다양한 윤리적인 문제가 불거지기도 해서 실제 위기 상황이 발생하면 올바른 사안 처리가 어떤 것인지, 상담자의 역할이 어디까지인지 등의 딜레마에 빠지기 쉽다. 만약 기업에 여러 명의 상담자가 있고 숙련된 상담자와 상의할 수 있는 환경이 있다면 위기 개입 시 도움을 받을 수 있지만, 대부분 상담자가 1명인 경우가 많으므로 사안을 급박하게 처리해야 하는 가운데 상의하기도 어려우니 곤란한 경우가 생기기 마련이다.

이번 위기관리 영역에서 다룰 내용은 사내 상담자로서 가장 다루기 어렵고 까다롭지만 동시에 조직 내에서 상담자가 사내 마음건강 전문가로서의 자기 역할을 가장 잘 보여 줄 수 있는 장이 되기도 한다. 상담실은 대체로 다른 부서와 업무 관계에서 독립성이 보장되고 있기 때문에 조직 내 위기 상황에서 다양한 역할과 관계로 얽혀 있는 다른 직무의 사람들은 해결하기 힘든 부분에서 전문성을 발휘하여 객관적이고 독립적으로 다룰 수 있어 문제 해결 과정에 신뢰감을 줄 수 있다.

이 장에서는 기업상담에서 가장 다루기 어려운 주제인 위기상담 영역에 대해 다룰 것이다. 자살, 직장 내 성희롱, 산업재해를 이해하고, 기업상담의 역할을 살펴 본다.

2. 자살

1) 자살의 이해

자살은 '치명적인 결과가 올 것이라고 충분히 인지하거나 예측하는 상태에서 스스로가 의도적으로 자신에게 손상을 가하는 행위'이다(WHO, 2009). OECD 자살 통계에 따르면, 연간 자살로 인해 사망하는 인구수가 OECD 평균은 11.2명인 데 반해 한국은 23명으로 두 배 이상이며, G7 회원국 가운데 가장 높은 자살률을 보이고 있다(OECD, 2021. 4. 21.). 이에 한국의 자살 문제를 심각하게 받아들이고 2004년부터 정부에서는 국가적 차원의 자살예방기본계획을 수립하여 운영 중에 있고, 2011년에는 「자살예방 및 생명존중에 관한 법률」을 제정하고, 그 법령에 의거하여 자살 문제를 다루는 공공기

표 12-1   한국의 자살률 관련 주요 통계 지표(전국)

전국		2019년	전년 대비(%)	10년전 대비(%)
자살 사망자 수		13,799	0.9 ▲	−11.4 ▼
자살률	전체	26.9	0.9 ▲	−13.9 ▼
	남성	38.0	−1.4 ▼	−8.1 ▼
	여성	15.8	6.7 ▲	24.8 ▼
	15세 미만	0.7	−7.8 ▼	−8.3 ▼
	15~64세	27.4	1.6 ▲	−10.4 ▼
	65세 이상	46.6	−4.1 ▼	−43.0 ▼
연령 표준화 자살률		22.6	−0.0 ▼	−21.3 ▼

출처: 통계청(2021).

관인 중앙자살예방센터[1]를 운영하는 등 자살률을 줄이기 위한 각고의 노력을 기울이고 있다. 그 노력의 결과로 〈표 12-1〉과 같이 2019년 기준 자살사망자 수가 10년 전 대비 11.4% 줄어들고, 자살률이 13.9% 감소하는 등 개선되고 있지만 여전히 자살은 우리나라 사람들의 사망 원인 중 암, 심장 질환 등에 뒤이은 5위로 나타나 안타까움을 더하고 있다.

통계를 좀 더 들여다보면 연령대별 사망 원인에 대한 분석에서 [그림 12-1]에서와 같이 10~39세까지의 사망 원인 1위, 40~60세까지의 사망 원인 2위가 자살인 것을 볼 수 있다. 즉, 아동·청소년부터 중장년층에 이르기까지 불의의 사고나 질병으로 인한 사망이 아닌 스스로 죽음을 선택하여 사망하는 사람들이 더 많다는 것이다. 특히 만 15세 이상 65세 미만을 '생산 연령'이라고 칭하는데 경제활동에 참여할 수 있는 연령대의 자살자 비율이 이토록 많은 것은 개인적으로도 큰 비극이자, 국가적으로도 생산력의 측면으로 보았을 때 큰 손실이다. 이는 수치상으로도 확인된다. 2015년 기준으로 질병으로 인한 사회경제적 부담이 151조 원이 넘는데, 이는 우리나라 GDP의 10%에 해당하는 금액이다. 이 중 자살은 단일 질환으로는 9.4조 원으로 가장 높은 비중을 차지하였고, 20대에서 40대까지 연령별 사회경제적 부담 1위로 나타났다(KBS NEWS, 2019. 4. 10.).

생산 연령에 해당하는 사람들을 직종에 따라 분류하면 [그림 12-2]와 같이 나타낼 수 있다. 절반 정도가 학생, 가사, 무직에 해당되고, 사무직, 단순노무, 서비스 및 판매 종사자 등의 순으로 확

---

1) 21년 4월부로 중앙심리부검센터와 통합되어 '한국생명존중희망재단'으로 운영 중이다.

(단위: 인구 10만 명당 명, %)

	0세	1~9세	10~19세	20~29세	30~39세	40~49세	50~59세	60~69세	70~79세	80세 이상
1위	출생 전후기에 기원한 특정 병태 142.0 (50.6%)	악성신생물 2.0 (20.2%)	고의적 자해(자살) 5.8 (35.7%)	고의적 자해(자살) 17.6 (47.2%)	고의적 자해(자살) 27.5 (39.4%)	악성신생물 40.9 (27.6%)	악성신생물 120.0 (36.3%)	악성신생물 285.6 (41.7%)	악성신생물 715.5 (34.2%)	악성신생물 1425.8 (17.0%)
2위	선천 기형 및 염색체 이상 52.5 (18.7%)	운수 사고 0.9 (9.0%)	악성신생물 2.3 (14.5%)	운수 사고 4.3 (11.6%)	악성신생물 13.4 (19.3%)	고의적 자해(자살) 31.5 (21.3%)	고의적 자해(자살) 33.4 (10.1%)	심장 질환 61.4 (9.0%)	심장 질환 216.0 (10.3%)	심장 질환 1060.2 (12.6%)
3위	영아 돌연사 증후군 22.3 (7.9%)	선천 기형 및 염색체 이상 0.9 (9.1%)	운수 사고 2.3 (14.0%)	악성신생물 3.9 (10.6%)	심장 질환 4.2 (6.0%)	간 질환 12.5 (8.4%)	심장 질환 27.2 (8.2%)	뇌혈관 질환 43.4 (6.3%)	뇌혈관 질환 177.5 (8.5%)	폐렴 978.3 (11.6%)
4위	심장 질환 3.9 (1.4%)	가해(타살) 0.7 (7.3%)	심장 질환 0.5 (3.0%)	심장 질환 1.5 (4.1%)	운수 사고 4.0 (5.7%)	심장 질환 11.2 (7.5%)	간 질환 24.3 (7.3%)	고의적 자해(자살) 32.9 (4.8%)	폐렴 144.0 (6.9%)	뇌혈관 질환 78.4 (8.5%)
5위	악성신생물 3.3 (1.2%)	심장 질환 0.6 (6.0%)	익사 사고 0.4 (2.3%)	뇌혈관 질환 0.6 (1.6%)	뇌혈관 질환 2.7 (3.8%)	뇌혈관 질환 8.2 (5.6%)	뇌혈관 질환 19.7 (6.0%)	간 질환 26.7 (3.9%)	당뇨병 75.1 (3.6%)	알츠하이머병 315.8 (3.8%)

그림 12-1 연령별 5대 사망 원인 및 사망률 및 구성비(2019)

※ 연령별 사망원인 구성비=해당 연령의 원인별 사망자 수/해당 연령의 총 사망자 수)×100

출처: 통계청(2021).

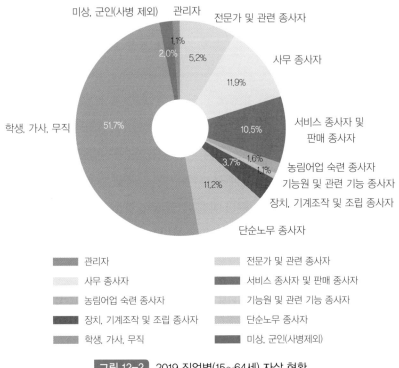

단위: 명, %

그림 12-2 2019 직업별(15~64세) 자살 현황

출처: 통계청(2021).

인할 수 있다. 근로자의 자살이 개인적인 문제로 생각되었던 과거와 달리 직무상 재해로 인정을 받는 사례도 점차 늘고 있어서 조직에서 이를 단순히 개인의 문제라고만 볼 수 없다. 또한 자살 사건이 발생하면 그 주변인들에게 심리적 영향을 주기 때문에 남아 있는 많은 조직 구성원들의 심리적 안녕과 2차 피해를 막기 위해서도 조직 내에서 적극적으로 나서 자살 사고가 발생하지 않게 미연에 방지하고, 자살 사건이 발생한 후에는 직원들의 마음을 보호하기 위한 노력을 기울여야 한다. 앞서 살펴본 통계 수치로 보았을 때 구성

원들 가운데 자살의 영향권 안에 놓여 있는 사람의 수가 적지 않을 것이 예상되기 때문에 기업상담에서 자살 문제에 대하여 간과해서는 안 된다.

2) 자살의 영향

자살은 자살 생각, 자살 계획, 자살 시도의 3단계를 거치는 연속적인 개념이다. 자살 생각(suicidal ideation)은 가장 첫 단계로 불현듯 '죽고 싶다'는 자살에 대한 생각이 드는 것을 말한다. 이후 자살 계획(suicide plan)은 어떤 방법을 통하여 자살을 실행할 것인지 계획을 세우는 것인데, 인터넷 사이트에 방법을 검색해 본다든가 스스로 자살 방법을 떠올리게 된다든가, 특정 장소에서 특정한 방법을 이용해 죽을 수 있겠다는 생각을 하게 되고, 이미지로 떠오를 수도 있다. 이후 단계인 자살 시도(suicide attempt)에서는 스스로에게 위험한 행동을 시행하는 것을 말한다. 이와 같은 자살의 단계에 맞추어 사고, 계획, 시도에 가까워질수록 내담자의 위험 정도가 더 높은 것으로 평가한다. 자살 생각이 있는 경우, 그리고 자살 생각이 오랫동안 유지될 경우 자살 시도를 통한 사망 위험성이 47배 높은 것을 고려하였을 때(Harris & Barraclough, 1997; Runeson, Beskow, & Waern, 1996) 자살 생각이 있는 단계에서부터 주의하며 위기관리의 측면으로 살펴볼 필요가 있다.

개인을 둘러싼 다양한 요소들이 자살의 위험성을 높이는 요인으로 작용하는데 이를 개인심리적, 개인환경적, 사회환경적 요인으로 나누어보면 〈표 12-2〉와 같다.

표 12-2 **자살 영향요인**

구분	세부내용
개인심리적 요인	낮은 자아존중감, 낮은 자기효능감, 부정적 자기평가, 높은 부정적 정서(우울, 절망감, 고립감, 무망감 등), 정신과적 병력
개인환경적 요인	성별, 소득수준, 문제음주, 파트너유무, 주관적 건강상태, 이전 자살 시도력
사회환경적 요인	가족 및 지인 중 자살자 유무, 낮은 가족유대감, 아동기 학대 및 차별경험, 가정폭력

개인심리적 요인은 자살에 영향을 주는 개인의 심리내적 특성으로 낮은 자아존중감, 낮은 자기효능감, 부정적 자기평가, 높은 부정적 정서(우울, 절망감, 고립감, 무망감 등), 정신과적 병력 등을 포함한다. 개인환경적 요인은 개인의 인구통계학적 특성과 행동적 특성을 포함하는 것으로 성별, 낮은 소득수준, 문제성 음주, 파트너가 없을 때, 나쁜 주관적 건강상태, 이전 자살 시도력이 있는 경우 포함된다. 사회환경적 요인은 개인을 둘러싼 사회적 관계에서의 경험을 포함하는 것으로 가족 및 지인 중 자살자 유무, 낮은 가족유대감, 아동기 학대 및 차별경험, 가정폭력이 자살에 영향을 준다(권석만, 2014; 김성혜, 2015; 김윤정, 강현정, 2011; 김지훈, 김경호, 2018; 문유정, 2021; 이정숙, 조인주, 2018; Harris & Barraclough, 1997; Nock, Bores, Bromet, Cha, Lessler, & Lee, 2008). 이와 같이 다양한 요인들이 자살에 영향을 미치는데 2019년 기준 우리나라 자살자들 현황에 나타난 자살 원인(동기)이 정신과적 문제(34.7%), 경제생활문제(26.7%), 육체적 질병 문제(18.8%), 가정문제(8.0%), 직장 또는 업무상 문제(4.5%), 남녀문제(2.8%) 순으로 나타나(통계청, 2021) 선행연

구에서 밝혀진 자살 위험요인과 우리나라 현황이 서로 비슷함을 볼 수 있다.

자살 위험요인을 자살에 이르는 단계에 맞추어 살펴본다면 자살 생각에 영향을 주는 요인에서 성별에 따라서는 남성은 우울의 영향이 여성보다 더 크고, 65세 이상 여성은 우울과 자살 태도에 큰 관련이 없다(강상경, 2010). 또, 생애주기별로 청·장년기에는 학력, 자아존중감이 낮을수록, 스트레스, 우울이 높을수록, 분노조절이 안 되는 경우, 중년기에는 이와 더불어 배우자가 없는 경우에 자살 생각의 위험도가 높아지는 것을 볼 수 있다(이시은, 2017). 자살 생각, 계획을 거쳐 자살 시도한 자살 사망자들에 대한 심리부검을 통해 밝혀진 자살의 영향요인에 따르면, 많은 부분 자살 생각의 영향요인과 비슷한 내용이 발견되고, 추가적으로 자살 전 알코올 문제, 실업이나 은퇴 상태, 과거 자살 시도 및 자해행동이 확인된다. 특히, 과거 자살 시도 경험은 다른 요인들 중에서도 위험성이 가장 높다(Yoshimasu, Kiyohara, Miyashita, & Stress Research Group of the Japanese Society for Hygiene, 2008). 이와 같은 내용을 통하여 성별, 생애주기에 따른 위험신호를 살펴 자살 생각 단계에 이르지 않도록 돕고, 알코올 문제나 실업 실직, 과거 자살 시도 및 자해행동의 문제가 확인되었을 때 위급한 상황으로 인지하고 보다 적극적으로 대처할 필요가 있음을 알 수 있다.

직장인들의 자살 행동에 영향을 미치는 요인으로는 여성, 우울, 음주와 함께 특징적으로 직무스트레스와 직장 내 괴롭힘(김필봉, 이종은, 2019; 윤명숙, 이희정, 2013)이 나타났다. 최근 국제적으로 직장 자살의 수가 증가하고 있고, 이러한 증가 추세는 업무의 특성과 직업의 불안정성, 노동 강화, 노동조합의 감소 등 노동 조건의 악화도 영향을 주는 것으로 나타났다(Waters, 2017). 이러한 결과는 자살예방을 위해 비단 자살 고위험자 개인에게만 초점을 두는 것이 아니라 조직 차원에서 발생 가능한 문제(예: 직무스트레스, 직장 내 괴롭힘, 구조 조정 등) 관리에도 관심을 두는 것이 필요함을 시사한다. 다시 말해 회사가 조직 차원의 문제에 대해 인식하고, 사건이 발생하지 않도록 충분한 사전 예방 활동을 펼치며, 사고가 발생하였을 때는 구성원들이 납득할 수 있는 조치를 취하는 것이 직간접적으로 구성원의 자살예방을 위한 활동이 될 수 있다.

3) 자살 다루기

자살 문제를 다루는 것은 자살예방 활동과 자살 사후 개입으로 나누어 살펴볼 수 있다. 다음에 나열한 방법들은 기업의 상황이나 문화에 따라 적용되는 부분은 차이가 있고, 무조건 적용이 가능한 것은 아니다. 기업상담에서 자살 문제와 관련해서 고려해 볼 수 있는 방법들에 대해 소개한다.

(1) 자살예방 활동

자살 위험이 없고 심리적으로 안정적인 사람들에게 자살예방의 중요성을 전하는 이유가 무엇일지 의문이 들 수 있다. 만약 자신이 자살 생각이 들었을 때 누구에게 이야기할 수 있을지 곰곰이 생각해 보면 많은 경우 전문적인 도움을 줄 수 있는 정신건강 전문가보다는 가까운 지인들(친구나 단골 식당 주인 등 가깝게 생각한 주변 사람들)을 먼저 떠올리게 된다. 자살에 대한 내밀한 이야기를 아무에게나 털어놓지는 않지만 누구든 그 이야기를 듣는 대상이 될 수 있다는 점에 주목할 필요가 있다. 다시 말하면, 심리적 위기의 순간 사람들은 전문가가 아닌 비전문가에게 무언의 도움을 요청할 가능성이 높다. 따라서 자살 고위험자의 위험신호를 예리하게 알아차리고 적절한 도움을 주기 위해서는 자살에 대한 일반 대중의 이해도를 높일 필요가 있다.

따라서 조직 내에서 자살이나 정신건강 관리를 위해서는 상담자나 특정한 몇몇 사람의 위기관리 능력을 높이는 것뿐만 아니라 조직 내의 자살예방에 대한 인식 수준을 높일 필요가 있다. 이를 위해서 정기적인 자살예방 교육을 실시하고, 부서별로 게이트키퍼(Gatekeeper)를 양성하고, 정신건강 검사를 활용하는 등 자살 위기에 있는 동료를 찾고 전문가에게 연계하여 도움 받을 수 있도록 다양한 안전장치를 마련하는 것이 중요하다.

① 자살예방 교육

자살예방 교육은 대면 강의나 온라인 강의, 이메일, 사내 인트라넷 등 다양한 방식을 통해 진행할 수 있다. 단회로 그치기보다는 정기적으로 교육을 실시하고 모든 구성원들이 참여할 수 있도록 하는 것이 좋다. 물론 공개적으로 자살에 대한 이야기를 다루는 것이 청중으로부터 다소 거부감을 일으킬 수 있고, 말을 꺼내는 강사 입장에서도 부담스러울 수 있다. 그러나 자살에 대한 주제를 터놓고 이야기할 수 있어야 도움이 필요한 사람들이 보다 수월하게 자신의 문제를 꺼내 놓을 수 있기 때문에 애매한 표현들(예: 극단적 선택, 나쁜 생각 등)로 얼버무리지 않는 것이 중요하다. 강의 진행은 상담자가 직접 진행할 수도 있고, 외부 자살예방 교육 전문 강사를 초빙해서 진행할 수도 있다.

② 게이트키퍼 양성 교육

게이트키퍼(gatekeeper)란 '자살 위험에 처한 주변인의 신호를 인식하여 지속적으로 관심을 갖고, 그들이 적절한 도움을 받을 수 있는 자원(기관, 전문가)에 연계하는 사람'으로(자살예방생명지킴이교육, 2021) 고위험자를 발견하여 위급한 상황으로 이어지지 않도록 말 그대로 문지기 역할을 하는 사람들이다. 기본적으로 게이트키퍼 양성 교육에서는 자살에 이르는 단계, 자살 고위험인 것을 알아챌 수 있는 신호들, 자살이나 정서적으로 위험한 상태의 사람들과 소통 시 주의할 내용, 그리고 고위험군을 발견했을 때 어떻게 전문가에게 연결해 줄 것인지에 대한 내용을 담고 있다. 이들의 주된 역할은 자살 위험에 처한 사람을 확인하여 전문가의 도움을 받을 수 있도록 잘 인도해 주는 데 있다.

게이트키퍼 양성 교육은 한국생명존중희망재단에 요청하여 받을 수 있다. 한국생명존중희망재단에서는 교육 요청이 있으면 해당 사업장에 전문 강사를 파견하여 표준화된 게이트키퍼 양성 프로그램으로 교육을 제공한다. 교육을 받은 후 상담자나 인사부서에서 게이트키퍼 양성 강사로서 교육을 진행할 때는 단순히 정보를 전달하는 것이 아닌 실습과 참여 활동을 포함하는 것이 게이트키퍼 프로그램 목적을 달성하는 데 효과적이므로(이정은, 2020) 강의 구성 시 자살 위험 사인을 보내는 사람에게 어떻게 말을 건네고 어떤 방식으로 전문가에게 연계할 수 있을지 역할극(role play)을 통해 시연하는 것을 고려해 볼 수 있다.

게이트키퍼 운영은 기업의 규모나 상황에 따라 다양하게 운영할 수 있다. 예를 들어, 부서 혹은 팀당 한 명 혹은 사업장 각 층별로 10명당 1명씩 양성할 수 있도록 계획을 세우는 등 회사의 규모에 맞게 적정 인원을 정할 수 있다. 또 양성한 게이트키퍼를 대상으로 정기적으로 보수교육을 하거나, 게이트키퍼 임기를 정해 돌아가며 역할을 맡을 수 있도록 지정할 수 있다. 꼭 자살 위험이 아니더라도 부서 내에 특별한 사안이 있어 부서원들의 스트레스 수준이 전반적으로 높아졌다거나 부서원 가운데 개인적으로 힘든 상황에 있어 도움이 필요한 사람이 있을 때 게이트키퍼를 통해 상담실로 올 수 있도록 하는 역할을 기대할 수도 있다.

게이트키퍼 양성 교육을 제공하는 기관들

- **한국생명존중희망재단(jikimi.spckorea.or.kr):** 중앙자살예방센터는 「자살예방 및 생명존중문화 조성을 위한 법률」(2011. 3. 30)에 근거하여 설치되었고, 2021년 4월 중앙심리부검센터와 통합하여 한국생명존중희망재단으로 출범하였다. 자살예방 생명지킴이(게이트키퍼) 교육으로 자체 개발한 한국형 표준 자살 예방 교육 프로그램 '보고 듣고 말하기'와 '이어줌人'을 운영한다. 청소년, 직장인, 중년, 노인 등 대상별로 프로그램을 구성하고 있는 것이 특징이다. 이 프로그램의 목적은 게이트키퍼로써 자살 고위험군의 발견, 개입, 의뢰할 수 있는 역량을 키우는 것이다(백종우, 조선진, 이수정, 옹진영, 박종익, 2014).
- **한국자살예방협회(www.suicideprevention.or.kr):** 전 세계적으로 많이 보급된 리빙워크스(Livingworks)사의 자살 응급처치 및 자살 중재기술 훈련을 위한 프로그램(Applied Suicide Intervention Skills Training Program: ASSIST)과 자살 위험군을 적절한 자원에 연계할 수 있도록 돕는 safeTALK 프로그램을 운영한다.

③ 전 사원 심리검사

전 구성원을 대상으로 심리검사를 실시하여 마음건강을 확인해 볼 수 있다. 전 사원 검사에 앞서서 무엇을 측정할 것인지, 측정 후 누구를 대상으로 어떻게 관리할 것인지에 대하여 고민할 필요가 있다. 또, 검사 결과를 누구에게 어디까지 공개할 것인지에 대해서도 사전에 기준을 정해두는 것이 좋다. 심리검사는 민감한 개인정보를 담고 있기 때문에 만약 조직 내 다른 구성원들에게 공유될 경우 피해를 줄 수도 있으므로 가급적 상담자와 검사 실시자만 결과를 확인할 수 있게 하는 것이 안전하다. 자칫 검사 결과를 관리자나 관리 부서에 공유할 경우 구성원들이 솔직하게 응답하기 어렵게 되고, 이는 결국 조직 마음건강 관리의 목적 달성을 저해하기 때문에 심적으로 어려운 상태의 구성원을 발굴하여 도움을 줄 수 있기 위해서는 검사 실시와 실시 과정, 결과 관리에 대해 비밀보장을 잘 지키는 것이 무엇보다 중요하다.

심리검사 구성은 상담자가 조직 상황에 따라 심리정서상태를 간단히 확인할 수 있는 검사 세트로 구성한다. 검사 세트를 구성할 때 전체 응답 문항수가 너무 많지 않도록 주의할 필요가 있고, 자살 생각 및 시도를 확인할 수 있는 문항이 포함된 검사(예: BDI, PHQ-9[2] 등)를 반드시 포함하여 자살 문제를 살펴보도록 한다. 검사를 실시하고, 검사 결과에서 스트레스가 높거나, 우울 정도가 심하거나, 자살 사고와 관련된 문항에 '그렇다'고 응답한 경우 등 상담자가 필요

---

[2] 한국어판 우울증 선별도구(Patient Health Questionnaire-9: PHQ-9)는 우울증 심각도를 체크하기 위한 검사로 DSM-IV의 주요우울장애 진단 기준에 해당하는 아홉 가지 문항으로 구성되어 있다.

하다고 판단되는 항목들을 통하여 검사 결과를 바탕으로 직접 해당 임직원과 연락을 취해 볼 수 있다. 대상자로 선별된 내담자들에게는 개인적으로 연락하여 상담을 하거나 보다 정밀한 검사를 받을 수 있게 권하고, 필요하다면 정신과 치료를 병행하거나 심리상담으로 이어질 수 있도록 제안하는 것이 필요하다. 이때 검사 결과를 본인 이외의 사람들에게 전달하지 않도록 유의할 필요가 있지만, 상담자의 판단으로 자살 고위험자의 안전을 위하여 동료나 회사의 도움을 받는 것이 필요하다면 내담자와 상의 후 내담자의 상황을 전달하는 것도 고민해 볼 수 있다. 다만 이때는 윤리적인 문제를 어기지 않도록 충분히 고민하고 상의 후에 해당 내용을 공개하는 것이 좋다.

④ 그 외 예방 활동

사내 핫라인이 있다면 자살 위기에 있을 때 핫라인(hot-line)에 연락을 할 수 있도록 홍보할 필요가 있다. 사업체에 따라 24시간 운영되는 곳의 경우 안전 담당 팀에서 상시 신고 전화를 받기 때문에 응급 상황 발생 시 안전 담당팀에 연락을 할 수 있게 협업할 수도 있다. 이때에는 안전 담당팀을 대상으로 자살 위기자 발생 시 대응 방안에 대하여 사전에 교육을 실시하는 것이 필요하고, 협업 절차를 구성하는 마련해둘 필요가 있다.

이외에도, 자살 예방과 관련된 글을 작성해서 공유하거나, 직원들의 휴게실이나 자주 다니는 곳에 관련 책자를 비치해 두거나 또 자살예방 전화 연락처가 있는 스티커를 제작해서 화장실에 붙여 둠으로써 자살 위험자가 도움이 필요할 때 어디서든지 쉽게 정보를 확인하고 전문적인 도움을 받게 할 수 있다.

(2) 자살 사후 개입

회사 내 자살 사고가 발생하였을 때, 자살자에 대한 동료들에 대한 심리적 개입을 위한 자살 사후 개입과 심리부검이 필요하다.

자살 사후 개입(postvention)의 목적은 자살에 의해 영향 받은 사람들의 외상적 고통을 감소시키고 이들이 애도하는 과정 동안 심리적 또는 신체적 장애를 발달시킬 가능성을 줄이며, 자살의 모방과 전염을 막고 자살의 위험이 있는 사람들을 찾아내어 미리 예방하고 개입하는 것이며, 이러한 개입을 통해 조직의 기능을 원래대로 회복시키는 것이라고 볼 수 있다(김진형 외, 2014). 자살 사후 개입 대상으로 유가족뿐만 아니라 그의 친구, 동료들에 대해서도 관심을 가질 필요가 있다. 가족의 자살 사고보다 가족 외 지인의 자살 사고에서 자살 생존자의 자살 충동에 미치는 영향이 더 크게 나타나는 것을 보면(김혜진, 김지은, 송인한, 2020) 자살 사고가 발생하였을 때 조직 내 다른 구성원들에 대한 심리적 케어를 통해 2차 피해가 발생하지 않도록 충분히 애도하고 심리적 충격을 달랠 수 있도록 세심하게 접근하고 챙겨볼 필요가 있다. 특히나 자살 사건이 발생한 장소가 회사일 경우에는 트라우마의 관점에서 접근할 필요가 있다. 사망자를 목격하고 신고하고 처리하는 일련의 과정에 많은 구성원들이 노출되기 때문에 이들에 대한 보다 빠르고 세심한 대처가 필요해진다.

심리부검(psychological autopsy)은 신체부검과 대조되어 사용되는 말로 사망에 이르게 된 개인의 심리적 상황을 파악하기 위하여 사망자의 주변 가족, 친구, 동료 등 주변인들의 진술과 남겨진 기록을 분석하여 자살의 원인을 파악하는 절차를 의미한다(Shneidman, 2004). 심리부검을 통하여 고인을 객관적으로 바라보고, 주변인들이 고인의 삶을 통합적으로 받아들일 수 있게 하여 건강한 애도를 이룰 수 있게 돕는다.

조직 내 자살 사건 발생 시 한국생명존중희망재단에서 제공하는 조직 내 자살 사후대응을 위한 헬프라인(1899-4567)에 연락을 취하면 직접 조직으로 방문하여 절차에 따라 전문적인 대응이 가능하다. 한국생명존중재단에서 제공하는 사후대응 서비스는 사후대응 개입 방안에 대한 사전·사후 안내, 상실과 회복에 대한 집단 교육, 개별적인 정신건강 스크리닝 및 애도 상담을 기본으로 실시하며, 그 외에도 조직의 필요에 따라서 기관에 집단상담(애도 반응 및 감정 변화 공유), 자살 고위험자 위기 개입 연계, 자살 유가족 지원, 사후 모니터링 및 점검회의를 요청할 수 있다.

또, 같은 기관의 심리부검 면담팀에 면담을 요청하면 자살자에 대한 심리부검이 이루어진다. 심리부검 면담에서는 유족을 대상으로 인터뷰를 진행하여 고인에 대한 가족관계, 대인관계, 직장생활, 성격 및 발달과정, 스트레스 사안 등 고인에 대한 다양한 요인들에 대한 부검을 실시하게 된다.

이 외에도 자살 생존자[3]가 도움이 필요할 때 상담실을 찾을 수 있도록 사건 발생 후 일정기간 동안 해당 부서와 주변 동료들의 심리적 상태를 주기적으로 확인해 볼 필요가 있다. 또 필요하다면 상담실에서 먼저 자살생존자들에게 연락하여 현재 상태를 확인하고 도움을 주는 것 또한 방법이다. 또, 자살자에 대하여 불쑥불쑥 떠오

---

[3] 자살 생존자(suicide survivors) 혹은 자살 유족은 타인의 자살에 노출된 후 높은 수준의 심리적, 신체적, 사회적 스트레스를 경험하는 사람을 가리키는 말로 자살한 사람의 가족, 친구나 동료 및 지인, 나아가 자살한 사람과 직접 관계가 없지만 그로 인해 심리적으로 스트레스를 받은 사람도 포함된다.

르는 죄책감, 슬픔, 분노와 같은 것은 상실 후 나타나는 자연스러운 감정임을 알리고, 건강하게 애도 과정을 거칠 수 있도록 주변인들이 자신의 심리적 상황을 이해하고 받아들일 수 있게 관련 내용을 담은 안내지를 제작하여 발송하는 것도 도움이 될 수 있다.

자살 위기 대응 절차

다음은 조직 내에 자살 위기자를 발견했을 때 어떤 절차를 통해서 위기관리를 할 수 있는지에 대한 예시이다. 조직에 따라서 고위험자에 대한 정의와 초점을 두어야 할 위험요소에 차이가 있을 수 있다. 자살 문제에 대해 관련 부서와 유관 기관과 함께 유기적으로 움직이는 과정을 살펴볼 수 있다.

```
┌─────────────────────┐
│    자살 위험자 발견      │
└─────────────────────┘
          ↓
┌─────────────────────┐
│      안전 확보         │
└─────────────────────┘
          ↓
```

위험도 확인	
• 자살 단계 확인(사고, 계획, 시도) • 이전 자살 및 자해 시도 경험 • 정신과 • 알코올 남용 • 인적 네트워크 및 지지 자원	• 발견한 사람이 실시 • 위험도가 높을수록 자살 고위험자 • 치명적인 자살 수단을 소지하고 있거나 자살 시도 위험이 즉각적인 경우 112나 119로 신고 • 자살 위험도 파악이 어려운 경우에는 다음 단계(의뢰)로 건너감

의뢰	
• 현업: 상담실, 인사로 의뢰 • 상담실: 인사에 통보 및 협조 요청 • 인사: 고위험자의 가족, 부서장 등에 통보, 협조 요청	• 자살 위험자를 발견한 주체(현업, 상담실, 인사)에 따라 다음과 같이 의뢰 필요 • 현업에서 자살 위험도가 낮다고 판단 시 의뢰: 상담실(○), 인사(×) • 현업에서 자살 위험도가 높다고 판단 시 의뢰: 상담실(○), 인사(○)

조치(상담실)
• 위기 심리 지원: 안정화, 위기 개입 실시 • 병원 연계

• 위기임에도 병원 치료를 거부할 경우, 가족 설득 과정이 필요할 수 있음

치료(상담실)
• 마음 건강 휴직 권고 • 휴직 기간 동안 정기적(예: 월 1회)으로 경과 확인

복직 후 사후 관리
• 복직 시 전문의 진단 확인 필요 • 복직 후 일정 기간 동안 정기적으로(예: 6개월 간 월 1회) 상담자와 상담하며 적응 확인 • 필요 시 지속적인 상담으로 이어지도록 안내

3. 직장 내 성희롱

1999년 우리나라 최초의 직장 내 성희롱 사건에 대한 판결이 이루어졌다. 1993년 서울의 모 대학 교수의 상습적인 성희롱에 대하여 피해자가 소송을 냈는데, 국내에서 그동안 직장 내 성희롱에 대한 개념이 없었기 때문에 당시 세간의 관심을 받았던 사안이다. 소송 6년 뒤 가해자에게 벌금형이 내려졌고, 이 사건의 영향으로 남녀차별금지 및 구제에 관한 법률(1999. 2)이 제정되고, 남녀고용평등법 개정(1999) 시 성희롱의 처벌 및 예방 등에 관한 조항을 포함

하게 되었다(성평등아카이브, 2021. 1. 18.). 직장 내 성희롱을 명시
적으로 금지하게 된 것은 불과 20여 년밖에 되지 않았고 최근에 와
서 여러 사업장에서 직장 내 성희롱 사안을 심각하게 생각하고 방
지하기 위한 노력을 기울이고 있다.

직장 내 성희롱은 「남녀고용평등과 일 · 가정 양립 지원에 관한
법률」에서는 직장 내 성희롱을 "사업주, 상급자 또는 근로자가 직
장 내의 지위를 이용하거나 업무와 관련하여 다른 근로자에게 성
적 언동 등으로 성적 굴욕감 또는 혐오감을 느끼게 하거나 성적 언
동 또는 그 밖의 요구 등에 따르지 아니하였다는 이유로 근로조건
및 고용에서 불이익을 주는 것"이라고 설명한다. 국내에서는 [그
림 12-3]에서 보는 바와 같이, 「남녀고용평등법」, 「국가인권위원
회법」, 「양성평등기본법」의 세 개 법률에서 직장 내 성희롱에 대하

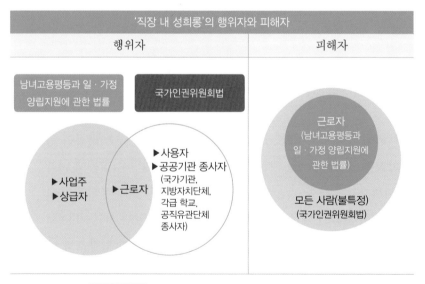

그림 12-3 직장 내 성희롱의 행위자와 피해자 범위

출처: 고용노동부(2018).

여 언급하고 있다. 비록 법으로 성희롱을 금지하고 예방을 위해 필수적으로 노력할 것을 명시해 두기는 했지만, 법률이 규정하는 바에 따라 가·피해자의 범위와 행위에 대한 정의에 차이가 있고, 성희롱 가해자에 대한 강제된 처벌 규정이 명시되어 있지 않다. 그로 인해서 성희롱 사건이 발생하였을 때 사법기관이 아닌 회사 차원에서 문제를 명쾌하게 해결해 나가는 데 어려움이 많다. 또한, 성희롱 사안이 발생하였을 때 사건 당사자와 사건 처리 담당 모두 사건 발생에서부터 처리 과정과 처리 이후에도 지속적으로 긴장 상태에 놓이게 된다. 그리고 이런 긴장 상태 속에서 겪는 부차적 영향은 피해자가 고스란히 겪게 되는 경우가 많다.

1) 직장 내 성희롱의 이해

직장 내 성희롱이 발생한 사업장의 일반적인 특징은 〈표 12-3〉과 같다(고용노동부, 2018, p. 21). 즉, 피해자가 소속된 부서 혹은 회사 전체가 성희롱에 관대하고, 나이, 고용 형태, 권위에 따른 차별이 심한 회사의 분위기가 존재하고, 회식이나 야근 등 공식적인 근무 외 시간에 직장 동료들과 함께 시간을 보낼 일이 많은 회사 분위기가 직장 내 성희롱이 발생할 수 있는 환경이 된다. 또한 피해자의 문제 제기가 잘 받아들여지지 않고 제대로 처리되지 않으며, 위계적으로 더 낮은 위치에 있는 사람을 대상으로 하고, 또 성희롱 분위기가 만연되어 있기에 피해자가 자신의 피해를 밝히고 도움을 청하는 것조차 어려움이 크다.

또한 직장 내 성희롱으로 인해 피해자가 겪는 피해는 크게 환경형 성희롱과 조건형 성희롱으로 나누어 설명할 수 있다. 환경형 성

> 표 12-3 | 성희롱이 발생한 사업장의 일반적인 특징

- 사업주, 상사에 의한 지위를 이용한 성희롱이 많다.
- 음주중심 회식 자리와 그 이후에 발생하는 성희롱이 많다.
- 문제 제기 후 처리 과정에서 피해자 보호 및 권리보장이 제대로 이루어지지 않는 경우가 많다.
- 거래처 직원, 고객 등 제삼자에 의한 직장 내 성희롱이 증가하고 있다.
- 입사 초기 직원(비교적 저연령, 짧은 근속년수, 낮은 직급)을 대상으로 한 직장 내 성희롱이 많이 발생한다.
- 직장 내 성희롱이 발생한 사업장의 경우 직장 내 성희롱 예방 교육을 하지 않거나 하더라도 형식적인 경우가 많다.
- 고용 형태에 따르는 차별이 많은 사업장일수록 조직 내 권위주의적 계층 구조가 공고하고 주변부로 밀려난 취약계층이 많아 직장 내 성희롱이 많이 발생한다.
- 야근이 많을수록 공식적인 근무 외의 시간이 빈번하고 직장 내 성희롱 발생의 잠재적 요인을 많이 가지고 있다.

출처: 고용노동부(2018).

희롱은 성희롱으로 인해서 피해자에게 성적 굴욕감 또는 혐오감을 주는 것이고, 조건형 성희롱은 가해자가 자신의 요구를 들어주지 않았다는 이유로 근로 조건 및 고용에 있어 불이익을 주는 것이다. 즉, 피해로 인해서 심리적 불편감이 지속되는 것뿐만 아니라 약자의 위치에 있기 때문에 피해자임에도 도리어 불이익을 당하는 경우가 발생한다.

2) 직장 내 성희롱의 영향

한 조사에서는 성희롱 피해자의 72%가 성희롱 이후 퇴사를 선

택한 것으로 나타났다(한국여성노동자회, 2017). 성희롱 피해로 인해서 자살을 선택한 사람들의 안타까운 이야기를 기사로 접하기도 하는데, 그만큼 피해자들이 일터를 버리고 생명을 버리게 될 만큼 성희롱으로 인한 심리적 여파가 크기 때문에 피해자의 회복을 위한 지원은 반드시 필요하다.

성희롱 피해자들이 겪는 대표적인 심리적 증상으로는 수면장애, 두통, 두려움, 분노, 모욕감, 혐오감, 수치심, 신경과민 반응과 더불어 PTSD 증상이 있다. 피해자들은 자기 잘못이 아님을 알지만 스스로를 자책하는 반응도 나타나면서 심리적으로 더욱 혼란스러운 상태에 빠지기도 한다. 업무적으로는 직무 만족, 경력 몰입에 부정적인 영향을 주고, 이직 의도를 높이는 등(김양희, 1995; 김태선, 이지연, 2014; 김향아, 권혜원, 2019; 한주원, 2006) 조직 내 적응에 심각한 악영향을 미치는 것으로 나타났다.

3) 직장 내 성희롱 다루기

상담실은 직장 내 성희롱 이슈에서 사안 처리를 위한 직접적인 역할을 맡지는 않는다. 사전에 성희롱 예방을 위한 교육에 상담자를 활용하기도 하지만 사안의 중요성을 보다 강조하기 위해 징계권을 갖고 있는 인사 담당 부서에서 직접 진행하거나 외부의 성희롱 예방 교육 전문강사를 초빙하여 운영하기도 한다. 성희롱이 실제 발생하였을 때는 피해자에 대한 심리적 안정을 돕고 장기적으로는 업무에 복귀할 수 있도록 돕는 과정에서 상담실의 역할이 크다고 볼 수 있다.

(1) 성희롱 예방 교육

성희롱 예방 교육은 「남녀고용평등과 일·가정 양립 지원에 관한 법률」에 명시된 의무 교육으로서 연 1회 이상 전 직원이 참석하게 되어 있다. 사업주의 의지가 괴롭힘 발생에 영향을 주는 만큼 회사에서 먼저 교육에 대한 중요성을 임직원들에게 보여 주는 것이 좋다. 성희롱 예방 교육의 진행은 상담자가 직접 진행하는 경우도 있고, 인사 담당 부서에서 맡아 교육과 함께 인사상 불이익에 대한 회사의 의지를 표현하는 것도 교육의 효과적인 측면에서 도움이 된다. 이 외에도 성희롱 예방 교육을 전문적으로 진행하는 강사를 섭외하거나 여성가족부에서 제공하는 온라인 교육 콘텐츠를 활용하는 것도 도움이 될 수 있다.

성희롱 예방 교육에서 다루어야 할 내용과 운영 방식은 「남녀고용평등과 일·가정 양립 지원에 관한 법률」과 동법 시행령에 명시되어 있다. 성희롱 예방 교육에 반드시 포함되어야 하는 내용은 다음과 같다.

- 직장 내 성희롱에 관한 법령
- 해당 사업장의 직장 내 성희롱 발생 시 처리 절차와 조치 기준
- 해당 사업장의 직장 내 성희롱 피해 근로자의 고충상담 및 구제 절차
- 직장 내 성희롱을 한 자에 대한 징계 등 제재 조치
- 그 밖의 직장 내 성희롱 예방에 필요한 사항

또한 시행령에 제시된 성희롱 예방 교육의 운영 형태 및 방식은 사업장의 규모나 특성을 고려하여 운영할 수 있다. 사이버 교육 또

한 허용하고 있지만, 교육 자료의 배포, 게시, 메일 전송, 게시판 공지 등 교육이 제대로 전달되었는지 확인이 곤란한 형태로의 운영은 예방 교육을 실시한 것으로 볼 수 없음을 확실히 하고 있다. 즉, 기업의 상황에 따라 운영 방식에 자율은 두되 실제로 효과적으로 교육이 이루어질 수 있어야 하며 자료만 전달되는 형태는 아니어야 한다. 필수적으로 포함되어야 하는 내용들을 통하여 사업주와 임직원 모두가 성희롱이 법적으로, 직장 내 규칙에서 금지되어 있고, 사건 발생 시 처리 절차에 대해 명확히 인식할 수 있도록 하는 것이 중요하다.

　따라서 가급적 대면 교육이 이루어질 수 있도록 구성하는 것이 필요하고, 전체를 대상으로 실시할 수 없는 상황이라면 관리자 등 일부에게 대면으로 진행하여 교육 효과를 높이는 것이 중요하다. 피치 못할 사정으로 인해 교육을 비대면으로 진행해야 한다면 교육 효과를 높이기 위한 방법(예: 퀴즈, 승진시험에 포함 등)에 대한 고민이 필요하다.

성희롱 예방 교육 자료 및 교육 기관

- **여성가족부 예방 교육 통합관리(shp.mogef.go.kr)**: 여성가족부에서 운영하는 곳으로 각종 폭력 예방 교육에 대한 교육 자료를 볼 수 있는 곳이다. 교육 대상(어린이집, 초중고, 특수학교, 대학, 공공기관, 신고의무자), 교육 분야(성폭력, 성희롱, 성매매, 가정폭력, 통합교육, 성인권교육)에 따라 PPT, 동영상 등 다양한 자료가 준비되어 있고, 또, 외국어 자막을 제공하여 외국인들을 대상으로 교육을 실시할 때 필요한 자료를 확인하여 사용할 수 있다. 최신 콘텐츠로 업데이트되기 때문에 강의 준비 시 유용하게 활용 가능하다.

- 한국양성평등교육진흥원(https://www.kigepe.or.kr): 성희롱 예방 교육 전
문강사를 초빙하고 싶다면 한국양성평등교육진흥원을 활용할 수 있다. 진흥
원에서 직접 양성한 전문강사를 섭외할 수 있도록 리스트를 제공하고 있다.
또한 자료실에서 교육 자료를 공유하고 있어 필요한 자료가 있다면 사이트
에서 확인 가능하다.

(2) 성희롱 사건 발생 이후

상담실에서 성희롱 사안과 관련해서 직접 만나는 사람은 주로 피
해자이다. 가해자를 대상으로 재발 방지 교육 등이 이루어지기도
하지만 한 명의 상담자가 같은 사안에 대한 가해자와 피해자를 동
시에 만나는 것은 좋지 않다. 만약 상담사가 한 명이라면 대체로 피
해자를 맡아서 상담하게 된다. 피해자를 상담실에서 만나게 되는
경로는 사건 발생 후 회사에 신고하기 전, 사건 발생 후 회사에 신고
한 이후 피해자가 직접 방문, 사건 발생 후 회사에 신고하고 회사의
제안으로 피해자가 방문을 하는 세 가지 경우로 나누어 볼 수 있다.

① 사건 발생 후 회사에 신고하기 전

첫 번째의 경우 우선 피해자가 자신이 겪은 일이 성희롱 사안인
지 아닌지를 파악하기 어려워하는 경우가 많기 때문에 상담자가
직장 내 성희롱을 판단할 수 있는 지식을 갖고 있는 것이 중요하
다. 또 사건 발생 후 신고 과정에 대해서는 상담자와 면밀하게 과정
을 살피는 것이 중요하다. 피해가 발생한 후 때로는 충동적으로 신
고를 하거나, 때로는 두려움에 신고를 하지 않는 선택을 하는 경우
가 있는데, 피해 이후 신고까지의 과정 그리고 신고 이후의 과정에

어떤 절차들이 있는지, 심리적으로 어떤 여파가 있을 것인지에 대해 미리 살펴본 이후에 행동을 선택하는 것이 좋다. 이에 대한 충분한 이해와 탐색을 거치지 않는다면 피해자는 신고 과정 혹은 신고하지 않는 과정에서 또 다른 상처를 받게 될 가능성이 높다. 대부분 가해자는 피해자보다 높은 지위에 있거나 명망이 높은 사람인 경우가 많기 때문에 신고 이후 사건이 알려지는 과정에서 피해자에게 2차 가해가 발생할 수도 있어 신고 과정과 신고 이후의 상황을 예측해 가며 심리적으로 준비를 해 두는 것이 도움이 된다. 상담자는 이 과정에서 피해자에 대한 공감적인 마음과 함께 객관적인 정보와 중립적인 태도를 취하고 내담자 자신이 선택할 수 있도록 도와주는 것이 중요하다. 또 하나 중요한 지점은 윤리적인 문제이다. 상담자가 내담자의 피해 사실을 먼저 인지하게 되었다고 할지라도 내담자가 겪은 일에 대해서 관련 부서나 인사담당자에게 먼저 발설하지 않도록 주의해야 한다.

② 회사에 성희롱 피해 신고 이후 피해자의 직접 방문

직장 내 성희롱 피해 사실을 인지하고 회사에 신고한 이후 내담자가 상담을 요청한 경우라면 내담자의 정서적인 부분을 다루는 데 집중할 필요가 있고, 또한 사건 처리 과정을 같이 살펴 주는 것이 필요하다.

③ 회사에 성희롱 피해 신고 이후 회사 권유로 상담실 방문

성희롱 사건 처리 절차상 상담실에 의뢰된 경우 비자발적으로 상담에 참여하게 되었기 때문에 상담에 대한 동기가 많이 떨어진 상태일 수 있다. 본인이 원치 않는 경우에는 상담에 참여하지 않아도 되지만 피해자가 상담하고 싶지 않은 이유가 무엇인지 조심스레 확인하고 상담에 참여하도록 설득해 볼 필요가 있다. 또한 회사에서 피해자에게 권하여 참여하게 된 상담이기 때문에 상담 내용의 비밀보장, 불이익 등에 대한 우려와 함께 상담자에게 경계심을 가질 가능성도 크다. 이러한 가능성을 고려하고 상담을 진행하는 것이 좋다.

직장 내 성희롱은 조직 내에 보호 장치가 마련되어 있지 않을 때(나윤경, 노주희, 2013), 즉 성희롱이 일어나도 괜찮다고 여겨지는 환경이 조성되어 있을 때 발생하기 때문에 단순히 사건 당사자만의 문제가 아니라 조직의 차원에서 성희롱을 예방하기 위해 노력해야 한다. 상담실에서 성희롱 예방과 사안 처리를 위한 직접적인 주체가 되지는 않지만 피해자에 대한 보호 활동을 적극 펼치는 것도 중요한 조직 차원의 보호 장치로 작용하여 성희롱 예방에 중요한 역할을 할 수 있을 것이다. 성희롱 사건이 발생하고 난 후 피해 사실로 인한 심리적 어려움뿐만 아니라 신고 이후 절차 과정에서 겪게 되는 2차 가해와 처리 절차에서 오는 스트레스가 크기 때문에 초반 심리적 응급조치를 위한 만남에서부터 이후의 긴 과정에서 심리적 안정을 이룰 수 있도록 지속적으로 도움을 주는 것이 필요하다.

사건이 종결되고 상담이 종결된 후에도 추수상담을 진행하여 혹시 모르는 추가적인 피해 상황이나 회사 적응에 어려움은 없는지 확인할 필요가 있다. 추수상담을 위한 기간과 횟수는 상담실에서 정해 둔 절차에 따라서 진행하도록 하고, 피해자에게도 종결 후 추수상담을 위한 연락이 이어질 것임을 사전에 전달하여 피해자가 안정적으로 회사생활을 이어갈 수 있도록 한다.

피해자 심리보호를 위한 외부 기관

- **심리정서 치유 프로그램**: 직장 내 성희롱, 성차별, 왕따 등으로 인한 심리적 고충이 있는 경우 고용평등상담실에 신청하면 외부 전문기관과 연계하여 심리정서 치유 프로그램을 지원받을 수 있다.
- **근로복지넷**(www.workdream.net): 근로복지공단에서 상시근로자 수 300인 미만의 중소기업 근로자의 직무스트레스 해결을 위해 운영되는 곳으로 온라인 및 오프라인 무료 EAP 상담 서비스를 운영하고 있다.

4. 산업재해

1) 산업재해의 이해

우리는 살아가며 크고 작은 외상 사건(traumatic events)에 노출된다. 가까운 사람의 죽음이나 사고, 투병 소식, 자신이 큰 병에 걸리거나 사고가 나는 것, 사람으로부터 공격받는 일이나 홍수, 가뭄, 재난과 같은 예상치 못한 사건을 겪게 된다. 이렇게 외상 사건이 발생하면 우리의 마음도 영향을 받게 된다. 외상 사건 이후 일시적인 정서적 혼란과 불안정한 상태는 대부분의 트라우마 경험자가 회복 과정에서 겪는 자연스러운 반응이다. 그러나 이러한 심리적인 상태가 1개월 이상 지속된다면 외상후스트레스장애를 의심해 볼 수 있다. 외상후스트레스장애(Post-Traumatic Stress Disorder: PTSD)는 외상 사건을 직접 겪었거나 목격했거나 지인의 사고 소식을 접하거나 또는 사건의 혐오스러운 세세한 내용에 반복 노출된 후 침습,

회피, 부정적 인지·감정 변화, 과각성 증상이 1개월 이상 지속되는 정신장애를 말한다(APA, 2013). 이 외에도 수면장애, 문제성 음주, 성격 변화, 대인관계 어려움 등 여러 부분에 걸쳐 적응에 어려움을 보이게 된다. 그렇기 때문에 상담자가 외상(trauma)에 대한 이해가 없다면 이를 외상 생존자들의 외상 증상을 성격장애나 다른 임상적 문제로 판단하여 내담자에게 실효성 있는 도움을 주기 어렵게 되고, 장기적으로는 대인관계 문제와 회사 적응의 문제로 이어져 현실 적응에 악영향을 줄 수 있다.

직장도 이와 같은 외상 사건 발생에 있어 예외가 없다. 가끔 뉴스

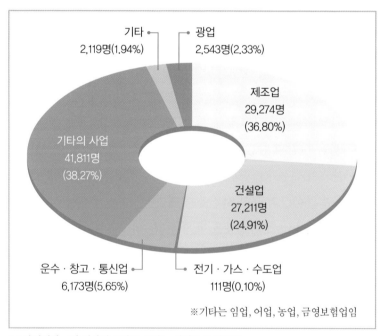

* 요양재해자: 4일 이상의 요양을 요하는 사람들을 일컬음

그림 12-4   2019년 산업별 산업재해 요양재해자 분포도

출처: 고용노동부(2020).

를 통해 어느 공장에서 발생한 큰 화재 사고, 공사 현장에서의 작업
자 추락사고, 작업 중 기계에 끼어 사망자가 발생하는 사고 등 안타
까운 소식을 접하게 된다. 그 외에도 출퇴근 시 통근 버스에서 임직
원 중 누군가 사망하거나 부상을 입는 사고, 회사 건물에서 발생한
투신자살 등 업무 자체의 위험성과 관련 없이 직장에서는 다양한
사건 사고가 발생할 수 있다.

　우리나라 산업재해 현황을 보면 2019년 기준 산업재해로 인해 사
망한 2천 여 명을 포함하여 전체 요양재해자는 약 11만 명에 이르
는 것으로 나타났다(고용노동부, 2020). 산업별로는 [그림 12-4]에
서와 같이 도소매업, 보건 및 사회복지사업, 음식 숙박업 등을 포
함한 기타사업이 가장 높았고(38.27%), 제조업(26.80%), 건설업
(24.91%), 운수 · 창고 · 통신업(5.65%) 등의 순으로 나타났다. 또
재해 유형별로는 [그림 12-5]에서 보는 바와 같이 넘어짐(18.40%),
업무상 질병(13.91%), 떨어짐(13.83%) 등의 순으로 나타났다.

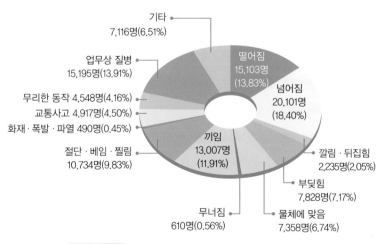

그림 12-5 2019 산업재해 유형별 요양재해자 분포도

출처: 고용노동부(2020).

50인 이상 사업장은 법적으로 산업 간호사를 배치하도록 하고, 안전보건관리팀과 같은 안전 담당 부서를 운영함으로써 산업재해에 대한 예방과 사고 발생 시 빠르게 대응할 수 있도록 한다. 이들은 사건 발생 전 예방과 사건 발생 후 수습을 담당하는데, 사건 피해자와 목격자 및 동료들에 대한 장·단기적인 심리적 돌봄을 제공하지는 않는다. 만약 사고가 발생한 기업에 상담자가 있다면, 사고 이후 직원들의 심리적 안정화를 도와 업무 정상화를 위한 역할을 할 수 있다.

2) 산업재해의 영향

산업재해 근로자의 심리적 영향을 확인한 연구를 살펴보면, PTSD가 의심되는 사람들은 응답자의 80%, 심각한 수준의 우울을 보인 사람은 61.8%로 나타났다(장정미, 최남희, 강현숙, 박선희, 2009). 또한 일터에서 다쳤지만 생계를 위해 금방 일터로 돌아갈 수밖에 없고, 때로는 산업재해로 인한 피해로 더 이상 일을 할 수 없게 된 경우도 있어 현실적 문제와 더불어 정서적 고통(분노, 우울, 공포), 악몽, 자살 사고, 동료와 가족에 대한 미안함 등으로 고통받는 것으로 나타났다(이해경, 서경현, 2014).

산업재해의 특수성과 위험성은 외상을 경험한 장소가 회사이기 때문에 외상 사건이 종료된 이후에도 계속해서 같은 업무를 수행해야 하고, 사건을 경험한 장소에 반복적으로 노출이 되고, 관련 사람들과 지속적으로 만남을 이어 간다는 점에 있다. 그렇기 때문에 직장에서 재해를 경험할 때 정신적 문제를 경험할 가능성이 더 크다(Mason, Wardrope, Turpin, & Rowlands, 2002). 자칫 사건을 수습

하고 난 후 모든 것이 정상화가 된 것처럼 생각하기 쉽지만, 사건의
피해 당사자뿐만 아니라 사건에 대해 기억하는 동료들 또한 재해
로 인한 심리적 여파가 오래도록 지속될 가능성이 높다는 것을 유
의해야 한다. 특히, 재해 발생 후 초기부터 심리적 안정화를 위한
조치를 취하지 않게 되면 PTSD 발생 가능성이 높아진다. 또, PTSD
증상 외에도 수면장애나 문제성 음주, 성격 변화, 성마름, 대인관
계 갈등 등 여러 부분에 걸쳐 전반적인 적응 문제가 발생할 수 있
다. 그렇기 때문에 상담자가 외상(trauma)에 대한 이해가 없다면 이
를 외상 생존자들이 겪는 증상이 아닌 성격장애나 우울, 불안 등 다
른 임상적 문제로 판단하면서 내담자에게 실질적인 도움을 주기
어렵게 되고, 내담자는 장기적으로 현실 적응에 어려움을 겪을 수
있다. 그러므로 상담자가 트라우마 이해 기반 접근(trauma-based
approach)을 할 수 있도록 트라우마에 대한 이해가 필요하고, 재해
발생 초기부터 이후 적응 과정까지 살필 수 있어야 한다.

3) 산업재해 다루기

　재해 시 심리대응 절차를 사전에 마련해놓을 필요가 있다. 발생
한 사건의 규모가 상담자 혼자서 수습하기 어려울 정도로 큰 규모
일 때, 구성원들의 심리적 응급처리를 누가, 언제, 어떻게 할 것인
지, 필요할 때 도움을 요청할 수 있는 연계기관은 어디인지 미리 확
인해두어 사건 발생 시 미리 준비한 프로토콜에 맞추어 진행되는
것이 도움이 될 것이다.
　재해사건의 규모가 심리적 증상을 유발하는 데 차등적으로 작용
하지는 않지만 상담자가 관리해야 하는 인원을 고려하였을 때 사

건의 규모에 따라서 대응하는 방법에는 차이를 둘 필요가 있다. 우선, 피해 규모에 따라 피해자 수가 적고, 피해 사건으로 인해 다른 구성원들에게 심리적 여파가 크지 않은 경우에는 상담자가 직접 피해자 모두를 대상으로 한 심리지원에 중점을 둘 수 있을 것이다. 상담자는 급성스트레스장애(Acute Stress Disorder: ASD)와 외상후스트레스장애에 대한 심리교육을 통하여 피해를 입은 구성원이 앞으로 겪게 될 자연스러운 심리적 변화에 대해 알려줌으로써 안정화에 도움을 줄 수 있다.

ASD와 PTSD에 대한 이해와 심리교육은 대규모 재해 상황에서도 중요하다. 사건이 정리가 된 이후에도 심리적 후유증이 있을 수 있음을 안내하고 ASD와 PTSD에 대한 정보가 담긴 간단한 정보지를 만들어서 제공하는 것도 방법이다. 당사자뿐만 아니라 가족들도 심리적으로 영향이 있을 가능성이 높기 때문에 정보지를 제공하는 것이 가족들의 심리적 어려움을 돕는 데도 효과가 있을 것이다. 심리교육과 함께 적응에 도움이 필요할 때 상담실을 이용할 수 있음을 전달하는 것, 상담실 외 도움 받을 수 있는 기관에 대한 정보를 전할 수 있다.

대규모의 재해 사건이 발생하였을 때는 짧은 시간 안에 많은 인원을 대상으로 응급처치가 필요하기 때문에 상담사 혼자서 다루기에는 역부족일 가능성이 크다. 따라서 위기 상황 발생 시 투입할 수 있도록 사전에 직장 내 위기대응 인력 선발 후 소정의 훈련을 통해 가급적 빠른 시간 안에 많은 인원이 도움을 받을 수 있게 하는 것이 필요하다. 이때 양성된 사람들이 수행해야 할 일은 전문적인 심리치료가 아니라 피해자들을 안정화시키는 것이다.

(1) 사건 발생 직후

외상사건 초기 심리지원의 다섯 가지 개입 원칙은 다음과 같다 (Hobfoll, Watson, Bell, Bryant, Friedman, Friedman, Gersons, M de Jong, Layne, Maguen, Neria, Norwood, Pynoos, Reissman, Ruzek, Shalev, Solomon, Steinberg, & Ursano, 2007).

- 안전한 느낌 키우기(enhancing sense of safety)
- 안정감 키우기(enhancing calm)
- 자기효능감과 집단효능감 키우기(enhancing self-and collective efficacy)
- 연결감 키우기(enhancing connectedness)
- 희망 주입하기(instilling hope)

첫째, 안전한 느낌 키우기는 위기를 겪은 사람들이 객관적이고 주관적인 위험 상황에서 안전함을 확보할 수 있게 한다. 외상 초기단계에서 안전감을 빨리 확보할수록 이후 PTSD로 이어지지 않는 데 중요한 역할을 한다. 둘째, 안정감 키우기는 생리적, 감정적 흥분을 감소시켜 평안해질 수 있게 하게 돕는다. 셋째, 자기효능감과 집단효능감 키우기는 생존자와 재난을 겪은 집단이 이 문제를 극복할 수 있을 것이라고 믿을 수 있게 돕는다. 넷째, 연결감 키우기는 생존자를 주변 사람들이나 관련 기관, 모임으로 연결시켜 혼자가 아님을 느끼도록 한다. 다섯째, 희망 주입시키기는 낙관적이고 긍정적인 마음을 가질 수 있게 돕는 과정이다.

사건 발생 직후에는 기존의 심리치료에서와 같이 내담자의 경험을 활성화하기 위해 구체적 사건을 떠올리고 당시의 감정을 확

인하는 심리적 디브리핑(debriefing) 방식은 자칫 트라우마에 내담자
를 다시 한 번 노출(retraumatized)하여 증상을 더욱 악화시키는 요
인이 될 수 있기 때문에 조심하는 것이 좋다. 대신 외상사건이 현재
적응에 미치는 영향(예: 악몽, 침습적 기억 등)에 초점을 두어 살펴보
고, 자신의 심리적 반응에 대한 이해를 높이기 위해 심리교육을 실
시하는 것이 도움 된다.

(2) 사건 후 경과에 따른 초기 심리적 개입

산업재해가 발생한 이후 시간의 경과에 따라서 피해자에 대한
심리지원 내용은 차이가 있다.

다음 〈표 12-4〉는 위기 상황에서 시간 경과에 따른 대응 가이
드를 제시하고 있다(NIMH, 2002). 외상 경험자를 대상으로 한 심리
개입은 사건 발생 이전부터 2년 후까지 시점에 따라 사건 이전(pre-
incident), 충격(impact), 구출(rescue), 회복(recovery), 복귀(return to
life)의 총 5단계로 나뉜다. 사건이전 단계에서는 발생할 수 있는 재
난 상황에 대한 대비하여 사전에 대응 방안을 수립하는 과정을 포
함한다. 충격단계는 사건 발생 후 48시간 이내로 재난 경험자들은
싸움 혹은 도주 과정을 겪으며 외상 충격에 대응하는 반응을 보인
다. 이 단계에서 심리적 응급처치가 진행되고, 이와 더불어 외상 경
험자들이 기본적으로 필요한 것(안전, 음식, 쉼터 등)이 충족되고 있
는지 확인한다. 구출단계는 사건발생 후 일주일 사이로 이 단계에서
의 목표는 '적응'이다. 생존자들 가운데 취약군과 고위험군을 파악
하는 것이 필요하고, 도움을 요청하지 않은 사람들에게도 찾아가
는 등 생존자들이 필요한 것을 충족하고 있는지 확인하여 추가적
으로 필요한 개입이 있는지 확인한다. 회복단계는 사건 발생 1주에

표 12-4 **시간 경과에 따른 초기 개입 가이드**

	사건 이전 단계	
목표	사전 준비, 대처기술 습득	**준비** • 훈련 • 지식습득 • 협업 • 정책에 영향을 주기 • 빠른 도움을 위한 프로세스 구축하기
행동	준비 vs. 부인	
모든 조력자의 역할	사전준비, 훈련, 지식습득	

	충격단계(0~48시간)	
목표	생존, 소통	**기본적인 필요** • 안전, 보안, 생존 보장하기 • 식량과 쉼터 보장
행동	싸움 혹은 도망, 얼어붙기, 항복 등	**심리적 응급처치(PFA)** • 가장 고통스러워하는 사람들을 돕고 함께해주기

모든
조력자의
역할
	구출, 보호	• 가족들은 함께있게 해주고 사랑하는 사람들과
		  다시 만날 수 있게 돕기
		• 정보와 교육을 제공하고 소통이 이루어질 수 있
		  게 장려하기
		• 다른 해를 입지 않게 생존자 보호하기
		• 신체적 각성 감소시키기

	구출단계(0~1주)	
목표	적응	**필요한 것 평가하기** • 최근의 상태, 필요한 것들이 잘 충족되고 있는지 에 대한 평가
행동	회복 vs. 피로	• 환경 회복하기 • 그룹/전체/개인에게 추가적으로 필요한 개입이 무엇이 있는지 확인
모든 조력자의 역할	적응시키기, 필요한 것을 제공	**분류(triage)** • 임상적 평가 • 필요시 연계 • 취약하고 고위험의 개인과 그룹 파악 • 응급의료 혹은 외래치료

		아웃리치와 정보제공 • 서비스 요청을 하지 않은 사람들을 확인하고 접촉하기 • 다른 서비스나 대처방법, 회복과정에 대한 정보제공 **회복탄력성 및 회복 촉진** • 사회적 교류 • 대처기술훈련 • 교육: 스트레스 반응, 외상적 reminders, 대처방법, 정상과 비정상의 기능, 위험요인, 서비스 • 집단, 가족 지지 • 자연스러운 사회적 지지 촉진 • 상실을 돌보기 • 영적 지원
회복단계(1~4주)		
목표	평가, 계획	
행동	애도, 재평가, 침습적 기억, 네러티브 정보	**회복 환경 모니터하기** • 가장 영향을 많이 받은 사람을 관찰하고 이야기 들어보기
모든 조력자의 역할	민감함을 갖고 반응하기	• 과거와 현재의 위협(threats) 모니터링 • 제공되는 서비스에 대한 모니터링
복귀단계(2주~2년)		
목표	재통합	
행동	적응 vs. 공포, PTSD, 회피, 우울 등	**치료** • 개인, 가족, 그룹치료나 약물치료, 장 · 단기 입원 치료를 통하여 증상을 감소시키거나 개선, 기능을 향상
모든 조력자의 역할	지속적인 도움 제공	

출처: NIMH(2002).

서 4주 사이의 시간으로 회복을 위한 환경이 마련되어 있는지 확인한다. 이 과정에서 생존자들은 애도, 경험에 대한 재평가의 과정을 거치게 된다. 이 시기에 생존자들이 하는 이야기에 대해서 주의깊게 듣고 민감하게 대응하는 것이 필요하다. 마지막 복귀 단계는 사건발생 후 2주부터 2년 사이의 기간에 해당하는 것으로 이 시점에서야 비로소 외상 치료를 위한 접근을 할 수 있다. 이 단계에서 외상 경험자들은 적응하고 다시 삶으로 돌아가거나 PTSD, 공포, 우울, 회피와 같은 증상이 발현되는 모습이 나타난다. 여기서 제시하는 내용은 재난 현장에서 필요한 조치를 설명하고 있기 때문에 실제 상담실에서 산업재해 상황에 적용하기 어려운 측면도 있지만 시간에 따라서 생존자들에게 주어야 할 도움의 내용이 다르다는 것을 인식하고 참고하여 사업장 상황에 맞게 적용할 수 있다면 좋을 것이다.

심리적 응급처치(psychological first aid: PFA)는 미국 국립 아동 외상 스트레스 네트워크(National Child Traumatic Stress Network: NCTSN)와 국립 PTSD 센터(National Center for PTSD: NCPTSD)에서 개발한 프로그램으로 '외상 사건으로 인한 초기 고통을 줄이고 장단기적인 적응과 대처를 촉진하도록 설계'되었다(Brymer, Jacobs, Layne, Pynoos, Ruzek, Steinberg, Vernberg, & Watson, 2006). 심리적 응급처치의 여덟 가지 핵심 작업(core works)은 다음과 같다.

- 접촉과 관계형성(contact and engagement)
- 안전과 편안함 제공하기(safety and comfort)
- 안정화(stabilization)
- 현재 필요한 것 및 우려 사항에 대한 정보 수집(Information

gathering: current needs and concerns)
- 실제적인 지원(practical assistance)
- 사회적 지지 자원과의 연결(connection with social supports)
- 대처기술에 대한 정보제공(information on coping)
- 협력기관과의 연계(linkage with collaborative services)

즉, 심리적 응급처치 과정에서는 직접적으로 생존자의 심리적 고통을 치유하기 위한 시도를 하는 것이 아니라 예상치 못한 사고를 겪고 놀란 마음을 추스를 수 있도록 살피고, 필요한 물리적, 심리적, 관계적 자원을 제공하고, 필요한 경우 협력기관에 연결시켜 주는 것이 주된 역할이다. 제시된 여덟 가지의 기본 원칙을 주의해서 따르면 충분히 외상 초기단계에 필요한 심리지원을 제공할 수 있다. 따라서 사전에 교육만 받는다면 누구든지 초기 심리안정화 단계에서 충분히 제 역할을 할 수 있다.

(3) 외상 증상에 대한 심리적 개입

사건 발생 후 2주 정도의 시간이 지난 뒤 외상 경험자들의 상황에 따라 외상 증상에 대한 심리 개입이 가능하다. 이은아(2015)는 트라우마에 효과적이라고 알려진 대부분의 외상 치료법들이 Herman (1997)이 제시한 3단계의 외상 치료 모형 틀을 유지하고 있음을 확인하고 트라우마 상담 모형의 3단계를 제안하였다. 안전 단계, 기억과 애도 단계, 일상으로의 복귀 단계는 각각 외상 사건 발생 후 시기별로 초점을 두어야 할 목표를 갖고 있다. 이러한 3단계 모형은 다수의 임상가가 공통적으로 동의하고 있고, 복합외상에서도 동일한 단계로 구분하여 살펴볼 수 있다(이정민, 2020).[4]

현실적으로 기업상담에서 트라우마 치유를 위한 3단계를 모두 거치는 것은 많은 시간이 소요될 뿐만 아니라 기억 처리 과정처럼 정서적으로 집중되는 상담을 업무 시간 중 진행하는 것의 위험성 등으로 인해 본격적인 외상 증상에 대한 심리 개입을 진행하는 것은 제약이 있다. 대신 상담자가 트라우마 치유의 전 과정에 대해 인지하고, 외상 초기 안정화 단계를 잘 돕고 외상 전문 상담기관으로 연계하거나, 트라우마 사건 이후 복직한 구성원을 대상으로 일상으로의 복귀 단계를 잘 다루어 줄 수 있다면 조직 내 트라우마 관리에서 기업상담실의 역할을 충분히 잘 해낸 것으로 볼 수 있을 것이다. 또한, 앞서 살펴본 바와 같이 트라우마로 인한 영향이 2년 이상 지속될 수도 있기 때문에 사건 발생 후 정기적으로 피해자의 적응 과정을 살피는 것이 필요할 것이다.

무엇보다 구성원들에게 트라우마가 발생하였을 때 전문가의 도움이 필요한 사안임을 안내하고 적기에 도움을 받을 수 있게 하여 심리적 긴장감을 완화하고 조직에 적응할 수 있게 돕는 것이 가장 큰 역할일 것이다. 이를 위해 상담실 홍보나 소식지, 메일 등을 활용하여 임직원들의 트라우마에 대한 이해를 높여 현장에서 직접 자기모니터링(self-monitoring)을 할 수 있는 역량을 키우도록 하는 것이 중요하다. 간혹 트라우마를 겪은 직원의 동료들이 자신이 도와줄 수 있는 방법은 없는지 자문을 구하는 경우가 있다. 이때는 동료에게도 트라우마의 특징에 대해 설명해 주며 동료들의 이해와 지지가 해당 직원의 회복에 많은 도움이 될 수 있음을 전달한다.

---

4) 복합외상에서의 3단계 치료과정과 각 단계에 해당되는 치료법에 대한 내용은 이정민(2020)을 참고하라.

산업재해 발생 시 도움을 요청할 수 있는 기관

- **직업트라우마센터(1588-6497):** 고용노동부와 한국산업안전보건공단에서 직장 내 괴롭힘, 성희롱 성폭력 등 산업재해로 인한 정신적 외상을 겪는 근로자를 위한 직업적 트라우마 전문 상담센터(직업트라우마센터)를 운영하고 있다. 전국 13곳(경기서부, 경기동부, 경기북부, 광주, 대구, 인천, 대전, 경남, 부천, 충남, 울산, 전주, 제주)에 설치되어 있고, 도움이 필요하면 개인이 직접 신청하거나 사건 사고가 발생한 사업장에서 해당 지역 안전보건공단에 문의하여 이용할 수 있다.

- **국가트라우마센터(www.nct.go.kr):** 트라우마에 대한 연구와 정보를 얻을 수 있는 곳이다. 산업재해를 다루고 있지는 않지만 트라우마에 대한 전반적인 내용을 접할 수 있는데, 트라우마 경험자뿐만 아니라 트라우마를 다룬 전문가에 대한 소진관리 방법도 소개되어 있다. 또한, 트라우마 관련 자료를 요청할 수 있어서 필요하다면 요청하여 브로슈어 등을 사내에 배치해 둘 수 있다. 또, 심리적 응급처치에 대한 교육을 무료로 진행하고 있어 위기 시 심리지원 방법에 대한 훈련을 받아볼 수 있다.

5. 사례 및 적용

A 과장은 얼마 전 위층에서 근무하던 B 차장이 자살했다는 소식을 들었다. 직접 아는 사이는 아니었지만 10년간 회사 생활을 하면서 얼굴은 알고 인사는 하던 사이였기 때문에 충격이 컸다. 들리는 소문에 의하면 부부 갈등이 오래되었고, 금전적인 어려움도 있고, 또 업무가 많아서 야근이 잦았는데, 여러 가지 요인이 겹치면서 많이 힘들었던 것 같다고 한다. 가까운

사람들은 최근 얼굴이 많이 어두웠는데 일이 끝나면 괜찮겠거니 생각하고 괜찮은지 제대로 한번 물어보지 못한 데 대해 미안한 마음이 크다고 한다. A 과장도 야근하며 오가다 B 차장을 마주친 적이 있어 그때 안부라도 물어보지 못한 것에 미안한 마음이 들었다.

　B 차장의 자살 소식을 들은 후로 A 과장은 부쩍 자살 생각이 늘었다. 자신도 요즘 열심히 일하고, 시키는 대로 하는데 성과도 좋지 않고 매일 야근 끝에 퇴근하고 아무도 없는 집에 밤늦게 들어오면 허무함과 고독함이 몰려오며 '이렇게 살아서 뭐하나' 싶은 생각이 들면서 B 차장 일이 순간적으로 머릿속을 지나간다. 처음에는 그러다 말겠지 하고 생각했지만 스트레스가 심한 날에는 더욱 선명하게 떠올리게 되고, 이제는 스트레스가 많지 않은 날에도 B 차장의 심정이 이해가 되기도 하면서 자살 방법을 떠올리는 일도 많아졌다.

이 A 과장 사례는 회사 스트레스와 우울, 외로움으로 힘들어하고 있던 중 직장 동료의 자살 소식을 접하고는 자신도 자살을 떠올리게 된 경우이다. B 차장의 자살은 회사 직원들에게 소식이 전해지고, 직접 친분이 있는 사람뿐만 아니라 잘 모르는 동료들까지도 심리적으로 영향을 받는 모습이 보인다. 특히 A 과장의 경우 최근 자신이 겪고 있는 스트레스 상황에서 이 차장의 일을 떠올리면서 자살 생각 및 계획으로 점차 위험도가 높아지고 있는 모습을 보인다.

우선, 자살자가 발생한 부서를 대상으로 전체 면담을 실시하거나 전체 인원을 대상으로 도움이 필요할 때 상담실을 방문할 수 있도록 먼저 연락을 취하는 것이 필요할 수 있다. 이 부서원들은 같은 공간에서 업무를 했던 사람이라서 심리적 영향이 적지 않을 수 있다. 그러므로 그들의 자기 상태에 대한 이해를 돕기 위해 자살자 주

변인들이 겪는 심리적 반응에 대한 내용과 급성 트라우마 증상과
같은 내용을 담은 소식지를 함께 발송하는 것도 도움이 될 수 있다.

사내에 게이트키퍼가 있다면 B 차장과 같은 경우(최근 얼굴이 어
두워 보이거나 지속적인 스트레스가 있는 직원의 경우) 상담실로 연계
해 줄 수 있도록 사전에 교육과정에서 요청을 할 수 있었을 것이다.
또 자살자가 발생한 이후에 회사 내의 게이트키퍼를 통하여 B 차장
의 일로 인하여 영향을 받는 사람들이 있을 수 있음을 안내하고 다
시 한번 부서 내 도움이 필요한 사람이 있는지 확인해 보고 연락을
줄 수 있도록 연락해 볼 수 있다. 만약 게이트키퍼가 없다면 부서나
파트의 장을 통해서 자신의 부서원을 잘 살펴볼 수 있도록 협조를
요청할 수 있을 것이다.

6. 결론

기업상담에서 위기 관련 사안이 발생하는 빈도가 높지 않더라도
한번 사건이 발생하면 마무리가 될 때까지 유관 부서의 많은 인력
들이 집중적으로 투입되어 많은 에너지가 소요된다. 또한 처리 과
정에서 실수하지 않고 정확하게 다뤄져야 하는 예민한 사안들이
많기 때문에 사전에 사업장 내에서 발생 가능한 위기 사안에 대해
예상하고 대응책을 마련해두어야 실제 상황에서 일사분란하게 움
직일 수 있게 된다. 이처럼 상담실에서 맡은 업무 중 위기사안이 차
지하는 비율이 낮음에도 불구하고 사전 예방 및 사후 대응을 위한
노력이 필요함을 잊어서는 안 된다.

위기 상황에서 전면에 뛰어든 상담자도 역시나 다른 사람들과

같은 조직 구성원이므로 사안 처리 과정에서 소진되거나 간접 외상(vicarious trauma)으로 심리적으로 어려움을 겪을 수 있다. 기업상담이 대체로 1인 상담실로 운영되는 곳이 많기 때문에 힘든 상황에서 정작 상담자의 마음건강을 돌보기가 어려울 수 있다. 그렇기때문에 상담자 스스로 업무 외적으로 자신의 마음건강을 챙길 수 있는 지지 자원을 마련해두고, 상담자의 자기 돌봄(self care), 상담자의 일-가정양립을 위해 평소에 노력하는 과정이 필요하다.

참고문헌

강상경(2010). 우울이 자살을 예측하는가?: 우울과 자살 태도 관계의 성별 · 연령 차이. 사회복지연구, 41(2), 67-99.

경향비즈(2020. 12. 16.). '코로나 블루'에 신경정신과 매출 14% 늘어. http://biz.khan.co.kr/khan_art_view.html?artid=202012161206001&code=920100 (2021. 1. 31. 인출).

고용노동부(2020). 2019년 산업재해 현황분석. 고용노동부.

김성혜(2015). 개념지도를 통해 본 자살 시도 위험 요인과 보호요인. 정신건강 사회복지, 43(3), 5-34.

김양희(1995). 성희롱: 경험과 인식, 그리고 정책 방안. 한국심리학회지: 문화 및 사회문제, 2(1), 17-32.

김영진, 왕은자(2017). 기업상담자의 수퍼비전 교육내용 요구에 대한 탐색. 상담학연구, 18(5), 403-421.

김윤정, 강현정(2011). 성인기 자살 생각 관련 변인에 관한 연구. 한국가족관계학회지, 16(3), 45-61.

김지훈, 김경호(2018). 자살 생각, 자살 계획 및 자살 시도와 관련된 유발요인의 영향력 분석: 6차년도 한국복지패널 참여자를 대상으로. 한국콘텐츠학회논문지, 18(2), 345-360.

김진형, 이지현, 이명수(2014). 학교 기반의 자살사후중재 프로그램 적용에 관한 연구. 정신건강연구집 5, 69-78.

김태선, 이지연(2014) 비정규직 교사의 직장 내 성희롱 피해 후 경험에 관한 질적 사례 연구. 교육인류학연구, 17(2), 161-201.

김필봉, 이종은(2019) 직장인의 자살행동에 영향을 미치는 요인 연구. 위기관리 이론과 실천, 15(7), 87-102.

김향아, 권혜원(2019). 여성 관리자에 대한 조직 내 성희롱 영향요인과 그 결과에 대한 연구. 한국여성학, 35(1), 79-119.

김혜진, 김지은, 송인한(2020). 친구 · 동료 · 지인의 자살이 자살 생각에 미치는 영향과 보호요인으로서의 가족기능. 한국사회복지조사연구, 64(1), 65-90.

나윤경, 노주희(2013). 대학 내 성폭력 가해자 연구. 여성학논집, 30(2), 169-203.

문유정(2021). 우울 수준별 자살 생각에 영향을 미치는 요인에 관한 연구—A지역을 중심으로—. 지역사회연구, 29(1), 75-109.

백종우, 조선진, 이수정, 옹진영, 박종익(2014). 한국형 표준자살예방교육프로그램 [보고듣고말하기]가 게이트키퍼의 개입에 미치는 영향. 한국신경과학회지, 53(6), 358-363.

변시영(2020). 내담자 자살 위기와 사건을 경험한 기업 상담자의 극복 과정: 근거이론 접근. 한국상담심리학회지: 상담 및 심리치료, 32(4), 2037-2063.

성평등아카이브(2021. 1. 18.). 서울대 조교 성희롱사건 http://www. genderarchive.or.kr/items/show/11031 (2021. 1.31. 인출).

송민수(2016). 직장내 괴롭힘 영향요인. 노동리뷰, 10, 67-86.

심윤정(2012). 기업 상담자의 기업 내 적응 경험에 대한 내러티브 탐구: 대기업 내 여성 상담자를 중심으로. 상담학연구, 13(4), 1819-1843.

윤명숙, 이희정(2013). 직장 내 집단따돌림이 자살 생각에 미치는 영향. 정신보건과 사회사업 41(3), 34-62.

윤아롬, 변시영, 조민경, 이겨라(2020). 기관별 상담자 필요 역량에 대한 인

식차: 상담자의 현장 경험 탐색을 중심으로. 人間理解, 41(1), 23-48.

이수인(2016). 자살 생각에 대한 사회적 영향 요인과 심리적 영향 요인의 통합적 접근. 민주사회와 정책연구, 30, 104-139.

이시은(2017). 한국 성인의 생애주기별 자살 생각의 위험요인. 성인간호학회지, 29(2), 109-118.

이은아(2015). 트라우마상담 모형: 단계별 치유 기제 및 기법에 대한 이해를 중심으로. 상담학연구, 16(3), 581-602.

이정민(2020). 복합 PTSD의 상담 및 심리 치료: 단계 기반 접근을 중심으로. 한국심리학회지: 일반, 39(2), 307-333.

이정은(2020). 자살 게이트키퍼 프로그램의 효과에 대한 메타분석. 학습자중심교과교육연구, 20(24), 785-803.

이정숙, 조인주(2018). 대학생 자살 생각 영향요인: 자아정체감과 우울의 매개효과를 중심으로. 인문사회과학연구, 58, 45-76.

이해경, 서경현(2014). 신체손상을 입은 산업재해 환자가 경험하는 심리적 문제에 관한 질적 연구. 한국심리학회지: 건강, 19(1), 431-442.

자살예방생명지킴이교육(2021) 생명지킴이 소개. http://jikimi.spckorea. or.kr/new/intro/intro.php (2021. 4. 21. 인출).

장정미, 최남희, 강현숙, 박선희(2009). 산업재해 근로자의 사건충격, 불안 및 우울 수준. 지역사회간호학회지, 20(2), 234-242.

통계청(2021). 사망원인통계(한국생명존중희망재단 데이터 포털 제공). https://spckorea-stat.or.kr/ (2021. 1. 12. 인출).

한국여성노동자회(2017) 직장 내 성희롱 피해자 보호 및 실효성 강화를 위한 법 개정으로 직장 내 성희롱 근절하라! http://kwwnet.org/?p=7972 (2021. 1. 31. 인출).

한주원(2006). 직장 내 성희롱이 조직유효성 및 개인의 경력몰입에 미치는 영향. 비서·사무경영연구, 15(1), 29-48.

KBS NEWS(2019. 4. 10.). 한해 사회경제적 질병부담 151조원, 단일 원인 1위는 '자살'. https://news.kbs.co.kr/news/view.do?ncd=4177583

(2021. 1. 31. 인출).

APA. (2013). *Diagnostic and statistical manual of mental disorders* (5th ed.). Arlington, VA: American Psychiatric Publishing.

Brymer, M., Jacobs, A., Layne, C., Pynoos, R., Ruzek, J., Steinberg, A., Vernberg, E., & Watson, P. (2006). *Psychological First Aid: Field Operations Guide* (2nd ed.). Available on: www.nctsn.org and www.ncptsd.va.gov.

Harris, E., & Barraclough, B. (1997). Suicide as an outcome for mental disorders: A meta-analysis. *British Journal of Psychiatry, 170*(3), 205–228.

Herman, J. L. (1997). *Trauma and recovery: The aftermath of violence.* New York: Basic Books.

Hobfoll, S. E., Watson, P., Bell, C. C., Bryant, R. A., Brymer, M. J., Friedman, M. J., Friedman, M., Gersons, B,. de Jong, J., Layne, C. M., Maguen, S., Neria, Y., Norwood, A. E., Pynoos, R. S., Reissman, D., Ruzek, J. I., Shalev, A. Y., Solomon, Z., Steinberg, A. M., & Ursano, R. J. (2007). Five essential elements of immediate and mid-term mass trauma intervention: Empirical evidence. *Psychiatry: Interpersonal and Biological Processes, 70*(4), 283–315.

Mason, S., Wardrope, J., Turpin, G., & Rowlands, A. (2002). Outcomes after injury: A comparison of workplace and nonworkplace Injury. *Journal of Trauma–Injury Infection & Critical Care, 53*(1), 98–103.

Nock, M. K., Borges, G., Bromet, E. J., Cha, C. B., Kessler, R. C., & Lee, S. (2008). Suicide and Suicidal Behavior, *Epidemiologic Reviews, 30*(1), 133–154, 2008.

NIMH. (2002). *Mental Health and Mass Violence: Evidence-Based Early Psychological Intervention or Victims/Survivors of Mass Violence. A*

Workshop to Reach Consensus on Best Practices. NIH Publication No. 02–5138, Washington, D.C.: U.S. Government Printing Office. Available on: http://www.nimh.nih.gov.

OECD. (2021). OECD.stat(한국생명존중희망재단 데이터 포털 제공). https://spckorea-stat.or.kr/international01.do# (2021. 1. 11. 인출).

Runeson, B. S., Beskow, J., & Waern, M. (1996). The suicidal process in suicides among young people. *Acta Psychiatrica Scandinavica, 93,* 35–42.

Shneidman, E. S. (2004). *Autopsy of a Suicidal Mind.* New York: NY, US: Oxford University Press.

Waters S. (2017). Suicide voices: testimonies of trauma in the French workplace. *Med Humanit. 43*(1), 24–29.

WHO. (2009). *Pharmacological treatment of mental disorders in primary health care.* World Health Organization.

Yoshimasu, K., Kiyohara, C., Miyashita, K., & Stress Research Group of the Japanese Society for Hygiene. (2008). Suicidal risk factors and completed suicide: meta–analyses based on psychological autopsy studies. *Environmental health and preventive medicine, 13*(5), 243–256.

🗩 찾아보기

저자 소개

이지연(Lee Jeeyon)

이화여자대학교 심리학과에서 상담심리학으로 박사학위를 받았다. 서강대학교 상담교수, 이화여자대학교 심리학과 전임강사를 거쳐 현재는 인천대학교 창의인재개발학과 교수로 재직 중이다. 한국상담심리학회 상담심리사 1급(상담심리전문가) 자격을 소지하고 있으며, 간간이 EAP와 기업을 통해 기업상담과 기업상담자 수퍼비전을 진행하고 있다.

김은석(Kim Eunseok)

이화여자대학교 심리학과에서 상담심리학으로 박사학위를 받았다. 한국상담심리학회 상담심리사 1급(상담심리전문가) 자격을 소지하고 있고, SK하이닉스에서 기업상담자로 3년 가까이 근무하였으며, 현재는 대구대학교 심리학과 교수로 재직 중이다.

최아람(Choi Aram)

이화여자대학교 심리학과에서 상담심리학으로 석사학위를 받았다. 한국상담심리학회 상담심리사 1급(상담심리전문가) 자격을 소지하고 있고, 삼성SDI에서 12년, SK하이닉스에서 1년 7개월 동안 기업상담자로 근무하였으며, 현재는 LX세미콘 사내상담사(㈜다인 소속)로 재직 중이다.

장미수(Chang Misu)

이화여자대학교 심리학과에서 상담심리학 박사 과정을 수료하였다. 한국상담심리학회 상담심리사 1급(상담심리전문가) 자격을 소지하고 있고, 삼성SDI에서 2년, 시큐아이에서 1년 2개월 기업상담자로 근무하였으며, 현재는 국가보훈처 마음나눔터와 서울대학교 대학생활문화원, 중앙대학교에서 상담자로 활동하고 있다.

기업상담의 이론과 실제
Theory and Practice of Workplace Counseling

2021년 10월 25일 1판 1쇄 인쇄
2021년 10월 30일 1판 1쇄 발행

지은이 • 이지연 · 김은석 · 최아람 · 장미수
펴낸이 • 김진환
펴낸곳 • ㈜**학지사**

　　　04031 서울특별시 마포구 양화로 15길 20 마인드월드빌딩
대표전화 • 02-330-5114　　팩스 • 02-324-2345
등록번호 • 제313-2006-000265호

홈페이지 • http://www.hakjisa.co.kr
페이스북 • https://www.facebook.com/hakjisabook

ISBN 978-89-997-2552-4　93180

정가 17,000원

출판 · 교육 · 미디어기업 **학지사**

간호보건의학출판 **학지사메디컬** www.hakjisamd.co.kr
심리검사연구소 **인싸이트** www.inpsyt.co.kr
학술논문서비스 **뉴논문** www.newnonmun.com
교육연수원 **카운피아** www.counpia.com